장하준의
경제학 레시피

장하준

서울대학교 경제학과를 졸업하고 영국 케임브리지대학교에서 경제학 석사 및 박사 학위를 받았다. 1990년 한국인으로서는 최초로 케임브리지대학교에 임용되어 경제학과 교수로 근무했으며, 2022년부터 런던대학교 경제학과 교수로 재직 중이다. 2003년 신고전학파 경제학에 대안을 제시한 경제학자에게 주는 군나르 뮈르달 상Gunnar Myrdal Prize을, 2005년 경제학의 지평을 넓힌 경제학자에게 주는 바실리 레온티예프 상Wassily Leontief Prize을 최연소로 수상함으로써 세계적인 경제학자로 명성을 얻었다. 2014년에는 영국의 정치 평론지《프로스펙트Prospect》가 매년 선정하는 '올해의 사상가 50인' 중 9위에 오르기도 했다. 국제노동기구, 유엔식량농업기구 등 유엔 산하 기구와 세계은행, 아시아개발은행, 유럽투자은행 등 다자간 금융 기구 그리고 옥스팜, 경제 정책 연구소 등 엔지오를 비롯해 여러 정부 기구 및 민간 조직에 오랫동안 자문을 제공하며 함께 일해 왔다. 지금까지 17권의 책을 썼으며, 그중 13권의 저서가 전 세계 46개국 45개 언어로 번역되어 200만 부 넘게 판매되었다. 주요 저서로《장하준의 경제학 레시피》《장하준의 경제학 강의》《그들이 말하지 않는 23가지》《나쁜 사마리아인들》《쾌도난마 한국경제》《국가의 역할》《사다리 걷어차기》등이 있다.

선진국 경제 발전 신화의 위선을 파헤친《사다리 걷어차기》는 세계 경제학계에 장하준의 등장을 알린 책으로〈TV, 책을 말하다〉올해의 책, 우리 시대의 명저 50에 선정되었다. 자본주의와 자유 시장 신화의 이면을 파헤치고 신자유주의적 세계화의 위험성을 정면으로 비판한《나쁜 사마리아인들》은 160주 연속 경제 베스트셀러에 올랐으며 특히 국방부 불온 서적으로 지정되어 큰 반향을 불러일으켰다.《그들이 말하지 않는 23가지》는 현실과 밀접한 23가지 경제 주제로 자유 시장 자본주의를 완벽하게 설명하고 더 나은 자본주의의 대안을 제시하는 책으로 출간 즉시 영국 아마존 경제 1위에 오르고 국내 종합 1위를 차지했으며 주요 언론과 서점 올해의 책에 뽑혔다. 경제사, 경제학파, 경제 부문을 망라해 설명하는 가장 쉬운 경제학 입문서인《장하준의 경제학 강의》는 국내 종합 Top 5에 오르고 주요 일간지와 서점 올해의 책에 선정되었다.

EDIBLE ECONOMICS: A HUNGRY ECONOMIST EXPLAINS THE WORLD
Copyright ⓒ 2022 by Ha-Joon Chang

Korean translation copyright ⓒ 2023 by Bookie Publishing House, Inc.
Korean translation rights arranged with Mulcahy Associates, London, UK.

EDIBLE ECONOMICS

장하준의
경제학 레시피

마늘에서 초콜릿까지 18가지 재료로 요리한 경제 이야기

A HUNGRY ECONOMIST EXPLAINS THE WORLD

장하준 지음 | 김희정 옮김

부·키

김희정

서울대학교 영문학과와 한국외국어대학교 통번역대학원을 졸업했다. 현재 가족과 함께 영국에 살면서 전문 번역가로 활동하고 있다. 옮긴 책으로 《장하준의 경제학 레시피》《장하준의 경제학 강의》《그들이 말하지 않는 23가지》《어떻게 죽을 것인가》《인간의 품격》《잠깐 애덤 스미스 씨, 저녁은 누가 차려줬어요?》《진화의 배신》《배움의 발견》《랩 걸》《완경 선언》등 50여 권이 있다.

장하준의 경제학 레시피

2023년 3월 30일 초판 1쇄 발행 | 2023년 5월 10일 초판 13쇄 발행

지은이 장하준
옮긴이 김희정
발행인 박윤우
편집 김송은 김유진 성한경 장미숙
마케팅 박서연 이건희 이영섭
디자인 서혜진 이세연
저작권 백은영 유은지
경영지원 이지영 주진호

발행처 부키(주)
출판신고 2012년 9월 27일
주소 서울 서대문구 신촌로3길 15 산성빌딩 5~6층
전화 02-325-0846
팩스 02-3141-4066
이메일 webmaster@bookie.co.kr
ISBN 978-89-6051-979-4 03320

만든 사람들
편집 성한경 | 표지 디자인 양진규 | 본문 디자인 서혜진

희정, 유나, 진규에게 이 책을 바친다

차례

5부 ✦ 미래에 대해 생각하기

영국 해군과 브라질의 국민 음료가 힘을 합쳐 기후 변화의 도전에 대해 생각해 보게 한다

후추, 계피, 육두구, 정향을 통해 현대적 기업이 탄생한 경위와 이런 기업이 자본주의를 크게 성공시켰지만 이제는 자본주의의 목을 조이는 역할을 하게 된 이야기를 듣는다

베리가 아니지만 베리라고 부르는 이 열매가 로봇의 발달과 일자리의 미래를 생각하게 한다

밀크 초콜릿 바를 통해 스위스 경제 번영의 비밀을 엿보고, 그것이 비밀 은행이나 고급 관광 상품과 별 상관이 없다는 것을 배운다

마늘

마늘장아찌	한국
통마늘을 간장, 식초, 설탕에 절인 음식	저자 어머니 레시피

옛날 옛적에 곰과 호랑이가 살았는데

태초에 인간은 혼란과 무지로 고통을 겪고 있었다(그러고 보니 그때나 지금이나 별로 변한 게 없는 것 같다). 환인의 아들 환웅은 그들을 불쌍히 여겨 인간 세상으로 내려와 현재 한국이 자리한 곳에 신시를 세웠다. 신시를 다스리면서 환웅은 법률을 제정하고, 농사, 의학, 예술을 가르쳐 인간들을 더 나은 존재로 만들었다.

어느 날 환웅에게 곰과 호랑이가 찾아왔다. 환웅이 하는 일을 지켜보고, 세상이 좋아지는 것을 목격한 그들은 사람이 되기를 원했다. 환웅은 굴 안에서 햇빛을 보지 않고 마늘과 쑥만 먹으며 100일을 지내고 나면 사람이 될 수 있을 것이라 약속했다. 곰과 호랑이는 그렇게 하기로 결심하고 굴로 들어갔다.

며칠이 지나지 않아 호랑이는 견디지 못하고 금기를 어겼다. "말도 안 돼. 고약한 냄새나 풍기는 알뿌리하고 쓰디쓴 이파리나 먹으면서 살 수는 없어. 더 이상 못 하겠어." 호랑이는 이렇게 말하면서 굴에서 뛰쳐나갔다. 곰은 마늘과 쑥을 먹으며 견뎠고, 100일 만에 웅녀라는 이름의 아름다운 여성이 되었다. 후에 웅녀는 환웅과 결혼을 해 아들을 낳았으니 그가 한민족 최초의 국가 고조선의 초대 왕 단군이다.

한국인은 곧 마늘이다

나의 조국 한국은 글자 그대로 마늘이라는 초석 위에 건국되었고, 여기저기에서 그 증거를 찾아볼 수 있다. 즐겨 먹는 음식만 해도 그렇다. 요즘 세계적으로 코리안 프라이드 치킨Korean Fried Chicken*이라 불리는 한국식 닭튀김의 대표적 메뉴인 양념치킨은 가히 마늘의 향연이라고 할 수 있다. 다진 마늘을 넣은 반죽을 묻혀 튀긴 다음, 마늘을 더 넣은 매콤달콤한 고추장 소스를 입힌다. 불고기를 재는 양념에도 다진 마늘이 잔뜩 들어가지만 그걸로는 성에 차지 않는 한국인이 많다. 그들의 해결책은 바로 생마늘이나 저민 구운 마늘을 불고기

◆　KFC라는 이름이 붙은 다른 닭 요리보다 더 맛있다는 게 내 의견이다.

와 함께 먹는 방법이다. 한국에서 인기가 높은 피클인 마늘장
아찌는 통마늘을 간장, 식초, 설탕에 절여서 만든다. 마늘잎
과 마늘종(마늘 순, 마늘 속대라고도 한다)도 같은 방법으로 절
인다. 마늘종과 마른 새우를 함께 볶아서 먹거나, 살짝 데친
마늘종을 약간 단맛이 나는 고추장 양념에 무쳐서 먹기도 한
다. 그리고 한국을 대표하는 음식인 김치를 빼놓을 수 없다.
김치는 보통은 배추로 만들지만 사실 어떤 채소로든 만들 수
있다. 한국 음식에 대해 조금이라도 익숙한 사람은 김치 하
면 바로 고춧가루를 생각할 것이다. 그러나 고춧가루가 들어
가지 않는 김치도 여러 가지가 있다. 하지만 마늘이 들어가지
않는 김치는 없다.**

    한국의 국물 요리는 고기로 맛을 내든 해물로 맛을 내든
(보통은 마른 멸치를 쓰지만 새우, 마른 홍합, 심지어 성게로 육수를
내기도 한다) 거의 모두 마늘이 듬뿍 들어간다. 글자 그대로 해
석하면 밥의 동반자라는 뜻을 가진 반찬은 한국인의 식탁에
오르는 작은 접시에 담긴 요리로 그것이 채소든 고기든 생선
이든, 날것이든 데쳤든 볶았든 끓였든 상관없이 대부분 생마
늘, 볶은 마늘, 데친 마늘 중 한 종류가 들어간다.

**   유일한 예외는 사찰에서 담그는 김치다. 불교 승려들은 동물성 식품은
물론이고 마늘이나 양파도 먹지 않는다.

한국인의 마늘 소비는 '마늘을 먹는다' 정도의 묘사로는 충분치가 않다. 그보다는 공장에서 농산물을 가공하는 규모로 대량 소비한다고 하는 쪽이 더 맞을 것 같다. 한국인은 곧 마늘이다.

한국인은 2010년에서 2017년 사이 1년에 1인당 무려 7.5킬로그램의 마늘을 소비했다.[1] 가장 마늘을 많이 먹은 것으로 집계된 2013년에는 1인당 소비가 8.9킬로그램에 달했다.[2] 이탈리아인(2013년 720그램)[3]보다 10배 이상 많은 양이어서 마늘 소비에 관해서 한국인에 비하면 이탈리아인은 "깨작거리는 정도"[*]에 불과하다. 영미 사람들이 대표적인 '마늘쟁이'로 꼽는 프랑스인마저 1인당 연간 200그램(2017년)[4]을 먹는 데 그쳐서 한국인의 3퍼센트가 채 되지 않는다. 초보자들 같으니라고!

오케이, 한국인이 7.5킬로그램의 마늘을 다 먹는 건 아니다. 많은 양의 마늘이 김치 국물(김칫국)에 섞여 버려진다.[**]

---

[*]　영국의 시인이자 저널리스트인 제임스 펜턴James Fenton이 1988년 서울 올림픽 직전에 영국 일간지 《인디펜던트The Independent》에 기고한 글에서 사용한 표현이다.

[**]　김치 국물을 먹는 경우도 있다. 김치 국물은 김치볶음밥의 간을 맞추거나 별 특징이 없는 국수 국물에 생기를 주는 데 긴요하게 쓰이고, 다른 먹을 게 아무것도 없을 때 밥에 비벼 먹으면 별미다.

불고기처럼 고기를 미리 재었다가 조리를 하는 육류를 먹을 때도 양념에 든 다진 마늘을 다 먹지는 않는다. 하지만 이런 식으로 낭비되는 마늘 양을 감안하더라도 한국인은 엄청난, 실로 엄청난 양의 마늘을 섭취한다.

감당하기 힘든 영국 음식

평생을 마늘 몬스터들 사이에서 살다 보면 날마다 얼마나 마늘을 많이 먹는지 깨닫지 못하게 된다. 1986년 7월, 스물두 살의 나이로 대한항공에 몸을 싣고 케임브리지대학교에서 석사 과정을 시작하기 위해 영국으로 향하기 직전까지 내가 바로 그랬다. 이래 봬도, 에헴, 그것이 첫 비행기 여행은 아니었다. 그 전에 한반도 남쪽에 자리한 아열대 섬인 제주도를 비행기로 두 번 여행했으니 왕복하면 무려 네 번이나 비행기를 타 본 몸이었다. 하지만 긴 여정은 아니었다. 서울과 제주는 비행기로 45분이 채 걸리지 않았으니 그때까지 내 비행 시간은 총 3시간도 되지 않았다. 하지만 내가 긴장을 한 건 장거리 비행 때문이 아니었다.

그 전까지 나는 한번도 한국을 떠나 본 적이 없었다. 가난해서는 아니었다. 고위 공무원이었던 아버지 덕분에 우리 가족은 부자는 아니었지만 편히 살았고, 외국으로 가족 휴가를 갈 수 있을 정도의 생활 수준은 되었다. 그러나 당시 한국에서는 누구도 관광 목적으로 해외여행을 할 수 없었다. 관광을 위한 여권은 아예 발급조차 되지 않았다. 정부 주도의 산업화가 한창이던 시절이라 수출로 벌어들인 달러를 한 푼이라도 아껴 경제 개발에 필요한 기계류와 원자재를 사들이는 데 써야 했다. 외국으로 떠나는 휴가 같은 '철없는' 짓에 '낭비'할 외화는 없었다.

설상가상으로 그때만 해도 한국에서 영국까지 가는 데 믿을 수 없이 긴 시간이 걸렸다. 요즘은 서울에서 런던까지 11시간 정도밖에 걸리지 않지만, 냉전이 한창이던 1982년에는 자본주의 국가 대한민국 국적의 비행기는 북한은 말할 것 없고 중국이나 소련 상공을 지날 수 없었다. 그래서 먼저 미국 알래스카주 앵커리지로 9시간을 날아가서 비행기는 제트오일로, 나는 우동으로 재급유를 하면서 2시간을 대기한 후, 다시 9시간 날아서 유럽으로 갔다. 하지만 비행기는 런던이 아니라 파리 샤를드골공항까지밖에 가지 않았기 때문에 거기서 다시 3시간을 기다렸다가 마지막 비행을 해서 마침내 런던에 도착했다. 서울 김포공항에서 런던 히스로공항까지 19시간 비행과 5시간 경유지 대기를 합치면 총 24시간이 걸렸다. 그야말로 산 넘고 물 건너에 있는 머나먼 곳이었다.

영국이 낯선 건 집과 멀리 떨어진 곳이어서만은 아니었

다. 언어 장벽, 인종 문제, 문화적 편견 등에 대해서는 마음의 준비가 되어 있었다. 적어도 어느 수준까지는. 여름에는 저녁 10시까지 해가 지지 않고, 겨울에는 오후 4시에 깜깜해지는 것도 간신히 적응할 수 있었다. 여름에도 대낮 최고 기온이 어떤 날은 섭씨 15, 16도밖에 되지 않을 수 있다는 사실은 받아들이기가 힘들었지만(한국 여름은 섭씨 33도, 습도 95퍼센트를 넘나들어 열대 지방을 방불케 한다) 받아들이지 않을 수 없었다. 심지어 비마저 견뎌 낼 수 있었다—그렇게까지 비가 자주 올 줄은 처음에는 짐작조차 못 했지만 말이다.[*]

감당하기 힘든 트라우마의 원인은 음식이었다. 한국에 있을 때부터 영국 음식이 세계 최고는 아니라는 사실쯤은 알고 있었다(영국에 다녀온 한국 사람이 별로 없었기 때문에 주로 책에서 얻은 정보였다). 그러나 실제 상황이 얼마나 심각할지는 짐작조차 하지 못했다. 케임브리지에서도 스테이크 앤드 키드니 파이steak and kidney pie, 피시 앤드 칩스fish and chips, 코니시 패스티Cornish pasty처럼 괜찮은 음식을 몇 가지 만나기는 했다. 하지만 대부분의 음식은 아무리 좋게 보려 해도 형편없었다. 고기는 너무 익혀서 질겼고 양념은 전혀 되어 있지 않

＊   하지만 '많이'는 아니었다. 한국의 강수량은 1년에 1200~1300밀리미터로 영국과 비슷하다. 하지만 한국에서는 비가 여름에 집중적으로 내리기 때문에 자주 조금씩 내리는 영국과는 완전히 다르다.

았다. 그레이비gravy 소스 없이는 먹기가 힘들었지만 그레이
비마저 어떨 때는 아주 맛있고, 어떨 때는 너무 맛이 없었다.
그러다 발견한 잉글리시 머스터드(영국식 겨자 소스)와 나는
사랑에 빠졌고, 저녁 끼니를 때우기 위한 전쟁에서 핵심적인
무기로 사용하게 되었다. 형체가 보이지 않을 때까지 끓여서
곤죽이 된 채 나오는 채소를 그나마 먹을 만하게 만들 만한
양념이라곤 소금밖에 없었다. 영국 음식에 양념이 부족한 이
유는(맛이 부족한 이유라고 하는 게 적절하지 않을까?) 재료가 너
무 좋기 때문에 소스 같은 걸로 수선을 떨 필요가 없다는 용
감한 주장을 펼치는 영국 친구들이 간혹 있었다. 교활한 프랑
스인이나 상하기 직전의 고기나 시든 채소의 상태를 감추기
위해 소스를 쓴다면서. 하지만 다음 해에 프랑스를 방문해 프
랑스 음식을 먹어 본 순간 나는 그 주장을 전혀 믿지 않게 되
었다.

영국인 최고의 적, 마늘

　1980년대의 영국 음식 문화를 한 단어로 요약하자면 '보
수적'이라고 할 수밖에 없다. 두 단어를 쓴다면 '엄청나게 보
수적'이 될 것이다. 영국인은 익숙하지 않은 건 아무것도 입
에 대질 않았다. '외국' 음식으로 보이는 것은 신심에 가까운

회의론과 뼈에 새겨진 듯한 혐오감으로 대했다. 완전히 영국화된―그리고 대체로 매우 질이 낮은―중국식, 인도식, 이탈리아식 음식이 아니면 런던의 소호를 비롯한 몇몇 지역을 특별히 찾아가지 않는 한 다른 나라 음식을 만나기가 힘들었다. 지금은 사라졌으나 당시에는 엄청나게 인기 있던 피자 체인점 피자랜드야말로 영국인의 음식 보수주의를 극명히 보여주는 좋은 예다. 사람들이 피자처럼 낯선 외국 음식에 상처받을까 봐 걱정한 피자랜드에서는 영국인이 잘 아는 베이크드 포테이토를 얹은 피자를 메뉴에 넣어서 고객을 유인했다.

　물론 '낯설고 이질적인 것'에 관한 논의가 모두 그렇듯 그 대상을 자세히 살펴보면 뭔가를 이질적인 것으로 대하는 태도 자체가 우스꽝스러워질 때가 많다. 영국인이 사랑해 마지않는 크리스마스 메뉴는 칠면조(북아메리카), 감자(페루), 당근(아프가니스탄), 방울다다기양배추(브뤼셀 스프라우트라는 영어 이름으로 알 수 있듯 벨기에)에서 보듯 '외국' 재료들로 이루어져 있다. 하지만 그런 지엽적인 데 누가 신경 쓰겠나.

　모든 '외국' 재료 중에서도 전 국민의 넘버원 적수는 마늘인 듯했다. 한국을 떠나기 전부터 영국 사람들이 마늘을 좋아하는 프랑스인을 싫어한다는 이야기를 들은 적이 있었다. 엘리자베스 여왕은 마늘을 너무 싫어한 나머지 버킹엄궁이나 윈저성에 여왕이 묵는 동안에는 그곳에 있는 누구도 마늘을 먹는 것이 허락되지 않았다는 소문도 있었다. 그러나 영국에 오기 전까지는 마늘을 먹는 것이 얼마나 터부시되는지 짐작도 하지 못했다. 많은 영국인이 마늘 먹는 걸 야만스러운 행위 또는 적어도 주변 사람들을 수동적으로 공격하는 행위라고 여겼다. 동남아시아에서 온 한 친구에게서 경험담을 들은 적이 있다. 남자친구와 베드 앤드 브렉퍼스트bed and breakfast, B&B 숙소에 묵고 있었는데 주인이 방에 들어와서 코를 킁킁거리며 누가 마늘을 먹었냐고 날카롭게 취조하듯 따져 물었단다.(갈색 피부를 가진 사람들을 감시하지 않고 내버려 두었을 때 할 만한 짓이라 생각했을까?) 참고로 그 친구가 묵었던 숙소에는 조리 시설이 없었다

내가 공부를 해 보겠다고 내 발로 찾아간 곳이 한국인의 삶의 정수인 마늘이 문화인에 대한 모욕이고, 심지어 문명 자체에 대한 위협이라 여기는 나라였다. 맞다, 살짝 과장하기는 했다. 마트에 가면 마늘을 살 수도 있었다. 작고 시들시들한 마늘이었지만. 영국 사람들이 보는 이탈리아 요리책에서도 마늘을 재료로 사용하기는 했다. 물론 내가 보기에는 마늘 몇 알 정도는 너끈히 들어가야 할 곳에 저민 마늘 몇 쪽을 넣는 데 그치는 레시피들이었지만. 학교 식당에서도 마늘이 들어갔다고 주장하는 이국적인 음식들이 메뉴에 오르긴 했지만 실제로 마늘이 들어갔는지는 지금까지도 확실치 않다. 이

런 음식 지옥을 탈출하기 위해 나는 스스로 음식을 만들어 먹기 시작했다.

나만의 음식 혁명을 시작하다

하지만 당시 내 요리 솜씨는 흠, 상당히 제한적이라고 묘사하는 게 좋겠다. 내가 어릴 적만 해도 한국의 어머니들은 아들이 부엌에 들어오지도 못하게 했다("부엌에 들어오면 고추 떨어진다!"*가 가장 흔히 쓰이는 위협이었다). 부엌은 여성의 영역이었다. 아주 완강한 보수주의자는 아닌 어머니를 둔 덕분에 나는 대부분의 내 남성 친구들과 달리 몇 가지 음식은 할 줄 알았다. 라면을 맛있게 끓이고(누구나 라면을 끓일 수는 있지만 잘 끓이기는 의외로 어렵다), 괜찮은 샌드위치를 만들고, 냉장고와 찬장에 있는 재료를 써서 볶음밥을 만드는 수준은 되었지만 '요리'를 할 정도의 기초는 되지 못했다. 게다가 음식을 제대로 해 먹을 이유가 부족했다. 혼자 사는데 솔직히 나 혼자 먹자고 요리를 하는 건 별 재미가 없었다. 거기에 더해 식성이 좋은 20대 청년(한국에는 "20대에는 돌도 소화시킨다"라는 말이 있다)이었던 나는 학교 식당에서 비쩍 마른 무맛의 양

---

*　이런 데서도 매운 음식을 좋아하는 한국인의 성향이 드러난다.

고기 로스트가 나오든, 레스토랑에서 불어 터진 파스타(최악 중에서도 최악이다)가 나오든 어찌어찌 넘기고 소화시킬 수 있었다. 그 결과 케임브리지에 살던 처음 몇 년 동안 ─ 처음에는 학생으로, 몇 년 후에는 교수로 ─ 요리는 아주 드물게밖에 하지 않았고, 요리 솜씨도 그다지 늘지 않았다.

이 상황은 위기로 이어졌다. 음식 솜씨는 늘지 않으면서 음식에 대해 아는 것만 빠르게 늘고 있었기 때문이다. 누가 보면 학계에 있는 사람이라고 하지 않을까 봐 나는 실전보다 이론에만 능한 상투적인 사람이 되어 가고 있었다. 농담이 아니라 둘 사이의 격차가 너무 커지고 있었다.

하지만 내가 영국에 온 때는 이 나라 음식 문화에 혁명적인 변화가 오기 직전이었다. '외국' 음식에 대한 영국인의 튼튼하고도 장대한 저항감의 성벽 여기저기에 금이 가면서 외국의 음식 문화 전통이 조금씩 스며들기 시작하고 있었다. 그와 동시에 영국 음식 자체도 점점 업그레이드되면서 외부의 영향을 받아 재해석되고 융합되고 있었다. 음식이나 레스토랑 평론가들과 셰프들이 스타로 부상했다. 요리책은 정원 가꾸기(영국 사람들이 큰 애착을 느끼는 독특한 분야 중 하나다 ─ 어느 나라가 TV의 저녁 황금 시간대에 정원 가꾸기 프로그램을 방송하겠는가?) 책만큼 많이 발간되었다. 그리고 요리책에 레시피뿐 아니라 음식의 역사와 문화 평론까지 함께 실리기 시작했

다. 이런 변화와 더불어 나도 (더 많은 나라를 방문하게 되면서)
이전에는 전혀 알지 못했던 음식 문화를 점점 더 다양하게 접
하게 되었다. 나는 완전히 매료되고 말았다. 여러 음식을 먹
어 보기 시작했고, 서점에 가면 요리책을 읽고, 간혹 사들이기
도 했다. 신문에 실리는 음식 평과 특집 기사를 탐독했다. 나
도 나만의 음식 혁명을 시작하고 있었던 셈이다.

이론을 실전으로 옮기기

  사실을 말하자면 당시 한국의 음식 문화는 영국보다 더
고립된 섬과 같았다(한국 음식이 훨씬 더 맛있기는 하지만). 그
시절 한국에도 중국 음식점과 일본 음식점이 있기는 했다. 하
지만 그런 음식점 말고 유럽 음식을 '일본식'으로 해석한 '경
양식'을 제외하고는 외국 음식을 거의 접할 수 없었다. 경양
식집의 대표적인 메뉴는 돈가스(오스트리아의 슈니첼schnitzel
과 비슷하지만 송아지고기 대신 돼지고기로 만든다), 함박스테이
크(프랑스식 스테이크 아셰steak haché가 원조겠지만 소고기를 적
게 쓰기 위해 양파와 밀가루 같은 값싼 재료를 많이 넣어서 양을 늘
리는 경우가 많았다), 그리고 평범하기 짝이 없는 스파게티 볼
로녜세spaghetti Bolognese(보통은 그냥 스파게티라고 불렀다)(볼
로녜세는 이탈리아 볼로냐 지역의 소스로 한국에서는 흔히 볼로네

제라고 한다-옮긴이) 등이었다. 햄버거는 흔치 않아서 고급 백화점의 이국적인 카페테리아에서나 볼 수 있었지만 어차피 그다지 맛있지 않았다.

1980년대 중반 버거킹이 들어온 것은 문화적 사건이었다. 대부분의 한국인이 피자를 처음 먹어 본 것도 그즈음이었다(피자헛이 처음 서울에 개점한 것이 1985년이었다). 영국으로 유학 와서 휴가와 출장 등으로 유럽 대륙을 여행하기 전까지 나는 정통 프랑스식이나 이탈리아식 음식을 먹어 본 적이 없었다. 당시 한국에 있던 몇 안 되는 프랑스식 또는 이탈리아식 음식점은 미국식 프랑스 음식, 미국식 이탈리아 음식을 만들었다. 일식이나 중식을 제외한 아시아 음식도 그에 못지않게 알려지지 않았다(태국 음식, 베트남 음식, 인도 음식도 없었다). 그러니 그리스, 튀르키예, 멕시코, 레바논 같은 더 멀리 떨어진 나라의 음식은 말할 것도 없이 듣지도 보지도 못했다.

하지만 1993년 결혼을 한 후 본격적으로 요리를 하기 시작하면서 음식에 대한 내 이론과 실천의 차이가 점점 줄어들기 시작했다. 결혼 후 나와 함께하기 위해 한국에서 케임브리지로 온 아내는 내가 열 몇 권의 요리책을 가지고 있는데도 불구하고 그 레시피들을 이용한 요리는 하나도 하지 않는다는 것을 믿을 수 없어 했다. 큰 양탄자보다 조금 더 컸던 우리 신혼집의 크기를 들먹이면서 아내는 레시피를 이용해 요리를 하지 않으면 책들을 없애겠다고 선언했다.

　그렇게 해서 나는 클로디아 로든Claudia Roden의 고전《푸드 오브 이탈리아The Food of Italy》의 레시피로 요리를 시작했다. 이탈리아 음식, 특히 이탈리아 남부 음식은 한국인이 사랑하는 마늘, 고추, 멸치, 가지, 애호박 등을 많이 쓰기 때문에 자연스럽게 애착이 갔다. 3가지 치즈(모차렐라, 리코타, 파르메산)를 넣은 가지 파스타 베이크는 내가 처음으로 배운 클로디아 로든의 요리였고, 이 요리를 취향에 맞춰 조금 변형한 버전은 이제 우리 가족이 제일 좋아하는 음식 중 하나가 되었다. 안토니오 칼루초Antonio Carluccio의 책에서는 파스타와 리소토에 관해 많은 것을 배웠다. 이탈리아 음식이 내 주특기지만 나는 프랑스식, 중국식, 일본식, 스페인식, 미국식, 북아프리카식, 중동식 음식을 하는 것도 즐긴다. 그리고 새로이 도래한 시대를 입증하듯 훌륭한 영국 음식도 많이 배웠다. 특히 딜리아 스미스Delia Smith, 나이절 슬레이터Nigel Slater, 나이젤라 로슨Nigella Lawson 등의 책이 유익했다. 나는 한국 음식은 거의 하지 않는다. 아내가 한국 음식을 잘하기 때문에 그 분야에서 경쟁하는 것을 피하는 영리한 전략을 세웠기 때문이다.

음식은 천국이 되었지만 경제학은 블랙홀로 빠져들고

내가 요리하는 법을 익히는 사이 영국의 음식 혁명도 새롭고 결정적인 국면으로 접어들었다. 나는 영국 사람들이 1990년대 중반 어느 여름날, 마치 한여름 밤의 꿈에서 깨어나기라도 한 것처럼 자기네 음식이 솔직히 말해서 정말 형편없다는 사실을 집단적으로 깨닫는 장면을 상상하곤 한다. 일단 자기 나라 음식이 시쳇말로 '구리다'는 것을 인정하고 나면 전 세계의 요리를 받아들일 자유의 문이 열린다. 1990년대 영국인에게 바로 그 문이 열린 것이다. 이제는 태국식 대신 인도식을 고집할 필요도, 멕시코식 대신 튀르키예식을 더 좋아할 이유도 없었다. 맛있는 음식은 모두 다 환영이다. 얼마나 황홀한 자유로움인가! 모든 선택지를 동등하게 놓고 고려할 수 있는 자유로움을 십분 활용한 영국은 이제 세계에서 가장 세련되고 다양한 음식 문화를 즐길 수 있는 곳 중 하나가 되었다.

영국은 음식 천국이 되었다. 런던에는 모든 것이 다 있다. 새벽 1시에 거리에 세워진 밴에서 사 먹는 값싸면서도 훌륭한 튀르키예식 되네르 케밥döner kebap(회전 구이 케밥)에서부터 눈물이 찔끔 날 정도로 비싼 일본식 가이세키会席 요리(연회용 코스 요리)에 이르기까지 상상하는 모든 것이 다 있다. 강렬하고 대담한 한국식에서부터 요란하지 않지만 배 속까지

뜨끈하게 데워 주는 폴란드식까지 맛도 무궁무진하게 다양하다. 이베리아반도, 아시아, 잉카 문화를 모두 포용한 섬세하고 복잡다단한 페루식 요리에서부터 단순하면서도 풍부한 맛을 뽐내는 아르헨티나 스테이크 사이에 존재하는 갖가지 음식 중에서 무엇이든 선택할 수 있다. 대부분의 마트와 식료품점에서는 이탈리아, 멕시코, 프랑스, 중국, 카리브해 연안국, 유대 지역, 그리스, 인도, 태국, 북아프리카, 일본, 튀르키예, 폴란드 재료를 구할 수 있고, 심지어 한국식 재료도 가끔 눈에 띈다. 특화된 조미료나 재료도 잘 찾으면 손에 넣을 수 있는 확률이 높다. 1970년대 말에 교환 학생으로 옥스퍼드에 와 있던 미국인 친구가 올리브유를 구할 수 있는 유일한 곳이 약국뿐이었다던(궁금한 독자를 위해 부연 설명하자면 약국에서는 귀지를 녹여서 제거하는 용도로 올리브유를 판다) 바로 그 나라와 지금 이 나라가 같은 나라라니 믿어지는가?*

　물론 이 현상은 전 세계적인 트렌드다. 교역, 이민과 해외여행이 늘어남에 따라 사람들은 국적에 상관없이 외국 음식에 더 큰 호기심을 보이고 열린 마음으로 낯선 음식들을 받아

＊　2022년 1월 14일 영국 주요 슈퍼마켓 체인의 홈페이지를 통해 확인해 보니 테스코Tesco는 43종, 세인즈버리스Sainsbury's는 60종, 웨이트로즈Waitrose는 70종의 올리브유를 판매하고 있다.

들이게 되었다. 하지만 영국은 다르다—정직한 자기 인식(음식에 한해서)을 한 순간부터 이 나라는 음식에 대한 경계심을 완전히 풀었다는 면에서 다른 나라와 매우 다른, 어쩌면 유일무이한 나라가 되었다. 이탈리아나 프랑스처럼 원래 음식 전통이 강하고 음식에 대한 견해가 확고한 나라들은 변화에 대해 방어적인 태도를 보이면서 불안해하는 경향이 있다. 이런 나라들에서는 훌륭한 그 나라 음식을 맛볼 수 있다. 그러나 미국식 패스트푸드 식당, 싸구려 중국 음식점, 팔라펠falafel이나 케밥(아주 맛있을 수도 있지만 늘 그렇지만은 않다) 가게, 가성비 안 좋은 엄청나게 비싼 일본 음식점 등 말고는 다른 선택지가 거의 없다.

　내 음식의 우주는 빛의 속도로 확장되고 있었지만 내가 속한 다른 우주인 경제학 분야는 슬프게도 블랙홀로 빨려 들어가고 있었다. 1970년대까지만 해도 경제학은 서로 다른 비전과 연구 방법을 자랑하는 다양한 '학파'에 속하는 학자들이 활동하는 분야였다. 가장 굵직한 학파만 해도 고전학파Classical, 마르크스주의Marxism, 신고전학파Neoclassical, 케인스학파Keynesian, 개발주의Developmentalism, 오스트리아학파Austrian, 슘페터학파Schumpeterian, 제도주의Institutionalism, 행동주의Behaviorism 등 다양했다.* 이 수많은 학파의 경제학자들은 서로 공존했을 뿐 아니라 상호 교류를 하기도 했다. 어떨 때는 1920년대와 1930년대의 오스트리아학파와 마르크스주의 경제학자들, 그리고 1960년대와 1970년대의 케인스학파와 신고전학파 경제학자들이 그랬듯 목숨을 걸고 서로 죽일 듯 대결을 벌이기도 했다. 그러나 학파 간의 상호 교류가 더 점잖게 이루어진 경우도 많았다. 각 학파는 활발한 토론뿐 아니라 세계 각국 정부가 시행한 정책 실험을 통해 자신들의 논점을 갈고닦지 않을 수 없었다. 다른 학파에서 아이디어를 차용하기도 했고(많은 경우 제대로 인정하지 않은 채), 서로 다른 이론들을 융합하는 시도가 학계 일부에서 벌어지기

     ✦   이 학파들이 서로 다른 시각을 가졌다는(그리고 지금도 가지고 있다는) 것은 그들이 서로 다른 도덕적 가치와 정치적 입장을 지녔으며, 경제를 서로 다른 방식으로 이해한다는 의미다. 이 책에서는 다양한 학파 간의 입장 차이를 세세하게 이해할 필요는 없다. 각 학파의 장점과 특징에 대해 더 자세히 알고 싶은 독자는 내 전작《장하준의 경제학 강의》(부키, 2014)를 참고하기 바란다. 여기서 염두에 두어야 하는 중요한 사실은 경제학이 과학이 아니라는 점, 반론의 여지 없이 증명할 수 있는 해답은 없다는 점이다. 모든 상황에 보편적으로 적용할 수 있는 경제학적 해결책이나 모델은 존재하지 않는다. 각 경제가 처한 상황과 조건에 따라 거기에 맞는 경제학적 답을 찾아야 한다는 의미다. 이에 더해 자국 시민에게 도덕적으로 또는 윤리적으로 무엇이 가장 중요하다고 판단하는지에 따라 많은 것이 달라진다. 우리는 세계 각국이 코로나19 팬데믹에 어떻게 대처하는지에 따라 완전히 다르게 펼쳐진 사회경제적 영향을 목격하면서 이를 실감하지 않았는가. 경제학은 인간으로서 갖는 온갖 감정과 윤리적 입장과 상상력이 모두 포함된 인간 행위를 연구하는 학문이다.

도 했다. 1970년대까지의 경제학 분야는 서로 다른 장단점을 가진 수없이 다양한 음식 문화가 공존하며 경쟁을 벌이는 요즘의 영국 음식 분야와 닮은 데가 많았다. 모두 각자의 전통에 긍지를 가지고 있지만 서로 배우지 않을 수가 없고, 그 과정에서 의도하든 하지 않든 크고 작은 융합이 많이 벌어질 수밖에 없었다.

1980년대 이후 경제학 분야는 1990년대 이전의 영국 음식 문화처럼 되어 버렸다. 한 가지 학문적 전통, 다시 말해 신고전학파 경제학이 메뉴의 전부가 되어 버렸기 때문이다. 다른 모든 학파와 마찬가지로 신고전학파 또한 장점이 있다. 그리고 심각한 단점도 있다. 신고전학파가 경제학계 전체를 장악하게 된 경위는 너무나 복합적이고 복잡해서 이 책에서 살펴보기에는 적절하지 않다.* 원인이 어찌 되었든 간에 현재 대부분의 나라에서 신고전학파 경제학이 주류 경제학으로 자리 잡았고(일본과 브라질, 그리고 그보다는 조금 정도가 덜하지만 이탈리아와 튀르키예가 소수의 예외에 속한다), 그 영향력이 너무 강해져서 이제는 '경제학'과 '신고전학파 경제학'을 동의어로 이해하는 사람들이 많은 지경이 되었다. 이런 식의 지적 '단일 경작monocropping'은 이 분야의 지적 유전자 풀을 좁히는 결과를 낳았다. 신고전학파 경제학자들(다시 말해 대다수 경제학자들) 중 다른 학파의 장점은 말할 것 없고, 심지어 다른 학파가 존재한다는 사실 자체를 인정이라도 하는 사람은 극소수에 불과하다. 그나마 다른 학파의 존재를 인정하는 사람들은 그 학파들이 신고전학파에 비해 열등하다고 선언한다. 그들은 일부 학파, 가령 마르크스주의 같은 학파는 "경제학도 아니다"라고 주장한다. 그리고 다른 학파들이 과거에 내놓은 몇 안 되는 유용한 통찰, 가령 슘페터학파의 혁신에 관한 아이디어나 행동주의학파의 인간의 제한된 합리성에 대한 아이디어 등은 '주류' 경제학, 다시 말해 신고전학파 경제학에 이미 융합되었다고 말한다. 그러나 이들은 그것이 융합

❖   이 이야기에는 다양한 소재가 포함될 것이다. 학문적 요소—다양한 학파의 장점과 단점, 그리고 수학이 지배적 연구 도구로 부상하면서 특정 종류의 지식은 두드러지게 부각하는 반면 다른 종류의 지식은 억제하게 된 경향—도 물론 중요한 역할을 했다. 그러나 '힘의 정치', 다시 말해 학계 내부와 외부 모두에서 벌어진 힘의 정치가 신고전학파의 부상에 핵심 요인으로 작용했다. 학계 내부에서는 이른바 노벨 경제학상이 큰 역할을 했다—사실 노벨 경제학상은 진짜 노벨상이 아니라 스웨덴 중앙은행 릭스방크Riksbank가 알프레드 노벨을 기념해 주는 상이다. 학계 외부에서는 본질적으로 사회경제 질서가 어떤 것이든 거기에 깔린 기존의 소득과 부, 권력의 분배 등에 대해 신고전학파가 침묵을 지킨다는 사실이 기득권 엘리트의 입맛과 딱 맞아떨어졌다는 점이 큰 효력을 발휘했다. 2차 세계대전 이후 교육이 세계화되면서 미국의 문화적 영향력이 과도하게 강한 위세를 떨친 것도 신고전학파 경제학의 확산에 중요한 요인으로 작용했다(신고전학파 경제학은 1960년대에 미국에서 먼저 주류 경제학으로 자리 잡았다).

이 아니라 베이크드 포테이토를 올린 피자처럼 단순히 '추가'
된 것일 뿐이라는 사실을 간과한다.*

경제학이 우리의 정체성과 사회를 바꾼다

독자들 중에는 학자들 몇이 좁아터진 소견으로 지적인
단일 경작에 매달리는 게 나와 무슨 상관이냐고 질문하는 사
람들도 있을 것이다. 할 만한 질문이다. 그런 질문을 받으면
나는 경제학은 북유럽 고어를 연구하는 학문이나 수백 광년
떨어진 우주 공간에 있을지도 모르는 지구 같은 행성을 찾는
학문과 다르다고 답하곤 한다. 경제학은 우리 삶에 엄청나게
크고도 직접적인 영향을 끼친다.

우리 모두는 경제학 이론이 세금, 복지 지출, 이자율(금리),
노동 시장 규제 등의 정부 정책에 영향을 주고, 이런 정책은
우리 일자리와 노동 환경, 임금, 주택 담보 대출과 학자금 대
출 상환금에 영향을 준다는 사실을 잘 알고 있다. 그러나 경
제학 이론은 거기서 그치지 않고 고생산성 산업을 발전시키

＊　　잉카, 스페인, 중국, 일본의 영향을 모두 융합한 페루 음식이나 미국, 한
국, 일본, 중국, 멕시코 음식을 제대로 이해하고 재해석한 한국계 미국인 셰프
데이비드 장David Chang의 음식과 같은 진정한 퓨전이 아니라는 의미다.

고, 혁신을 꾀하고, 지속가능한 친환경적인 개발을 가능케 하는 정책 수립에 영향을 끼쳐 그 경제 체제의 장기적·집단적 발전 가능성을 결정하는 역할을 하기도 한다. 그게 다가 아니다. 경제학은 개인적이건 집단적이건 경제적 변수에만 영향을 끼치는 것이 아니라 우리의 정체성, 다시 말해 우리 자신에 대한 규정 자체를 변화시킨다.

정체성에 대한 영향은 2가지 방향에서 일어난다. 우선 경제학은 개념을 만들어 낸다. 예를 들어 각 경제학 이론은 서로 다른 특징을 인간성의 본질로 추정한다. 따라서 그 시대에 가장 큰 영향력을 끼치는 경제학 이론은 동시대인들이 무엇을 가장 중요한 '인간의 본질'로 생각하는지에 영향을 준다. 인간은 이기적 존재라 추정하는 신고전학파 경제학이 지난 몇십 년 동안 세계를 주름잡으면서 자기중심적이고 이기적인 행동이 정상적인 것으로 받아들여지게 되었다. 이타적으로 행동하는 사람들은 '루저'라고 조롱당하거나 (이기적인) 저의를 품고 있다고 의심받는다. 행동주의나 제도주의 경제학 이론이 제일 주목받는 세상이었다면 인간이 더 복합적인 동기를 지닌 존재고, 이기적 동기는 그중 하나일 뿐이라는 믿음이 팽배했을 것이다. 이런 학파들의 시각을 따른다면 사회를 어떻게 설계하는지에 따라 여러 동기 중에 특정한 것을 장려할 수 있고, 심지어 사람들이 가지고 있는 동기 자체를 바꿀 수도 있다고 생각하게 될 것이다. 다시 말해 경제학은 사람들이 무엇을 정상으로 보는지, 서로를 어떤 식으로 보는지, 그런 사회에서 받아들여지기 위해 사람들이 어떤 식으로 행동하는지에 영향을 준다.

경제학은 또 경제가 발달하는 방식에 영향을 주며, 그에 따라 우리가 생활하고 일하는 방식에 영향을 주고, 그 결과 우리 정체성을 형성하는 데 영향을 준다. 예를 들어 개발도상국이 공공 정책 개입을 통해 산업화를 촉진하는 것이 바람직한지 아닌지에 대해 경제학 이론마다 다른 견해를 가지고 있다. 그리고 한 나라의 산업화 정도는 다른 유형의 개인을 만들어 낸다. 가령 더 산업화된 나라 사람들은 농업 사회 사람들에 비해 시간을 더 잘 지키는 경향이 있다. 그들이 하는 일이ㅡ그리고 거기에 따라 나머지 일상도ㅡ시계에 따라 조직되기 때문이다. 산업화가 진행되면 노조 운동도 촉진되는데 공장에서는 다수의 노동자가 한데 모여 일을 하고, 농장 같은 환경보다 다른 사람과의 협조가 훨씬 더 잘 이루어져야 작업을 진행할 수 있기 때문이다. 이런 노조 운동은 결과적으로 평등주의적 정책을 추진하는 중도좌파 정당을 낳는데, 이런 정치 세력은 공장이 사라져도 약화는 될지언정 없어지지 않는다는 것이 지난 몇십 년 사이 부자 나라들에서 목격된 현상이었다.

여기서 한 걸음 더 나아가 경제학이 우리가 사는 사회의 성격에 영향을 준다고도 할 수 있을 것이다. 첫째, 서로 다른 경제학 이론은 개인의 형성에 서로 다른 영향을 끼치고, 그에 따라 그 개인들이 모여서 만들어지는 사회도 달라진다. 가령 위에서 살펴본 바와 같이 산업화를 권장하는 경제학 이론은 평등주의적 정책을 지지하는 사람들이 더 큰 세력을 이루는 사회를 가능케 할 것이다. 다른 예로 인간이 (거의) 전적으로 이기적인 동기에서 움직이는 존재라고 추정하는 경제학 이론을 신봉하는 사회에서는 협력 관계를 형성하기가 더 어려울 것이다. 둘째, 각각의 경제학 이론은 '경제학적 영역'의 경계를 각자 다르게 규정한다. 많은 이론에서 필수 사회 서비스로 간주하는 의료, 교육, 상하수도, 대중교통, 전기, 주거 등을 민영화해야 한다고 주장하는 이론이 있다면, 그 이론은 '1인 1표'라는 민주 사회의 원칙을 축소하고 '1원 1표'라는 시장 논리를 확장하자고 주장하는 것이다. 마지막으로, 경제학 이론에 따라 (소득이나 부의) 불평등('12장 닭고기' 참조), (노동자 대 자본가, 소비자 대 생산자 등의) 경제적 권리('2장 오크라' 참조) 같은 경제학적 변수에 부여하는 중요성과 비중이 달라진다. 이런 차이는 결국 사회에서 빚어지는 갈등의 정도에 영향을 끼친다. 소득 불평등이 크거나 노동자 권리가 잘 보장되지 않으면 힘을 가진 세력과 그렇지 않은 세력 사이의 갈등을 심화시킬 뿐 아니라 특권을 누리지 못하는 세력에 돌아가는 파이의 크기가 작아짐에 따라 하부 계층 안에서의 갈등도 악화된다.

이런 식으로 이해하면 경제학은 소득, 일자리, 연금 등에 관한 학문이라고 좁게 규정할 때보다 훨씬 더 근본적으로 다양한 면에서 우리에게 영향을 준다는 것을 알 수 있다. 바로 그래서 나는 우리 모두가 경제학의 원리를 몇 가지라도 이해해야 한다고 믿는다. 우리 자신의 이익을 방어하기 위해서뿐 아니라 더 중요한 차원, 즉 우리와 우리 후손들이 더 나은 사회에서 살 수 있도록 하기 위해서다.

내가 이런 주장을 하면 경제학은 보통 시민의 것이 아니라 '전문가'들의 것이라는 반응을 보이는 사람들도 있다. 눈이 돌아가게 어려운 전문 용어와 기술적인 논쟁, 복잡한 수학 공식과 통계가 난무하는 학문이기 때문에 대부분의 사람은 이해하지 못할 것이라는 주장이다.

하지만 앞으로도 계속 이렇게 살아갈 것인가? 이해할 수 없는 경제학 이론이 난데없이 나타나 우리가 몸담은 세상 전체를 뒤집어엎고 주물럭거리는 것을 "절망 어린 침묵 속에서 그저 바라보고만"* 있을 것인가? 지금 우리 사회가 만들어지

❖　영국 록그룹 핑크 플로이드Pink Floyd의 《더 다크 사이드 오브 더 문The Dark Side of the Moon》이라는 앨범에 실린 곡 〈타임Time〉의 가사에 따르면, 이것이 바로 '영국적인 방식The English Way'이다.

고 돌아가는 방식에 만족한다고 자신 있게 말할 수 있는가? 자신이 우리 모두에게 가장 중요하다고 믿는 원칙과 정부의 철학이나 정책이 일치하는가? 세계적인 거대 기업과 평범한 노동자가 공평하고 정당하게 세금 부담을 나누고 있다고 생각하는가? 모든 어린이가 잠재력을 100퍼센트 발휘해 가장 성공적인 삶을 영위할 수 있도록 최선의 노력이 기울여지고 있다고 생각하는가? 우리 사회의 가치가 공동체, 공동의 책임, 모두가 공감하는 목표를 향상시키는 방향과 일치한다고 믿는가? 독자들의 답이 어떨지 짐작이 간다. 그리고 나도 거기에 동의한다.

맛깔 나는 경제학 요리 한 상 차림 나누기

경제학에 관심을 가져야 한다고 기껏 설득시켜 놓은 다음 거기서부터는 알아서 하시라 하는 건 도리가 아니다. 이 책에서 나는 음식 이야기와 경제학 이야기를 한 상에 차려 경제학 이야기가 좀 더 맛있게 보이도록 노력했다. 하지만 조심하시라. 책에 등장하는 음식 이야기는 대부분 식재료를 어떻게 생산하고 가공하고 상업화하고 판매하고 구입하고 소비하는지에 관한 '음식의 경제학' 이야기가 아니다. 그쪽은 내가 독자들에게 하려는 경제학 이야기와 별 상관이 없다. 어차피 그 분야에 관해서는 재미있는 경제학 책이 이미 많이 나와 있다. 내 음식 이야기는 아이에게 채소를 먹이기 위해 엄마들이 뇌물로 쓰는 아이스크림과 약간 비슷하다. 한 가지 다른 점이 있다면 이 책에서는 아이스크림이 먼저 나오고 그다음에 채소가 나온다는 것이다.(괜찮은 거래 아닌가!)

하지만 유사점은 거기서 그친다. 보통 뇌물은 사람들이 하고 싶어 하지 않는 일을 하도록 만들기 위해 사용된다. 그 사실을 생각하면 이 책의 음식 이야기는 진정한 뇌물이 아니다. 영어권에 사는 많은 엄마들이 채소를 다 먹으면 아이스크림을 준다고 하는 건 솔직히 말해 엄마들 자신도 채소가 맛이 없다는 걸 알기 때문이다. 이와는 달리 인도, 한국, 이탈리아 엄마들은 그런 뇌물을 거의 쓰지 않는다. 이런 나라 요리에 나오는 채소들은 삶은 브로콜리, 시금치, 당근보다 훨씬 더 맛있기 때문이다(미국의 41대 대통령이자 '반브로콜리' 전선의 용감무쌍한 전사 H. W. 부시는 당근을 '주황색 브로콜리'라고 불러 또 한 번 유명세를 탔다). 그런 맛있는 채소처럼 내 경제학 이야기도 그 자체가 벌이 아니라 보상으로 느껴질 것이다. 골고루 재료를 고르고, 다양한 양념으로 복합적인 맛을 내서 보통보다 더 맛있는 경제학 이야기로 만들었기 때문이다. 관심을 받지 못하고 등한시되던 주제를 부각시키고, (단 하나의 경제학 이론이 아니라) 다원적 경제학 이론을 사용하며, 경제 정책의 정치적(그리고 심지어 철학적) 영향을 논의하고, 현재의 경제 질서에 대한 현실적 대안―이미 존재하는 대안과 새로 상상한 대안 모두―을 탐구할 것이다.

나는 맛있는 음식을 친구들과 함께 나누어 먹는 것을 좋아한다. 친구들을 집으로 초대해 요리를 만들어 대접하기도 하고, 함께 식당을 찾기도 하고, 심지어 어떤 요리에 관해 이야기하면서 함께 군침을 흘리기도 한다. 우리가 사는 세상이 어떻게 운영되는지를 이해하고, 더 나은 세상을 꿈꾸고, 그런 세상을 만들 수 있는 도구를 찾는 데 도움이 되는 다양한 경제학 이론을 소화하고, 섞고, 융합하면서 내가 얻는 즐거움과 만족감을 나의 지적 친구들인 독자들과 이 책을 통해 함께 누리고 싶다.

1부

편견 넘어서기

EDIBLE ECONOMIC$
A HUNGRY ECONOMIST EXPLAINS THE WORLD

1장

도토리

Acorn

도토리묵무침 | 한국

도토리로 만든 묵에 잎채소와 오이, 당근을 곁들여
매운 양념간장으로 버무린 한국 음식

도토리묵에서 하몬 이베리코까지

떡갈나무 열매인 도토리acorn는 고급 식재료는 아니다. 일부 아메리카 원주민, 특히 캘리포니아 지역의 원주민과 일본인이 더 나은 탄수화물을 살 돈이 없거나 전혀 구할 수 없을 때 도토리를 먹었다고 알려져 있다. 북부 이탈리아에서 밀가루가 부족하면 밤가루를 섞어 파스타의 양을 늘린 것과 비슷하다.

한국인은 도토리로 젤리를 만들어 (엄청나게 많은 양을) 먹는데 이렇게 식물성 전분으로 만드는 젤리를 묵이라 부른다. 나는 도토리묵을 참 좋아한다. 송송 썬 파, 고춧가루, 깨, 참기름을 간장에 넣어 만든 양념간장이 도토리묵과 만나면 도토리의 약간 쌉싸래하면서 고소한 맛이 도드라져서 일품인데, 여기에 오이와 당근을 썰어 넣으면 한 끼를 대신할 수 있을 정도로 든든한 샐러드가 된다.

　내가 도토리묵을 아무리 사랑한다 해도 이 음식을 최고급 요리라고 우길 수는 없다. 도토리묵은 아침 일찍 길을 나서 등산을 한 다음 길가 노점에서 요기를 하거나 저렴한 동네 술집에서 친구를 만나 한잔할 때 곁들이는 음식이다. 사실 도토리를 재료로 해서 만든 최고급 요리를 떠올리기가 그리 쉽지는 않다.

　하지만 도토리를 이베리코 돼지들에게 먹이면 이야기가 달라진다. 파타 네그라Pata Negra(검은 발굽) 돼지라고도 부르는 이 이베리코 돼지의 다릿살로 만드는 햄이 바로 하몬 이베리코jamón Ibérico다. 최고급 하몬 이베리코는 파타 네그라 돼지를 도축 전 일정 기간 동안 떡갈나무 숲에 방목해서 도토리만 먹도록 한 다음 만들기 때문에 하몬 이베리코 데 베요타jamón Ibérico de bellota라고 부른다(베요타는 스페인어로 도토리라는 뜻이다).[1] 도토리 덕분에 무엇과도 견줄 수 없는 고소하고 깊은 맛을 내는 햄이 탄생한 것이다. 나도 달콤한 멜론과 함께 먹는 이탈리아 파르마산 햄 프로슈토 디 파르마prosciutto di Parma를 무척 좋아하긴 하지만, 그래도 세상에서 가장 맛있는 햄은 하몬 이베리코인 것 같다. 다만 음식 문제에 관해서는 좀처럼 양보가 없는 내 이탈리아 친구들이 나를 용서해 주기를 바랄 뿐이다. 하몬 이베리코가 얼마나 비싼 값

에 팔리고 있는지를 보면 나처럼 생각하는 사람들이 ─ 물론
이탈리아인은 빼고 ─ 매우 많은 듯하다.

이슬람 문화에 대한 뿌리 깊은 오해와 편견

햄은 스페인 문화의 심장이다. 스페인 말고 어느 나라에
서 〈햄 햄〉(하비에르 바르뎀도 출연했지만 페넬로페 크루스의 데
뷔 영화로 더 인상 깊은 〈하몽 하몽Jamón Jamón〉)이라는 제목의
영화가 나오겠는가?(햄을 뜻하는 스페인어 jamón을 한국에서
는 보통 '하몽'이라 하지만 '하몬'이 맞는 발음이다-옮긴이) 기독교
가 이베리아반도 대부분을 다스리던 이슬람 세력과 전쟁을
벌여 기독교도의 스페인을 세우는 과정에서 햄은 중요한 역
할을 했다. 돼지고기를 먹는지 안 먹는지는 기독교도와 이슬
람교도를 구분하는 중요한 차이였고, 돼지고기는 기독교인
의 정체성을 상징하게 되었다.[2]

스페인에 살면서 돼지고기를 먹지 않는 유대인도 기독교
가 다시 세력을 강화하는 과정에서 큰 고통을 겪었다. 1391년
성난 폭도로 변한 기독교인의 위협에서 목숨을 건지기 위해
많은 수의 유대교인이 기독교로 강제 개종했다. 교회는 이들
이 진심으로 개종했는지를 확인하기 위해 공개적으로 돼지
고기를 강제로 먹도록 했다. 콘베르소converso라고 부르는 이

유대교인 출신 개종자 중 일부는 비밀리에 유대 교리를 계속
따르면서, 돼지고기와 조개류를 조리하지 않고 유제품과 고
기를 섞지 않는 등 유대교의 의식과 명절에서 핵심적인 요소
들을 지켜 나갔다.

　1478년 설립된 스페인 이단심문소Spanish Inquisition의 주
요 목표 중 하나는 거짓으로 개종을 한 유대교인(이들을 마라
노스marranos라고도 불렀는데 일부에서는 이 말이 돼지라는 의미
의 아랍어 단어에서 유래했다고 주장한다*)을 색출하는 일이었
다. 가장 널리 쓰인 방법 중 하나는 의심이 가는 사람의 굴뚝
을 토요일에 감시하는 것이었다. 유대 교리를 준수하는 사람
들은 안식일인 토요일에는 조리를 하지 않기 때문에 그날 굴
뚝에서 연기가 나지 않으면 유대교인일 확률이 높았다. 이에
더해 이단심문관들은 토요일에 골목길을 누비면서 음식 조
리 냄새가 나지 않는 집을 찾아다녔다고 한다.[3]

　1492년 1월 레콩키스타Reconquista(국토 회복)가 이루어졌
다. 기독교도가 이슬람교도를 이베리아반도에서 완전히 축

---

*　도토리를 뜻하는 bellota(베요타)라는 단어 또한 떡갈나무라는 의미의
아랍어 balewt에서 유래한 말로 스페인 문화에 끼친 이슬람 문화의 영향을
다시 한 번 상기시켜 준다. 이 사실을 내게 알려 준 레다 셰리프Reda Cherif에게
감사한다.

출한 것이다. 같은 해 말, 이제 기독교 땅이 된 이베리아반도에서 유대교인을 추방한다는 왕의 칙령이 내려졌다. 스페인과 포르투갈에서 추방당한 유대교인의 많은 수가 당시 이슬람 문화의 중심이었던 오스만제국으로 도망갔다. 유명한 튀르키예의 경제학자 대니 로드릭Dani Rodrik도 그들의 후손이다. 로드릭은 자기의 원래 성이 이베리아반도에 살던 유대인의 전형적인 성 중 하나인 로드리게스Rodriguez라고 내게 설명해 주었다.

요즘 관점으로 보면 박해받는 유대교인이 이슬람 국가로 피하는 게 이상해 보일 수도 있지만, 당시만 해도 그것은 당연한 선택이었다. 스페인을 비롯한 기독교 국가들에 비해 오스만제국은 유대교인을 비롯한 종교적 소수 집단에 관용적이었다. 술탄 베야지드 2세Beyazid II는 유대교인을 두 팔 벌려 환영했고, 가톨릭 왕들의 손실은 자신의 이득이라고 말했다고 한다.

오스만제국에서는 이슬람교를 믿지 않는 다른 모든 사람들과 마찬가지로 유대교인도 세금만 더 내면 종교의 자유를 누렸고, 원하는 방식으로 공동체를 운영할 수 있는 자율권이 주어졌다. 유대교인은 제국의 거의 모든 직종에 종사했다. 궁정 고문, 외교관, 상인, 제조업자, 짐꾼, 석공 등 종교 때문에 하지 못하는 일은 없었다. 일부 사람들이 생각하는 것과는 달리 종교적 편협성은 이슬람교의 본질과 전혀 관련이 없다.

이슬람 문화에 관한 다른 부정적인 고정 관념도 자세히 들여다보면 아무런 근거가 없다는 것을 알 수 있다. 많은 사람이 이슬람교를 군국주의적 종교라 생각하고, 이슬람 근본주의자들도 그런 견해를 부추겨 왔다. 지하드jihad라는 단어에 대한 오해가 널리 퍼진 것도 바로 그런 이유일 것이다. 이교도와 벌이는 전쟁이란 의미로 알려진 지하드는 원래 가치있는 목표를 위해 지난한 노력을 한다는 뜻이다. 이슬람 교리중에는 군국주의적인 해석을 가능케 하는 부분도 있고, 배움의 중요성을 강조하는 교리도 있다. 후자는 "순교자의 피보다 학자의 먹물이 더 숭고하다"라고 강조한 선지자 마호메트(무함마드)의 말에 그대로 담겨 있다. 사실 이슬람 학자들이 고대 그리스어와 라틴어로 된 고전을 아랍어로 번역해서 보존하지 않았으면 후에 이를 유럽어로 번역하면서 일어난 르네상스 운동은 불가능했을 것이다. 유럽의 기독교인들은 기독교 이전 고대 그리스어와 라틴어로 쓰인 문헌을 이교도적이라 선언하고 방치하거나 심지어 적극적으로 파괴해 버렸다.

이슬람이 과학적 진보나 경제 발전 같은 실용적인 문제에 관심이 없는 속세에서 먼 종교라는 고정 관념 또한 존재한다. 그러나 이슬람의 교리는 경제 발전을 도모하는 문화적 가치와 궤를 같이한다. 중세에는 이슬람 문화권이(특히 10세

기부터 11세기 사이 바그다드를 중심으로) 법학뿐 아니라 수학
과 과학 분야에서도 유럽보다 훨씬 더 앞서 있었다. 과학 용
어 중 얼마나 많은 수가 아랍어에서 온 것인지만 봐도 알 수
있다. 알코올, 알칼리, 알지브라algebra(대수학), 알고리즘(인공
지능의 핵심 요소!) 등이 그 예다('알al'은 아랍어의 정관사다). 상
업도 고도로 발달해서 아랍 상인들은 지중해 연안은 말할 것
없고 동쪽으로는 한반도에서부터 서쪽으로는 아프리카에 이
르기까지 광범위한 지역과 교역을 했다. 특히 선지자 마호메
트가 상인이었기 때문인지 상인들이 높은 사회적 지위를 누
렸다. 상업의 종교인 이슬람교는 계약법을 매우 중요시했다.
이슬람 국가들에는 기독교 국가들보다 몇백 년이나 앞선 때
부터 제대로 훈련받은 전문직 판사가 있었다. 대부분의 유럽
국가들에서는 19세기까지도 법학을 공부하지 않고도 판사
가 될 수 있었다.

    이슬람교가 다른 문화보다 경제 개발에 더 적절한 잠재
력을 지녔다고 할 만한 중요한 특징들이 또 있다. 남아시아의
힌두교나 동아시아의 유교*와 달리 이슬람 문화에는 태어난
배경에 따라 직업 선택을 제한해서 계층 이동을 막는 카스트

---

*   유교는 종교가 아니라 중국의 철학자 공자가 만들어 낸 정치, 사회 철학
이다. 공자는 소크라테스가 태어난 기원전 5세기경에 사망했다.

또는 신분 제도가 없다. 힌두교의 카스트 제도가 얼마나 복잡하고 엄격한지, 그리고 계층 이동에 얼마나 부정적인 영향을 끼치는지는 잘 알려져 있다. 그만큼 정교하고 강하지는 않지만 전통적 유교 사회의 신분 제도 또한 장난이 아니었다. 농부의 아들(딸 말고 아들만)이 시험에 통과해서 관직을 얻어 학자-관료로 이루어진 지배 계층에 편입하는 것을 허용했으니 어느 정도의 계층 이동은 가능했다고 볼 수도 있다. 그러나 실제로 그런 일은 거의 일어나지 않았다. 장인과 상인(노비 바로 위 계급)의 자손들은 관직을 얻을 수 있는 시험에 응시하는 것조차 허락되지 않았다. 근대 초기에 전통적 신분 제도가 공식적으로 폐기된 후에도 유교 문화권에서는 한동안 유능한 젊은이들이 엔지니어나 기업인이 되는 것을 꺼렸다. 엔지니어는 교육을 너무 많이 받은 장인, 기업인은 현대의 상인이라는 느낌이 강했기 때문이다. 유교 문화권 국가들이 경제 발전을 하면서 이 직종의 종사자들이 돈을 많이 벌고 권력을 가지게 된 후에야 존중을 받게 되었다.

자, 이쯤 되면 이슬람 문화가 본질적으로 개발에 방해가 된다는 고정 관념은 없어졌을 것이다. 배움을 강조하고, 과학적 사고의 전통이 있으며, 사회적 위계질서가 강하지 않고, 상업의 가치를 중요시하며, 법치와 관용의 전통이 강한 이슬람 문화는 경제 발달에 유리한 요소를 많이 갖추고 있다. 말레이시아와 두바이는 모두 이슬람 문화가 경제 발전과 양립할 수 있다는 것을 보여 주는 좋은 예다.

우리는 무지 때문에, 그리고 어떨 때는 악의적 의도를 가지고 '낯선' 문화에 부정적인 문화적 고정 관념을 적용할 때가 있다. 우리를 불안하게 만드는 어떤 문화의 부정적인 부분만을 골라내서 그 문화권의 나라들이 겪는 사회경제적 문제를 문화 탓으로 돌리는 경우도 많다. 그러나 그런 태도는 문제의 진정한 원인을 놓치는 오류로 이어진다.

유교 문화가 동아시아의 발전을 낳았다는 고정 관념

어떤 사회(보통은 자기가 속한 사회)의 좋은 점을 부풀린 '긍정적'인 문화적 고정 관념 역시 현실을 왜곡해서 현실을 움직이는 진정한 메커니즘을 이해하는 데 방해가 된다.

동아시아의 '경제 기적'이 근면, 절약, 교육을 강조한다고 알려진 유교 문화 덕분이라고 주장하는 사람들이 많다. 그러나 어느 문화에서 이런 덕목을 강조하지 않는가? 예를 들어 1960년대 초 비슷한 경제 개발 단계에 있던 한국과 가나(사실 당시 한국이 가나보다 훨씬 더 가난했다. 1961년 한국의 1인당 평균 소득은 93달러였던 데 반해 가나는 190달러였다)의 운명이 갈린 원인을 설명하면서 논란의 여지가 많은《문명의 충돌The

Clash of Civilizations》의 저자인 저명한 미국의 정치학자 새뮤얼 헌팅턴Samuel Huntington은 이렇게 주장한다. "의심할 여지 없이 수많은 요소가 작용했지만 … 문화가 큰 부분을 차지했다. 한국은 절약과 투자, 근면, 교육, 조직과 규율을 중요시하는 나라다. 가나 문화는 이와 다른 가치 체계를 지니고 있다. 요 컨대 문화가 중요하다." 헌팅턴이 유교 문화를 묘사하는 이 부분은 긍정적인 문화적 고정 관념의 완벽한 예다. 자기가 원하는 그림을 완성하기 위해 어떤 문화의 특정 부분만을 골라서 강조한 것이다.

유교는 근면함을 장려한다고 알려져 있다. 그러나 과거 유교 문화권을 방문한 서양 사람들은 동아시아 사람들을 게으르다고 묘사하곤 했다. 1915년 일본 정부로부터 생산성 향상을 위한 조언을 해 달라는 요청을 받고 일본의 공장들을 둘러본 한 오스트레일리아 엔지니어는 이렇게 말했다. "노동자들이 일하는 것을 보고 나니 일본인은 현실에 만족하고 태평스러우며 시간 개념이 전혀 없는 사람들이라는 느낌을 받았습니다. 경영진은 내게 전통적으로 내려오는 이런 습성을 바꾸는 것은 불가능하다고 토로했습니다."[4] 1912년 일본과 한국을 둘러본 영국의 사회학자이자 사회 개혁가인 비어트리스 웨브Beatrice Webb는 일본인이 "여가에 대한 동의할 수 없는 개념과 참기 힘든 개인적 독립성을 가지고 있다"라고 말했고,[5] 내 한국인 조상들에 대해서는 "더럽고, 타락하고, 침울하고, 게으르며, 종교도 없는 야만인들로, 지저분한 진흙 오두막에서 살면서 엄청나게 불편해 보이는 더러운 흰옷 차림으로 축 늘어져 어슬렁거리는 1200만 명의 사람들"[6]이라고 묘사했다. 페이비언Fabian 사회주의의 창시자조차 이런 발언을 할 정도였으니 당시의 우파 백인 우월주의자들이 유교 국가에 사는 사람들에 관해 무슨 말을 했을지 가히 상상할 수 있을 것이다.

　유교 문화권에서 교육을 중요시한다는 평판도 그렇다. 전통적으로 중요시된 교육은 관료가 되는 시험, 이른바 과거에 필요한 분야인 정치 철학과 시를 중심으로 이루어졌다. 이는 경제 발전에 직접 활용될 수 있는 분야가 아니다. 농업을 제외하고 물건을 만들거나 사고파는 등의 실용적인 일들은 경시되었다. 헌팅턴과 같은 논객들은 유교 문화권 사람들이 규범을 잘 지킨다고 칭송한다(비록 비어트리스 웨브는 일본과 한국에서 규율을 지키지 않고 무절제한 사람들밖에 보지 못했지만 말이다). 그러나 규율을 잘 지킨다는 말은 체제 순응적이라는 말과도 같다. 그래서 체제에 순응해야 한다는 사회적 압력 때문에 동아시아인은 독창성과 기업가 정신이 부족하다고 주장하는 논객들도 많다. 동아시아에서 요즘 쏟아져 나오는 기술 혁신과 독창적인 영화, 중독성 있는 드라마, 창의적인 음악 등을 고려하면 그런 주장도 점점 힘을 잃어 가고 있지만 말이다.

동아시아 국가들이 부강해진 진짜 이유

헌팅턴과 같은 사람들이 만들어 낸 유교 문화에 대한 긍정적 고정 관념을 더 해체할 수도 있지만 내가 말하려는 의도는 이미 전달이 되었으리라 생각한다. 이슬람 문화에 대해 완벽하게 긍정적인 고정 관념을 만드는 일만큼이나 유교 문화에 대해 완벽하게 부정적인 고정 관념을 만드는 일도 가능하다. 문화라는 것은 다양하고 복잡한 측면들을 가지고 있다. 다른 종교에 관용적이고, 규칙을 근간으로 하며, 과학을 중시하고, 상업 정신을 갖춘 버전의 이슬람 문화도 실제로 존재하는 모습이고, 현세에 관심이 없고, 비관용적이며, 군국주의적인 버전의 이슬람 문화도 실제로 존재하는 모습이다. 근면하고, 교육을 중시하고, 절약 정신과 규율을 중시하는 버전의 유교 문화도 있지만, 구성원에게 근면성을 함양하지 못하고, 계층 이동을 제한하며, 상업과 공업을 경시하고, 창의성을 억누르는 버전의 유교 문화도 있다. 한 사회가 주어진 문화적 재료로 무엇을 만들어 내는가는 많은 부분 선택의 문제며, 따라서 정책의 문제라고 할 수 있다.

적절한 경제 정책, 사회 정책을 사용하면 어떤 문화적 맥락에서든 발전을 꾀하고 동등한 기회를 제공하는 등의 긍정적인 결과를 얻을 수 있다.

일본과 한국은 정확한 시간 개념과 산업 사회의 규율을 갖춘 현대적 산업 노동력을 보유하지 않은 나라들이었다. 두 나라는 그러한 노동력을 구체적인 조치를 통해 만들어 냈다. 시간과 규율을 잘 지키는 습관을 학교 교육을 통해 가르치고, 경제 발전을 통해 '국가를 재건'하는 '애국 전쟁'을 위해서는 근면한 노동이 필요하다는 것을 강조하는 이념 캠페인을 벌이는 한편, 긴 근로 시간과 힘든 노동 조건을 허용하는 노동법을 유지하는 등의 방법이 사용되었다.

유교 문화권의 국가에서 사람들이 교육에 적극적으로 투자한 것은 공자가 학식을 강조해서가 아니라, 2차 세계대전후 토지 개혁을 비롯한 여러 정책을 통해 계층 이동이 가능해지면서 교육이 계층 상승의 수단이 되었기 때문이다. 몇백 년에 걸쳐 유교가 국가의 공식 이데올로기였고, 또 다른 유교 국가의 식민 지배를 받았음에도 불구하고, 1945년 일본으로부터 독립을 쟁취한 직후 한국의 문해율literacy rate은 22퍼센트에 그쳤다. 비슷한 시기에 불교 국가 태국의 문해율은 53퍼센트(1947년), 기독교 국가 필리핀은 52퍼센트(1948년), 이슬람 인구가 다수를 차지하는 말레이시아는 38퍼센트(1947년)

였다.[7]

경제 개발 초기, 1960년대와 1970년대 한국의 젊은이들
은 과학이나 공학 분야 직종을 꺼렸다. 실용적인 일에 대한
편견을 가진 유교 문화의 영향이었다. 이 문제를 해결하기 위
해 한국 정부는 의도적으로 인문학과 사회과학 계통의 대학
정원과 재정 지원을 제한하고, 과학 및 공학 분야 학위 소지자
의 (의무적) 군대 복무 기간을 대폭 줄이는 특혜를 베풀었다.
물론 과학 및 공학 분야 학위 소지자가 많이 쏟아져 나오는데
적당한 일자리가 없으면 고학력 실업자만 양산하는 결과를
낳을 것이고, 많은 개발도상국에서 그런 현상이 벌어진 것도
사실이었다. 이를 피하기 위해 한국 정부는 적극적인 공공 정
책을 통해 산업화를 도모했다('5장 새우' '6장 국수' 참조). 그 결
과 이 분야로 진학한 학생들이 학위를 딴 후 보수도 좋고 지
적으로도 만족할 수 있는 일자리들을 만들어 냈다.

유교 국가들이 세계 최고의 저축률을 보인 것—예를 들
어 1990년대 초 한국의 가계 저축률은 GDP(국민총생산)의
22퍼센트를 차지했고, 2010년에 중국은 GDP의 39퍼센트를
기록했다—을 보고 사람들은 절약 정신이 이 나라들의 문화
특징인 것처럼 말들 했다. 하지만 이는 틀린 이야기다.

1960년대 초 세계에서 가장 가난한 나라 중 하나였던 한
국의 총저축률(가계 저축만이 아니라)은 GDP의 3퍼센트밖에

되지 않았고, 1960년에는 1퍼센트조차 되지 않았다. 유교의 가르침이고 뭐고를 떠나서 한국인은 너무 가난해서 저축할 돈이 없었던 것이다.

그 후 30여 년에 걸쳐 한국의 저축률, 특히 가계 저축률은 극적으로 증가했다. 유교 문화가 다시 부흥해서가 아니었다. 사실 농업 사회에 적합한 유교 문화는 산업화와 도시화가 진행된 이 기간에 많이 약화되었다. 가계 저축률이 증가한 것은 주로 한국이 너무 급속도로 발전해서 사람들의 소비가 수입의 증가를 따라가지 못했기 때문이다. 거기에 더해 정부는 주택 담보 대출과 소비자 금융을 엄격히 제한해서 제조업체들을 위한 대출 기회를 극대화했다. 한국에서 집이나 자동차, 냉장고 등 비싼 물건을 사려면 먼저 돈을 모아야만 했다.

1990년대 초 GDP의 22퍼센트(당시 세계 최고)로 최고점을 찍었던 한국의 가계 저축률은 1990년대 말 한국 정부가 이런 제한들을 철폐한 후 몇 년이 지나지 않아 세계에서 가장 낮은 수준(3~5퍼센트)으로 곤두박질했다. 이제 한국의 GDP 대비 가계 저축률은 5퍼센트(2005~2014년 평균)에 그쳐 칠레(10.5퍼센트)나 멕시코(11.4퍼센트) 등 이른바 '돈을 헤프게 쓴다'고 알려진 중남미 국가들의 절반에도 못 미친다.[8]

*　　*　　*

　　문화가 사람들의 가치관과 행동에 영향을 주고, 따라서 그 나라의 경제가 조직되고 발전하는 양상에 영향을 준다는 사실을 부인하는 것은 어불성설일 것이다. 그러나 문화가 어떻게 영향을 끼치는지에 대해서는 흔히 통용되는 단순한 고정 관념으로 설명할 수 없다. 모든 문화는 복합적이고 끊임없이 진화하는 다양한 부면을 지니고 있다. 가장 중요한 사실은, 개인의 경제적 행동과 국가의 경제적 성과를 결정하는 데서 문화는 정책에 비해 그 영향력이 훨씬 약하다는 점이다. 그 점은 도토리를 먹는 한국인에게나 도토리를 먹여 키운 돼지고기를 먹지 않는 이슬람교도에게나 마찬가지다.

2장

오크라

Okra

크리올 서코태시	북아메리카
오크라, 옥수수, 콩, 토마토, 매운 소시지, 새우(또는 크레이피시)를 넣은 크리올식 스튜	요리책 《트러메이Treme》에 실린 레시피 변형

미끈둥거리는 식감과 친구 되기

내가 처음 오크라okra를 먹어 본 것은 1986년 영국에 온지 1, 2년쯤 지난 후에 간 남아시아 식당에서였다.* 빈디 바지bhindi bhaji라는 이름의 음식이었는데 남아시아 출신이 아닌 고객들을 위해 식당 측에서 메뉴에 붙여 놓은 설명을 보니 "소량의 기름에 재빨리 볶아 낸 레이디스 핑거스ladies' fingers"라고 되어 있었다. 영국에 가기 전에도 먹어 보지는 못했지만 책이나 영화 등을 통해 그런 게 있다는 건 알고 있던 채소들이 몇 있었다. 브로콜리, 비트, 순무 등이 그랬다. 하지만 오크라라는 채소는 그때까지 들어 본 적조차 없었다.

---

* 흔히들 말하는 '인도'라고 하지 않고 군이 '남아시아'라고 한 이유는 '15장 향신료'를 참조하기 바란다.

잘게 썰어서 모양을 알아볼 수 없게 조리해 놓았기 때문에 그 채소를 '숙녀의 손가락'이라는 뜻의 레이디스 핑거스라고 부르는 이유도 이해할 수 없었을 뿐 아니라 맛도 그다지 호감이 가지 않았다. '미끈둥거리는' 식감(기술적인 용어는 '점착성'이라는 것을 나중에 알았다) 때문에 얼른 친해지기 힘든 재료였다.

나중에 나는 훨씬 더 맛있게 조리된 빈디 바지를 맛봤다. 덜 미끈거리고, 과하게 익히지 않고, 양념이 더 잘 된 버전이었다. 그 후 일본의 어느 식당에서 만난 멋들어진 오크라 덴푸라를 맛본 다음에는 오크라에 대한 인상이 한결 더 좋아졌다. 브라질을 방문했을 때 오크라와 닭고기를 볶은 프랑고 콤 키아보frango com quiabo도 맛있게 잘 먹었다. 서서히 오크라가 싫지는 않아졌지만 여전히 정말 좋아하는 채소라고는 할 수 없었다.

하지만 그 모든 것은 워싱턴 D.C.에서 미국 남부 음식을 하는 식당에 간 후 바뀌었다. 그곳에서 난생처음 검보gumbo를 먹어 보게 된 것이다. 수프와 스튜 중간 정도 되는 미국 남부 음식인 검보에 없어서는 안 될 대표적인 재료가 바로 오크라다(미국에서는 흔히 오크라 자체를 검보 또는 곰보gombo라고 부르기도 한다). 그로부터 몇 년이 지난 후 나는 미국 남부 요리 전문 요리책을 보고 처음으로(그리고 아직까지는 유일한) 오크

라가 재료로 들어가는 요리인 서코태시succotash 만들기를 시
도했다.* 완성된 서코태시를 맛본 나는 요즘 젊은이들 표현
을 빌리자면 '심쿵'을 경험했다. 내 요리 솜씨가 뛰어나서 '심
쿵'했으면 더할 나위 없이 좋았겠지만, 감동의 원인은 오크라
덕분에 생긴, 뭐랄까 부드럽고 끈끈한 식감이었다. 처음 오크
라를 먹었을 때 나를 멈칫하게 했던 그 점착성이 서코태시의
맛을 부드럽고, 편안하고, 심장을 녹일 듯 맛있게 만드는 마법
을 부린 것이다.

오크라는 목화, 카카오, 히비스커스, 두리안**등이 함께
속한 아욱과Malvaceae라는 걸출한 집안의 일원이다. 오크라는
동북아프리카(현재의 에티오피아, 에리트레아, 수단)가 원산지
일 것이라는 추측이 가장 널리 받아들여지고 있지만, 동남아
시아와 인도에서 나왔을 것이라는 이론도 큰 지지를 얻고 있
다.[1] 지금까지는 오크라가 동북아프리카에서 재배되기 시작

---

  * '으깬 옥수수'라는 뜻의 서코태시는 원래 북아메리카 대륙 북동부에 살
던 아메리카 원주민의 음식에서 유래했다. 내가 사용한 레시피에서는 케이
준/크리올 요리의 '삼위일체'인 양파, 셀러리, 피망을 기본으로 하고, 무엇보
다 거기에 오크라를 보태서 이 요리를 남부의 전형적인 음식으로 만들었다.

  ** 동남아시아에서 인기가 높지만 악취로 유명한 두리안은 내 입맛에는 블
루 치즈를 섞은 커스터드 같은 느낌이었고, 묘하게 더 먹고 싶은 중독성이 있
는 과일이었다.

해서 북쪽(지중해 연안)과 동쪽(중동, 남아시아, 중국, 일본), 서쪽(서아프리카)으로 퍼졌다는 설이 지배적이다. 슬프게도 한국은 오크라 확산 지도에서 누락되고 말았다.

노예가 된 아프리카인들이 없었다면
미국과 유럽의 경제도 없었다

오크라는 아프리카에서 납치되어 노예로 끌려온 사람들과 함께 미국을 비롯한 아메리카 대륙에 들어왔다. 수박, 땅콩, 쌀, 깨, 동부콩black-eyed pea, 바나나(달콤한 바나나와 플랜틴plantain이라 부르는 요리용 바나나 둘 다. '9장 바나나' 참조) 등도 이 경로로 전파되었다.[2] 사실 이름만 봐도 뿌리를 짐작할 수 있다. '오크라'라는 단어는 오늘날의 나이지리아 지역에서 사용하는 주 언어 중 하나인 이보어Igbo에서 기원한 말이다. 미국에서 널리 통용되는 또 다른 이름인 '검보'(오크라가 주재료로 사용되는 음식 이름도 검보다)라는 단어도 아프리카 중부와 동남부에서 사용하는 언어들에서 나온 말이다.

아프리카인을 대규모로 노예화한 것은 유럽인이 신대륙을 점거하면서 시작되었다. 유럽인은 신대륙에 원래 거주하던 사람들을 거의 전멸시킨 후(대량 학살뿐 아니라 원주민이 면역성을 보유하지 않은 병원균을 들여가서) 최저 비용으로 부릴 수 있는 노동력을 확충하는 일이 절실했다. 노예 상인들이 납치한 아프리카인의 수는 1200만 명이 넘는다. 이들 중 적어도 200만 명이 노예화 과정에서 목숨을 잃었다—아프리카에서 잡혀 억류되는 과정에서, 그리고 '중간 항로Middle Passage'라는 이름이 붙은 험난한 대서양 횡단 길에서, 그리고 미 대륙에 도착한 후 노예 시장에 내놓기 전 아프리카인 포로들의 기를 꺾어 복종하게 만드는 '훈련장'에서 숱한 사람들이 죽어 나갔다.(중간 항로는 16세기부터 19세기 초까지 이루어진 아프리카[노예]-아메리카[원자재]-유럽[공산품] 간 삼각 노예 무역의 세 항로 중에서 아프리카와 아메리카 사이의 대서양 횡단 항로를 가리킨다-옮긴이)

노예가 된 아프리카인과 그들의 후손이 아니었으면 유럽의 자본주의 국가들은 자국의 공장과 은행을 운영하고 노동자를 먹여 살릴 금, 은, 목화, 설탕, 쪽빛 염료, 고무 등의 온갖 자원을 값싸게 얻지 못했을 것이다. 특히 그들이 없었다면 미국은 현재의 경제 대국으로 성장하지 못했을 것이다. 그냥 수사학적으로 하는 말이 아니다.

미국의 플랜테이션plantation에서 노예로 일하던 아프리카인이 목화와 담배를 생산하기 위해 채찍을 맞아 가며 일하고 고문당했던 것은 우리 모두 알고 있는 사실이다. 그러나 이 작물들이 미국 경제에 얼마나 중요한 역할을 했는지 아는 사람은 그다지 많지 않다. 19세기 미국 수출에서 목화와 담배두 작물이 차지한 양은 적게는 25퍼센트, 많게는 65퍼센트에달한다. 최고점을 찍은 1830년대에는 목화 한 상품이 미국 수출의 58퍼센트를 점했다.[3] 미국은 목화와 담배 수출로 벌어들인 돈이 아니었으면 당시 경제적으로 더 우월했던 유럽, 특히 영국에서 자국의 경제 발전에 필요한 기계와 기술을 수입할 자금이 없었을 것이고, 영국도 산업 혁명 기간 동안 방직공장을 돌릴 엄청난 양의 값싼 목화를 수입할 수 없었을 테니상부상조를 한 셈이었다.

노예가 된 아프리카인은 (무보수) 노동만을 제공한 데서그치지 않았다. 노예는 매우 중요한 자본 동원 수단이었다.고백하자면 이는 나도 최근까지 알지 못했던 사실이다.《뉴욕타임스》에 기고할 글을 위해 노예 제도가 남긴 유산을 조사한 미국의 사회학자 매슈 데스먼드Matthew Desmond는 이렇게 썼다. "노예가 된 인간들은 주택 담보 대출이 시작되기 몇백 년 전부터 대출의 담보로 사용되었다. … 땅값이 별로 나가지 않던 미국 독립 전 … 대부분의 대출은 인간이라는 자본을 담보로 이루어졌다."[4] 데스먼드는 거기에 더해 노예 한 명한 명을 담보로 한 대출들을 한데 묶어 만든 채권 거래도 이루어졌다고 지적한다. 현대 금융계에서 수천 건의 주택 담보대출과 학자금 대출, 자동차 대출 상품들을 묶어서 판매하는

자산 유동화 증권asset-backed security, ABS(옛 명칭은 자산 담보부
증권-옮긴이)과 하나도 다르지 않다.* 미국은 이 채권들을 영
국과 유럽 금융업자들에게 판매해 국제 규모의 자본을 동원
할 수 있었을 뿐 아니라 미국 금융 산업을 세계적인 수준으로
발전시킬 기회를 얻었다. 노예들이 아니었다면 미국은 훨씬
더 오랫동안 초보적 금융 부문을 가진 전근대적 경제 국가에
머물렀을 것이다.

아이티 혁명 덕분에 지금의 미국 영토가 탄생했다

노예가 된 아프리카인은 미국 경제만 발전시킨 것이 아
니었다. 그들이 직접 그렇게 한 것은 아니지만 미국이 지금
처럼 거의 한 대륙을 모두 차지하는 거대 국가가 된 지정학적
변화를 시작한 촉매 역할도 했다.

1791년 현재의 아이티공화국인 생도맹그St Domingue의
노예화된 사람들이 노예 출신의 비상한 군사 지도자 투생 루

❖ 이 자산 유동화 증권을 합치고, 나누고, 쪼개서 악명 높은 부채 담보
부 증권collateralized debt obligation, CDO이 만들어졌고, 이 부채 담보부 증권은
2008년 금융 위기가 발생하는 중요한 원인이 되었다. 자산 유동화 증권과 부
채 담보부 증권에 대한 쉽고 간단한 설명은《장하준의 경제학 강의》'8장 피
델리티 피두시어리 뱅크에 난리가 났어요' 참조.

베르튀르Toussaint Louverture의 지휘 아래 프랑스 사탕수수 플랜테이션 지주들에게 항거해 봉기를 했다. 루베르튀르는 1802년 프랑스군의 포로가 되었고 프랑스로 이송된 후 이듬해 복역 중 세상을 떠났다. 그러나 1804년 생도맹그의 노예화된 사람들은 루베르튀르에 이은 장자크 데살린Jean-Jacques Dessalines의 리더십 아래 마침내 프랑스 세력을 축출하고 독립을 선언했다. 이렇게 건국된 아이티는 인류 역사상 최초로 노예 제도를 철폐한 나라가 되었다.

아이티 혁명은 미국 경제에 즉각적인 영향을 끼쳤다. 봉기가 시작되자 생도맹그의 사탕수수 플랜테이션 지주들은 현재의 미국 루이지애나주 쪽으로 대거 도주했다. 당시만 해도 프랑스령이었던 그곳은 사탕수수를 기르기에 적합한 기후를 갖춘 곳이었다. 그들이 끌고 온 노예화된 사람들은 숙련된 사탕수수 재배와 가공 기술을 지녔을 뿐 아니라 전반적인 농업 및 농산물 가공 기술도 훨씬 뛰어나서 루이지애나의 설탕 산업을 한 단계 끌어올렸다. 그로부터 50년이 지난 후 루이지애나는 전 세계 사탕수수 유래 설탕의 4분의 1을 생산하는 설탕 산업의 강자로 등극했다.[5]

그러나 아이티 혁명이 끼친 영향 중―의도치 않게―가장 흥미로운 것은 1803년에 이루어진 이른바 '루이지애나 구입Louisiana Purchase'이었다. 아이티 혁명으로 스타일을 구긴 당시 프랑스 지도자 나폴레옹은 아메리카 대륙, 특히 당시 프랑스가 북아메리카 대륙에 보유하고 있던 땅에서 완전히 손을 떼기로 결정했다. 당시 루이 14세의 이름을 따서 루이지안 Louisiane이라고 불리던* 그 땅은 북서쪽의 몬태나주에서 남동쪽의 루이지애나주까지 현재 미국 영토의 3분의 1을 차지하고 있었다. 그에 앞서 몇 년 동안 미국은 뉴올리언스 항구와 현재의 플로리다주를 구입하기 위해 프랑스 정부와 협상을 벌이고 있었다. 그러나 아메리카 대륙에 학을 뗀 나폴레옹은 미국에 루이지애나 전체를 '팔겠다'**는 제안을 했다.

루이지애나 구입으로 미국의 땅덩어리는 거의 두 배로 늘어났다. 초기에는 이 지역에서 주로 광물을 캐내는 일만 했다. 그러나 세월이 흐르고 더 많은 유럽 정착민이 들어와 농사를 짓기 시작하면서 비옥한 평야가 끝없이 펼쳐진 이 지역

---

* 프랑스 역사를 잘 알지 못하는 사람에게는 루이 14세가 아니라 그 전에 프랑스를 다스렸던 13명의 루이 왕 중 하나의 이름을 땄다 한들 아무 차이도 없을 것이다. 수많은 왕에게 똑같은 이름을 붙이는 프랑스인의 짜증 나는 습관 탓이다.

** 여기서 '판다'는 것은 엄청난 침소봉대다. 제한적인 몇몇 지역을 제외하고는 이 땅을 프랑스가 실제로 '소유'한 것이 아니었기 때문이다. 프랑스령 루이지애나의 대부분은 아메리카 원주민이 장악하고 있었고, 유럽 침략자들은 발도 디뎌 보지 못한 곳이었다. 따라서 나폴레옹이 미국에 판매한 것은 프랑스의 간섭 없이 미국 정부가 아메리카 원주민을 밀어낼 권리라고 할 수 있었다.

은 미국(그리고 전 세계)의 곡창이 되었다('11장 호밀' 참조). 그렇지만 유럽인의 정착지가 새로 형성되어 가면서 아메리카 원주민은 극심한 고통을 겪어야 했다. 그들은 조상 대대로 살아온 땅에서 밀려났고, 많은 수가 '보호 구역'에서 빈곤과 차별을 견디며 살아가게 되었다. 게다가 보호 구역으로 강제 추방되는 과정에서 거기에 도착하기도 전에 폭력과 빈곤, 질병으로 인해 수많은 원주민이 목숨을 잃었다.

루이지애나 구입은 결국 미국이 태평양으로 진출하는 디딤돌이 되었다. 서쪽으로 계속 확장해 나가던 미국은 1846년 영국으로부터 오리건준주Oregon Territory***를 구입하는 한편, 멕시코와의 전쟁(1846~1848년) 끝에 멕시코가 자국 영토의 3분의 1****을 말도 안 되는 싼 가격에 팔도록 해서 영토 확장을 마무리했다.

노예로 살던 아이티 사람들이 혁명을 일으키지 않았다면 프랑스가 북아메리카를 포기하지 않았을 것이다. 그랬다면 미국은 현재 영토 중 동쪽 3분의 1만 차지하는 나라에 그쳤을

*** 현재의 오리건주, 워싱턴주, 아이다호주.

**** 현재의 캘리포니아주, 네바다주, 유타주, 텍사스주 전체, 그리고 애리조나주, 오클라호마주, 뉴멕시코주, 콜로라도주, 캔자스주, 와이오밍주의 일부를 포함한다.

것이다. 여전히 큰 땅덩어리지만 대륙 하나를 차지할 정도로
크지는 않다. 그 정도 크기의 나라가 현재 미국이 가진 만큼의
전 세계적 슈퍼 파워를 휘두를 수 있었을지는 확실치 않다.

　미국에서 노예 제도가 공식적으로 끝난 것은 대륙 크기
의 영토를 확보하고 난 후 10~20년 지난 후였다. 1862년 미
국 남북전쟁이 중대한 시점에 이르렀을 때 에이브러햄 링컨
은 노예 해방을 선언했고, 1865년 북부가 승리를 거두면서 미
국 전체에 적용되는 법이 되었다. 대영제국은 1833년에 노예
제도를 철폐했다. 물론 대영제국은 노예 제도를 철폐한 후에
도 미국에서 노예 노동으로 생산된 목화나, 노예를 담보로 해
서 만든 대출 상품을 통해 이득을 취하는 것은 금지하지 않았
다는 사실은 지적하고 넘어가야 하겠다. 영국, 미국 다음으로
노예 제도에 경제를 크게 의지하던 브라질에서 노예 제도가
끝난 것은 1888년이었다.

　주된 노예 경제 국가들에서 노예 제도를 폐지했다고 해
서 자유를 박탈당한 노동자가 없어진 것은 아니었다. 19세기
부터 20세기 초에 걸쳐 약 150만 명에 달하는 인도인, 중국인,
그리고 일본인이 '연한 계약 노동자indentured labourer' 또는
'연한 계약 하인indentured servitude' 신분으로 외국으로 건너
가 해방된 노예 대신 그들이 하던 일을 했다. 연한 계약 노동
자들은 노예는 아니었다. 그러나 계약을 맺은 기간(3~10년)

동안에는 직업을 바꿀 자유도 없었고, 기본적인 권리 행사마저 제한받았다. 거기에 더해 많은 수가 노예와 비슷한 환경에서 일했다. 글자 그대로 노예들이 기거하던 숙소에서 산 사람들도 많았다. 브라질과 페루의 200만 명에 달하는 일본인 후손이나 카리브해 연안 국가와 중남미의 중국인, 인도인 공동체, 남아프리카공화국, 모리셔스, 피지 등에 사는 인도인 후손은 노예 제도가 폐지된 후 대영제국이 연한 계약 노동을 폐지한 1917년까지 몇십 년에 걸쳐 벌어진 연한 계약 노동자의 국제적 이동의 결과다.

자유 시장은 정말로 모든 것이 '자유'일까

　자유 시장의 팬들은 자본주의를 옹호할 때 '자유'의 개념을 자주 사용하곤 한다. 미국은 '자유 기업' 체제를 가지고 있다는 사실을 자랑스러워한다. 자유시장주의의 권위자 밀턴 프리드먼Milton Friedman의 저서 중 가장 큰 영향을 끼쳤다고 평가되는 책의 제목은 그가 아내 로즈 프리드먼Rose Friedman과 공저한 《선택할 자유Free to Choose》다. 유수의 자유시장주의 싱크 탱크들은 각국의 경제적 자유를 평가한 지표를 정기적으로 발표한다. 헤리티지 재단Heritage Foundation의 '경제 자유 지수Index of Economic Freedom', 카토 연구소Cato Institute의

'세계 경제 자유 지수Economic Freedom of the World Index' 등이 가
장 잘 알려진 예다.

　　그러나 자유 시장을 옹호하는 사람들이 말하는 자유는
매우 좁은 개념의 자유다. 첫째, 그들이 말하는 자유는 경제
영역 내의 자유로, 기업이 가장 높은 이윤을 낼 수 있는 것을
만들고 팔 수 있는 자유, 노동자가 직업을 고를 수 있는 자유,
소비자가 원하는 것을 살 수 있는 자유 등에 한정되어 있다.
정치적 자유나 사회적 자유 등의 다른 자유가 경제적 자유와
충돌을 일으키면 자유시장주의자들은 주저하지 않고 경제
적 자유를 우선순위에 둔다. 밀턴 프리드먼과 프리드리히 폰
하이에크Friedrich von Hayek가 살인을 일삼았던 칠레의 피노체
트Pinochet 독재 정권(1974~1990년)을 공개적으로 지지했던
것도 바로 이런 사상적 배경에서 나온 행동이다. 그들은 피노
체트 정권 때 이른바 '시카고 보이스Chicago Boys'*라고 부르는
경제학자들의 도움으로 시행했던 자유 시장 정책이 살바도
르 아옌데Salvador Allende 대통령의 '사회주의' 정책으로부터
경제적 자유를 보호한다고 믿었다.** 선거를 통해 대통령으
로 선출된 아옌데는 1973년 일어난 군사 쿠데타로 살해되었

　*　　자유 시장 경제학으로 이름을 떨쳐 온 곳이자 하이에크(1950~1961년
재직)와 프리드먼(1946~1977년 재직) 등이 교수로 근무한 시카고대학교에서
1970년대~1980년대에 공부한 칠레의 자유 시장 경제학자들을 말한다.

는데, 아옌데 정부도 그다지 대단한 사회주의 정권은 아니었다. 하지만 그 문제는 다른 기회에 이야기하자.

거기에 더해 프리드먼이나 헤리티지 재단이 가장 소중하게 여기는 자유는 좁디좁은 경제적 자유의 개념 중에서도 자산 소유자(지주와 자본가)가 가장 큰 이윤을 내는 방법으로 자신의 자산을 사용할 수 있는 자유다. 자산가의 자유와 충돌할 가능성이 있는 다른 사람들의 경제적 자유—노동자들이 집단행동을 할 자유(예를 들어 파업), 실직한 노동자들이 새 직장을 구할 때 강력한 복지 국가의 보호를 받아 좀 더 나은 선택을 할 수 있는 여유를 누릴 자유 등—는 잘해야 그냥 무시되고, 많은 경우에 반생산적이라는 이유로 비난을 면치 못한다. 최악의 경우 노예화된 아프리카인처럼 누군가가 '자산'으로 정의되면 그들의 비자유는 폭력, 심지어 전쟁을 불사하고라도 관철되어서 그들의 '소유주'의 자유로운 재산권 행사를 보호해야 한다.

지난 150여 년에 걸쳐 자본주의가 좀 더 인간적이 된 것은 오로지 자유 시장적 시각으로 자본주의를 옹호하는 사람들이 신성불가침이라 여겼던 자산 소유자들의 경제적 자유

＊＊ 이렇게 보면 칠레는 신자유주의의 '최초 감염자'라고 할 수 있다. 다른 나라에서 신자유주의가 시행되기 시작한 것은 마거릿 대처와 로널드 레이건이 선봉에 서서 진격의 무리를 이끈 1980년대에 들어선 후였다.

를 제한할 수 있었던 덕분이다. 우리는 자산 소유자들의 경제
적 자유가 대중의 정치적 · 사회적 자유와 충돌할 때 후자를
보호하는 제도를 마련했다. 민주 헌법, 인권법, 평화로운 시
위에 대한 법적 보호 등이 그 예다. 자산 소유자들의 경제적
자유를 제한하는 수많은 법 ― 노예 제도와 연한 계약 노동의
금지, 노동자의 파업 권리 보호, 복지 국가 설립('11장 호밀' 참
조), 공해 물질을 배출할 자유 제한('14장 라임' 참조) 등 ― 을
도입했다.

* * *

이번 장에서는 한 음식에 들어 있는 여러 재료를 서로 잘
어울리게 융합시키는 힘을 가진 오크라처럼 서로 융합되고
한데 얽혀 있는 자본주의 역사의 경제와 자유, 비자유 이야기
를 해 보았다. 노예화된 아프리카인과 그 후손부터 아메리카
원주민, 연한 계약을 맺고 타향으로 이민 간 아시아인, 노예와
연한 계약 노동자를 부렸던 유럽인 플랜테이션 지주, 북아메
리카에 정착한 유럽인 자작농의 이야기까지 말이다. 이 이야
기를 통해 자유와 자본주의는 관계가 복잡하고, 갈등 관계에
있으며, 간혹 상호 모순적이기까지 하다는 점을 설명했다. 그
리고 이 이야기는 자유 시장 자본주의자들이 항상 반복하는

순수한 자유의 이야기와 상당히 다르다. 이 관계의 복잡성을
이해해야만 우리는 자본주의를 더 인간적인 체제로 만들기
위해 무슨 일을 해야 하는지 이해할 수 있다.

3장

코코넛
Coconut

피냐 콜라다 | 푸에르토리코

럼, 코코넛 밀크, 파인애플 주스로 만든 칵테일

어떤 편견은 정말 극복하기 힘들다

내 생애의 첫 35년 동안 나는 코코넛coconut에 대해 매우 제한적이고 부정적인 시각을 가지고 있었다. 1986년 영국에 오기 전 나는 한번도 코코넛을 직접 본 적이 없었다. 내가 태어난 한국은 코코넛이 자라기에는 너무 북쪽에 자리하고 있었고, 외국 과일 같은 '사치품'을 수입하기에는 너무 가난한 나라였기 때문이다. 그때까지는 이국적인 간식으로 팔던, 건조해서 잘게 다진 과육 조각이 든 비스킷을 먹어 본 것이 코코넛에 대한 경험의 전부였다.

코코넛에 대한 내 견해가 완전히 뒤집힌 것은 1990년대 말 멕시코 칸쿤에서 내 생애 최초로 열대 해변에서 휴가를 보내면서 피냐 콜라다piña colada를 처음 맛보면서였다. 파인애플 주스는 항상 좋아했지만, 그 파인애플 주스가 코코넛 밀크와 럼을 만나서 탄생한 음료는 마법처럼 황홀했다. 아마 그 휴가의 절반은 피냐 콜라다를 홀짝거리며, 또 다른 절반은 당시 아장거리던 딸아이를 쫓아 해변과 풀 주변을 돌며 지낸 것 같다.

　코코넛 밀크를 사용해서 만든 짭짤한 음식을 만나면서 이 재료는 더욱더 내 마음을 사로잡았다. 제일 먼저 만난 것은 태국 커리 깽kaeng이었다. 그린 커리, 레드 커리 모두 좋았다. 그다음에는 코코넛 밀크가 들어가는 말레이시아/싱가포르의 매운 국물 국수 요리인 락사laksa, 코코넛 밀크와 판단pandan 잎을 넣은 말레이시아/인도네시아식 쌀 요리 나시르막nasi lemak — 마른 멸치 튀김, 볶은 땅콩, 삶은 계란 반쪽, 저민 오이 등 맛있는 곁들임 반찬 그리고 매운 소스인 삼발sambal과 함께 먹는다 — 을 먹고 감동받았다. 브라질 여행 중에는 모케카 바이아나moqueca Baiana와 사랑에 빠졌다. 이 음식은 브라질식 생선 스튜 모케카moqueca의 바이아주Bahia 버전으로 고추와 코코넛 밀크가 들어간다. 코코넛 밀크를 사용해서 깊은 맛을 내면서도 인도 북부 음식보다 기름진 느낌이 덜한 인도 남부 음식(그렇다고 한쪽을 다른 쪽보다 더 좋아하는 건 아니다)과 스리랑카 음식을 맛본 후에는 코코넛에 대한 내 애정과 믿음은 그 무엇에도 흔들리지 않을 만큼 굳건해졌다.

　피냐 콜라다를 통해 처음으로 코코넛 밀크와 만난 지 4반세기가 흐르면서 나는 코코넛의 다른 부분도 맛볼 기회를 누렸다. 나는 달콤 짭짤한 코코넛 워터도 정말 좋아하고, 동남아시아나 남아메리카에 가서 샐러드 바를 이용할 기회가 생기면 늘 팜 하트palm heart(야자 순 또는 야자 심)를 접시 가득 담아다 먹곤 한다(코코야자의 '하트'만이 아니라 다른 종류의 야자나무의 '하트'도 먹는다).[1] 이제는 삼바르sambar나 토렌thoren 같은 인도 남부 음식에 가끔 등장하는 가늘게 채 친 코코넛 과육의 맛도 어느 정도는―완전히 사랑하는 정도는 아니지만―좋아하게 되었다. 하지만 여전히 매커룬macaroon(마카룬)이나 비스킷에 들어가는 코코넛과는 친해지지 못했다(어떤 편견은 정말로 극복하기 힘들다).

풍요와 빈곤을 동시에 상징하는 과일, 코코넛

코코넛은 진정한 의미의 팔방미인이다. 덜 익은 코코넛은 깨끗한 물을 비교적 쉽게 얻을 수 있는 재료다―과거에 열대 지방을 지나 먼 거리를 항해하는 선박들은 비상 식수 공급원으로 덜 익은 코코넛을 싣고 다니는 경우가 많았다. 코코넛 오일은 조리용으로 널리 쓰인다. 영국의 대표 음식으로 꼽히는 피시 앤드 칩스는 19세기 중반 유대인 이민자들이 만들어 팔기 시작했는데 이런 업소들에서 최초로 사용한 식물

성 오일이 바로 코코넛 오일*이었다고 한다('영국'에서 만들어
졌다고 알려졌지만 알고 보면 그 기원이 외국인 수많은 예 중 하나
다).[2] 코코넛 오일은 비누와 화장품의 중요한 원료이기도 하
다. 석유 기반 윤활제가 널리 사용되기 전에는 공장에서 윤활
제로 쓰였고, 코코넛 오일에서 추출한 글리세린glycerine은 다
이나마이트 제조에 사용되었다('4장 멸치' 참조). 코코넛 열매
의 겉껍질에 든 섬유질인 코이어coir는 밧줄, 빗자루, 포대, 매
트, 매트리스 속재료 등으로 사용된다. 코코넛은 또 연료원이
기도 하다. 섬유질이 많은 두꺼운 겉껍질과 단단한 속껍질로
숯을 만들고, 필리핀 등지에서는 코코넛 오일로 바이오디젤
을 만들어 연료로 사용한다.

　활용도가 매우 높고 유용한 코코넛의 특징 덕에 이 과일
은 열대 지방 천혜의 풍부한 자원을 상징하게 되었다. 적어도
그 지역에 살지 않는 사람들 머릿속에서는 그랬다.

　영국과 캐나다에서 인기 있는 초콜릿 중 '풍요로움'을 뜻
하는 단어인 '바운티Bounty'라는 이름의 제품이 있다. 코코넛
이 들어 있을 뿐 아니라 포장지에는 코코야자와 맑고 푸른 바
다, 백사장, 그리고 땅에 떨어져 쪼개진 코코넛이 그려져 있

◆　　인기 있는 코코넛 오일 브랜드는 '넛 라드Nut Lard'였다(라드는 돼지비계를
정제해 만든 조리용 기름을 말한다-옮긴이).

다. 세상에서 제일 유명한 초콜릿 제품은 아닐지 모르지만 마즈Mars, Inc.가 출시한 미니 초콜릿 모음 '셀레브레이션'에 마즈, 스니커즈, 트윅스, 갤럭시, 밀키웨이 등의 고전과 어깨를 나란히 하며 포함되는 수준은 된다.

코코넛과 열대 지방 사이의 연상 작용이 너무나 강한 나머지 이 과일은 상당수 경제학자가 학생들을 가르칠 때 사용하는 이른바 '로빈슨 크루소 경제Robinson Crusoe Economy' 모델에까지 등장한다. 기초적인 경제학 개념을 가르칠 때 사용하는 이 모델은 단일 상품만을 생산하고 소비하는 경제 체제를 바탕으로 하는데 바로 코코넛이 그 단일 상품이다.[3]《로빈슨 크루소》에는 코코넛이 한번도 언급되지 않는데 말이다.*

코코넛은 많은 사람의 머릿속에서 열대 지방 천혜의 풍부한 자원을 상징하는 동시에, 이 기후대에 존재하는 지역 사회의 빈곤을 '설명'하는 데도 자주 등장하는 소품이다.

잘사는 나라 사람들은 가난한 나라 사람들이 가난한 이유는 그들이 열심히 일하지 않아서일 것이라고 흔히들 추정하곤 한다. 그리고 다는 아니지만 가난한 나라 중 많은 수가

---

* 이 작품에 등장하는 과일로 말하자면, 로빈슨 크루소는 난파한 섬에서 자라는 라임, 레몬, 포도, 멜론 등을 먹는다. 그는 빈 줄 알고 버린 닭 사료 포대에 들어 있던 씨앗에서 자란 보리와 쌀을 경작하고, 염소를 사냥하며, 낚시를 한다. 그러나 그의 식생활에 등장하는 코코넛의 숫자는 제로다.

열대 지방에 위치하기 때문에, 가난한 나라 사람들의 근로 윤리가 부족한 이유가 열대 지방에는 천혜의 자원이 풍부해서 쉽게 먹고살 수 있어서일 것이라 상상하거나 추측하는 경우가 많다. 이런 상상의 세계에 등장하는 열대 지방에서는 음식(바나나, 코코넛, 망고 등)이 사방에서 자라고, 춥지 않기 때문에 튼튼한 집을 지을 필요도, 옷을 껴입을 필요도 없다. 따라서 열대 지방에 사는 사람들은 생존을 위해 일을 열심히 하지 않아도 되고, 그 결과 덜 부지런하게 되었다는 논리다.

이런 이야기—이 주장이 너무나 모욕적이기 때문에 대부분 사적인 자리에서만 거론되곤 한다—에는 코코넛이 주로 등장한다. '열대 지방 사람들은 근로 윤리가 약하다'라는 이론을 주장하는 사람들은 열대 지방에서는 '원주민'이 농작물을 적극적으로 키우거나, 물건을 만들어 내기 위해 노력하기보다는 야자나무 아래에 누워 코코넛이 떨어지기만을 기다리기 때문에 가난하다고 말한다.

그럴듯한 이야기로 들릴지 모르겠다. 하지만 완전히 틀렸다.

무엇보다 분별이 조금이나마 있는 열대 지방 사람이라면 야자나무 아래에 누워서 공짜 코코넛이 떨어지길 기다리지는 않을 것이다. 그랬다가는 떨어지는 코코넛 열매에 맞아 머리가 깨질 수 있기 때문이다(실제로 떨어진 코코넛 열매에 맞아 사망하는 경우가 꽤 있어서 상어보다 코코넛에 목숨을 잃는 사람이 더 많다는 괴담까지 돈다. 그러나 이는 사실이 아니다). 그러니 소설에나 등장할 법한 '게으른 원주민'이라 한들 야자나무 밑에 누워 있지는 않을 것이다 ─ 아마 다른 곳에서 기다리다가(원하면 누워서 기다릴 수도 있지만 눕는 것이 필수 조건은 아니다) 가끔 코코넛이 떨어졌는지 가서 확인하는 편을 택할 것이다.

가난한 나라 사람들은 정말로 게으를까

농담은 그만하고 정색을 하고 말하자면 열대 지방에 많이 모여 있는 가난한 나라의 사람들이 근로 윤리가 부족하다는 것은 전혀 근거 없는 신화에 불과하다. 사실 그들은 부자 나라 사람들보다 훨씬 열심히 일한다.

첫째, 가난한 나라에서는 노동 연령 인구 중 일하는 사람의 비율이 부자 나라보다 훨씬 높다. 세계은행World Bank에서 2019년 발표한 자료에 따르면 경제 활동 참가율labour force participation rate*은 탄자니아 83퍼센트, 베트남 77퍼센트, 자메이카 67퍼센트인 데 반해 독일은 60퍼센트, 미국은 61퍼센

＊　경제 활동 참가율(또는 노동 참여율)이란 유급으로 고용되었거나 적극적으로 일자리를 찾고 있는 사람의 수를 총 노동 연령 인구수로 나눈 숫자다.

트, 심지어 워커홀릭이라고 알려진 한국조차 63퍼센트에 불
과했다.[4]

　가난한 나라에서는 학교에 가는 대신 일을 하는 어린이
의 비율 또한 높다. 유니세프UNICEF(유엔 아동 기금)는 2010년
부터 2018년 사이 기간에 최저개발국Least Developed Countries,
LDCs**의 어린이 중 일을 하는 어린이의 비율이 29퍼센트라
고 집계했다(여기에는 집안일을 돕거나, 동생을 돌보거나, 신문 배
달을 하는 등의 '어린이가 할 수 있는 일상적인 일'은 포함하지 않는
다). 에티오피아에서는 어린이 인구의 거의 절반(49퍼센트)이
일을 하며 부르키나파소, 베냉, 차드, 카메룬, 시에라리온 등의
아동 노동률(일을 하는 어린이 비율)은 40퍼센트 정도 된다.[5]

　거기에 더해 잘사는 나라에서는 (신체가 가장 강건한 나이
인) 18세에서 24세의 젊은이 중 3차(대학) 교육을 받는 비율
이 높다. 이 연령대에서 대학 교육을 받는 중인 인구 비율이
미국, 한국, 핀란드 같은 일부 부자 나라에서는 무려 90퍼센
트나 되는 반면, 최빈국 40여 개국에서는 10퍼센트가 채 되지
않는다. 이 말은 잘사는 나라에서는 대다수 사람이 성년이 된
뒤까지도 일을 하지 않는다는 의미다. 이들 중 많은 수가 경

**　최저개발국은 대략 1인당 소득이 1000달러 이하인 나라를 말하지만 정
확한 정의는 그보다 훨씬 복잡하다.

제적 생산성을 향상시키는 것과 직접적인 연관이 없는 것을 배운다. 물론 나는 이들이 공부하는 문학, 철학, 인류학, 역사 등이 다른 이유에서 매우 가치 있다고 믿는다.

가난한 나라에서는 은퇴(나라에 따라 60세에서 67세) 후까지 생존하는 사람들 수가 부자 나라에 비해 적다. 그러나 살아남아도 가난한 나라 사람들은 잘사는 나라 사람들보다 훨씬 더 나이 들 때까지 일을 계속한다. 은퇴할 여유가 없기 때문이다. 육체적으로 노쇠해서 더 이상 일할 수 없을 때까지 자영농이나 가게 점원, 무보수 가사 노동, 돌봄 노동 등의 일을 하는 사람들의 비율도 매우 높다.

게다가 고용된 동안에도 가난한 나라 사람들은 부자 나라 사람들보다 훨씬 더 오래 일한다. 캄보디아, 방글라데시, 남아프리카공화국, 인도네시아 등 가난하고 '더운' 나라 사람들은 독일인, 덴마크인, 프랑스인보다 60~80퍼센트, 미국인이나 일본인(일개미라는 명성에도 불구하고 최근 일본인은 미국인보다 일을 덜 한다)보다 25~40퍼센트가량 근로 시간이 더 길다.[6]

가난의 근본적 원인

이처럼 가난한 나라 사람들이 부자 나라 사람들보다 훨씬 더 열심히 일한다면 그들의 빈곤이 근면성 부족 때문일 수가 없다. 문제는 생산성이다. 이들이 부자 나라 국민보다 인생의 훨씬 더 긴 기간, 훨씬 더 오래 일을 하는데도 불구하고 그들만큼 많이 생산해 내지 못하는 것은 생산성이 그만큼 높지 않아서다.

그리고 이렇게 생산성이 낮은 것은 교육 수준, 건강 등 노동자 개인의 능력이나 조건과 크게 상관이 없다. 노동력의 질은 전문직이나 고도의 기술이 필요한 직종에서는 생산성의 차이를 낼 수 있다. 그러나 대부분의 직종에서 가난한 나라 노동자와 부자 나라 노동자의 개인적인 생산성은 큰 차이가 나지 않는다.[7] 이 점은 가난한 나라에서 부자 나라로 이민 온 사람의 생산성이 크게 향상되는 것을 생각해 보면 이해가 잘 될 것이다. 이민을 왔다고 갑자기 없던 기술이 생기거나 건강이 급격히 더 좋아지는 것이 아닌데 그렇다. 그들의 생산성이 가파르게 상승하는 것은 더 양질의 사회 기반 시설 infrastructure(전기, 교통, 인터넷 등)과 더 잘 기능하는 사회적 체제(경제 정책, 법률 체계 등)를 기반으로 해서 더 잘 운영되는 생산 시설(공장, 사무실, 가게, 농장 등)에서 더 나은 테크놀로지를 사용할 수 있게 되었기 때문이다. 영양실조에 걸린 당나귀를 타고 애를 쓰던 기수가 갑자기 좋은 혈통의 경주마를 타게 된 것이나 마찬가지다. 물론 기수의 기술도 중요하지만 누가 경주에서 이기는가는 많은 부분 기수가 탄 말—또는 당나귀—

이 결정한다.

가난한 나라들이 왜 덜 생산적인 테크놀로지와 사회 체제를 갖게 되었고, 그 결과로 낮은 생산성밖에 달성하지 못하는가 하는 문제를 이 짧은 장에서 만족스럽게 설명하기에는 너무나 많은 요인이 복잡하게 얽혀 있다. 저부가가치 1차 상품 생산에 특화된 구조를 가지지 않을 수 없게 된 식민주의 역사의 잔재('4장 멸치' 참조), 만성적 정치 분열, 엘리트 계층의 무능력(비생산적인 지주, 역동적이지 못한 자본가 계급, 비전 없고 부패한 정치 지도자), 부자 나라에 유리하도록 편성된 국제 경제 체제('8장 소고기' 참조) 등은 굵직한 이유들 중 일부에 불과하다.

그러나 분명한 것은 가난한 나라의 가난한 사람들이 가난한 것은 역사적·정치적·테크놀로지적 문제 때문이고, 이는 그들이 개선할 수 있는 문제가 아니라는 사실이다. 개개인의 능력이 부족해서도 아니고 그들이 열심히 일할 마음이 없어서는 더더욱 아니다.

*   *   *

코코넛을 중심으로 해서 만들어진 잘못된 이미지로 형상화된 가난한 나라의 빈곤의 원인에 대한 근본적인 오해는 부자 나라와 가난한 나라의 상위 계층인 글로벌 엘리트들이 가난한 나라의 가난한 사람들에게 빈곤의 책임을 돌리는 것을 정당화하는 데 한몫했다. 어쩌면 코코넛에 관한 이야기부터 바로잡고 나면 엘리트들에게 역사적 불의와 그에 대한 배상, 국제적 힘의 불균형, 국가의 경제적·정치적 개혁에 관한 어려운 질문들을 던지고 그 질문들에 대답하도록 압력을 넣는 데 도움이 될지 모른다.

2부

생산성 높이기

EDIBLE ECONOMIC$

A HUNGRY ECONOMIST EXPLAINS THE WORLD

4장

멸치
Anchovy

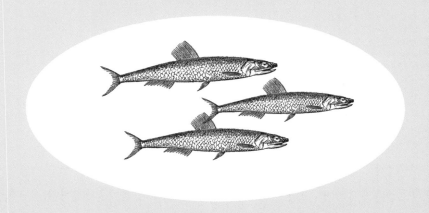

앤초비 앤드 에그 오픈 토스트

구운 식빵에 마요네즈를 바르고 그 위에
스크램블드 에그와 지중해식으로 절인
멸치 살을 올린 다음 고춧가루를 뿌린 토스트

저자 레시피

멸치의 놀라운 변신술, 피자 토핑에서 칵테일 소스까지

멸치anchovy는 예로부터 잔챙이 생선의 상징이다. 한국에서는 비쩍 마른 아이를 '마른 멸치'라고 부르곤 한다. 하지만 알고 보면 멸치는 세상에서 가장 큰 물고기다. 적어도 음식문화에 끼친 영향 면에서는 그렇다. 한국, 일본, 말레이시아, 베트남, 태국, 인도, 프랑스, 스페인, 이탈리아 모두에서 이렇게 많이, 이렇게 다양한 방법으로 소비되는 생선이 또 어디에 있겠는가?

아시아와 지중해 연안 지역이 아닌 곳에 사는 사람들 대부분은 피자 토핑으로 멸치를 만날 것이다. 피자 위에 올라가는 멸치는 포를 떠서 소금을 뿌리고 숙성시켜 오일에 보존한 지중해 스타일이다. 이런 식으로 보존한 멸치를 이탈리아 남부에서는 파스타 소스에 사용하고, 이탈리아 북부 피에몬테 지역에서는 바냐 카우다bagna cauda라는 찍어 먹는 소스를 만들어 생야채 또는 익힌 야채와 함께 먹는다. 프랑스 남부 프로방스 지역에서는 보존한 멸치에 케이퍼와 블랙 올리브를 더해 으깨어 타페나드tapenade를 만들어 크뤼디테crudités(생야채)를 찍어 먹거나 토스트에 발라 먹는다(냠냠…). 스페인에서는 보케로네스 엔 비나그레boquerones en vinagre가 타파스tapas 바의 단골 인기 메뉴인데 식초와 오일에 멸치를 절인 음식이다. 이렇게 쓰는 동안 벌써 입에 군침이 고인다.

아시아로 가 보면 멸치는 심지어 이보다 더 다양하게 이용된다. 말레이시아와 인도네시아에서는 멸치를 이칸 빌리스ikan bilis라 부르는데, 주로 말려서 튀겨 먹는다. 코코넛 밀크와 판단 잎을 넣은 쌀 요리인 나시 르막에 곁들이는 재료 중 하나다('3장 코코넛' 참조). 한국인도 엄청난 양의 말린 멸치를 소비한다. 말린 멸치는 좋은 안주(한국인이 아닌 독자들을 위해 설명하자면 술에 곁들이는 스낵 같은 것이다)로 그냥 먹기도 하고 고추장에 찍어 먹기도 한다. 한국인은 또 마른 멸치를 간장과 설탕으로 윤기 나게 볶아 낸 멸치볶음을 반찬으로 즐기는데 기호에 따라 견과류를 넣어 고소한 맛을 보태거나 고추를 넣어 화끈하게 만들기도 한다. 한국과 일본 음식에 등장하는 국이나 탕 종류의 국물 맛은 마른 멸치와 다시마를 기본으로 내고, 나 같은 한국 사람은 마늘도 추가한다. 일본과 한

국에서는 흔치는 않지만 멸치를 회로 먹기도 한다.[◆]

이토록 다양하게 소비가 되고 있지만 다수의 음식 문화권에서 멸치는 발효시킨 피시 소스의 주재료로 가장 큰 활약을 한다. 고대 로마인은 주로 멸치 등의 생선을 발효시켜 만든 소스인 리쿠아멘liquamen 또는 가룸garum(이 두 소스가 본질적으로 동일한 것인지 여부에 관한 논쟁이 있지만 여기서는 그런 상세한 부분까지 신경 쓰지 말자)을 듬뿍 뿌려 음식에 감칠맛을 더했다고 알려진다. 우마미umami라고도 표현하는 이 감칠맛은 단맛, 짠맛, 쓴맛, 신맛과 함께 5가지 기본적인 맛의 하나로 꼽힌다. 멸치는 베트남의 느억 맘nuoc mam, 태국의 남 플라nam pla 같은 피시 소스를 만드는 데도 가장 자주 쓰이는 생선이다. 이 특유의 피시 소스가 들어가지 않은 태국 음식이나 베트남 음식은 상상하기 힘들다. 한국인은 피시 소스에 관한 한 멸치에 대한 충성심이 특히 두텁다. 멸치를 발효해 만든 소스를 멸치젓이라 부른다. 맛있는 김치를 담그는 데 맛있는 멸치젓은 필수 요소다.

이상하게 들릴지 모르지만 나는 발효 멸치 소스의 가장 열렬한 팬에게 주는 상은 미국인에게 돌아가야 한다고 생

◆　멸치회가 널리 퍼지지 않은 것은 신선도 때문이다. 멸치는 부패가 빨리 진행되기 때문에 잡은 곳에서 아주 가까운 지역이 아니고는 회로 먹기가 힘들다.

각한다. 멸치 소스를 마시는 사람들 아닌가?(웩, 멸치 소스를 마시다니!) 하지만 미국의 대표적인 칵테일인 블러디 메리 Bloody Mary(비록 헨리 8세의 딸이고 엘리자베스 1세의 이복 언니인 영국 여왕 메리의 이름을 붙인 칵테일이지만)에는 발효 멸치 소스가 들어 있다. 다만 우스터 소스Worcester sauce에 숨어 있을 뿐이다.[**] 영국인도 구운 치즈 토스트(치즈 토스티cheese toastie. '15장 향신료' 참조)에 우스터 소스를 양껏 뿌려 먹는 걸 좋아하니 '변장한' 발효 멸치 소스의 팬이라고 할 수 있겠다.

페루의 번영을 이끈 작은 생선

멸치는 풍부한 맛뿐 아니라 한때 풍부한 부를 가져다주는 고마운 생선이기도 했다. 이 작은 생선은 19세기 중반 페루가 누린 경제적 번영의 원인이었다. 페루가 멸치를 수출해서 돈을 번 건 아니었다.[***] 당시 페루는 바닷새의 구아노 guano(마른 새똥)을 수출해서 국가적 번영을 누렸다. 구아노는 질산염과 인이 풍부하고 냄새가 그다지 역겹지 않아서 인

[**]   리 앤드 페린스Lea & Perrins라는 영국 회사(지금은 미국 회사 크래프트 하인 즈Kraft Heinz 소유)가 최초로 대량 생산, 판매하기 시작한 우스터 소스에는 식초, 당밀, 타마린드, 향신료, 설탕, 소금, 발효 멸치 소스가 들어 있다. 물론 이 재료들의 배합 비율은 대외비다.

기 높은 비료였을 뿐 아니라 화약의 핵심 재료인 질산칼륨이 들어 있어서 화약 제조에도 사용되었다.[*]

페루의 구아노는 태평양 연안의 섬들에 모여 사는 새들인 가마우지와 부비booby(얼가니새)의 배설물이다. 이 새들의 주된 양식은 생선, 특히 칠레 남쪽에서부터 페루 북쪽을 잇는 남아메리카 서쪽 해안의 영양소 풍부한 훔볼트 해류를 타고 이동하는 멸치들이다. 훔볼트 해류는 프로이센왕국의 과학자이자 탐험가인 알렉산더 폰 훔볼트Alexander von Humboldt의 이름을 딴 것이다. 훔볼트는 1802년 에콰도르에서 가장 높은 산인 침보라소 화산(6262미터)을 올라 당시 세계 신기록을 수립했을 뿐 아니라 페루산 구아노의 장점을 최초로 유럽에 알린 사람들 중 하나다. 구아노가 페루 경제에서 너무나 중요한 자리를 차지하기 때문에 경제사를 다루는 사람들은 '구아노기'(1840년대~1880년대)라는 용어를 쓴다.

구아노가 중요한 역할을 한 나라는 페루만이 아니었다. 1856년 미국 의회는 '구아노제도법Guano Islands Act'을 통과시

[***] 요즘은 페루가 멸치를 직접 수출하는데 특히 칠레처럼 연어를 양식하는 나라에 물고기 사료로 만들어 판다. 이 사실을 알려 준 앤디 로빈슨Andy Robinson에게 감사한다.

[*] 화약의 또 다른 주재료인 글리세린은 코코넛에서 채취했다. '3장 코코넛' 참조.

켜서 아무도 살지 않고 다른 나라 정부의 관할 아래 있지 않다면 전 세계 어디에서나 구아노가 있는 섬은 미국 시민이 점유할 수 있도록 했다. 이 법 덕분에 미국은 태평양과 카리브해의 100개가 넘는 섬을 점거해서 페루산 구아노 무역을 독점하고 있던 영국에 대항할 수 있게 되었다. 영국, 프랑스 등 다른 나라들도 구아노가 쌓인 섬들을 점거했다.

구아노로 인한 페루의 경제 호황은 오래가지 않았다. 호황이 시작된 지 30여 년쯤 지나자 과다 채취로 인해 구아노 수출이 사양길에 접어들기 시작했다. 그러나 1870년 대규모 칠레 초석(질산나트륨) 매장지가 발견되면서 구아노 수출의 쇠락으로 인한 영향이 한동안 상쇄되었다. 초석은 비료, 화약 제조에 사용될 뿐 아니라 육류 보존에까지 쓰이는 질산염이 풍부한 광물질이다. 그러나 페루의 번영은 초석전쟁Saltpetre War이라고도 부르는 남아메리카 태평양전쟁War of the Pacific(1879~1883년. 칠레, 페루, 볼리비아가 아타카마사막의 초석 지대를 놓고 벌인 전쟁. 2차 세계대전 태평양전쟁Pacific War과 다르다-옮긴이)과 함께 끝이 났다. 이 전쟁에서 승리한 칠레는 볼리비아의 해안 지역 전부(그 결과 볼리비아는 바다가 없는 내륙국이 되었다)와 페루 남부 해안 지역의 절반가량을 점령했다. 그 지역에는 대량의 초석이 매장되어 있고 구아노도 많아서 칠레는 엄청나게 부자가 되었다.

그러나 그 또한 오래가지 않았다. 1909년 독일의 과학자 프리츠 하버Fritz Haber가 공기 중에서 질소를 분리하는 기술을 발명했다. 고압 전류를 사용해 암모니아를 만들고 거기서 인공 비료를 만드는 기술이었다. 말하자면 하버가 글자 그대로 허공에서 인공 비료를 만들어 내는 방법을 개발한 것이다. 그 덕에 그는 1918년 노벨 화학상을 수상했다. 하지만 1차 세계대전 때 사용된 독가스를 개발한 일로 악명이 높아서 그에게 노벨상이 주어졌다는 사실은 점잖은 자리에서는 잘 언급되지 않는다.

하버가 발명한 기술은 또 다른 독일의 과학자 카를 보슈Carl Bosch에 의해 상용화되었다. 보슈가 일하던 '바스프BASF'는 '바덴에 있는 아닐린*과 소다 만드는 공장'이라는 뜻의 바디셰 아닐린 운트 소다 파브리크Badische Anilin und Soda Fabrik의 약자로, 하버가 개발한 기술을 사들인 회사다. 오늘날 '하버-보슈법Haber-Bosch process'이라 부르는 이 기술은 인공 비료의 대량 생산을 가능하게 해서 구아노를 비료계의 황제 자리에서 축출하고 말았다. 구아노보다 더 중요한 질산염의 공급원인 초석 또한 가치가 없어졌다. 구아노와 초석에서 추출

✦   영어로 aniline, 독일어로 anilin이라 표기하는 아닐린은 자주색, 남색, 노란색 등의 인공 염료의 기초가 되는 물질이며 다양한 의약품을 제조하는 데도 사용된다.

한 칠레의 천연 질산염 생산량은 1925년 250만 톤이었던 것이 1934년에는 불과 80만 톤으로 줄어들었다.[1]

고도의 기술력이 천연자원의 한계를 극복한다

19세기에 진행된 기술 혁신으로 원자재 수출길이 막힌 사례가 이외에도 여러 건 있다. 영국과 독일에서 인공 염료가 발명되면서 전 세계 천연염료 산업이 완전히 파괴된 것이 대표적인 예다. 알리자린alizarin 같은 빨간색 인공 염료는 과테말라의 돈벌이 수단을 앗아갔다. 당시 과테말라의 경제는 가톨릭 추기경들의 옷을 염색하는 데 사용되는 귀한 진홍색 물감의 원료인 코치닐cochineal의 수출에 크게 의존하고 있었다(그리고 인기 있는 칵테일 네그로니Negroni를 만드는 데 필요한 이탈리아 술인 캄파리Campari의 색을 내는 데도 코치닐이 들어간다—재미난 음식 관련 상식이다). 코치닐은 연지벌레Dactylopius coccus에서 추출하는 염료다. 연지벌레는 '연지 딱정벌레'라는 의미의 코치닐 딱정벌레cochineal beetle라는 이름을 가지고 있지만 딱정벌레와 관계도 없고 심지어 모양이 비슷하지도 않다(연지벌레는 쥐며느리와 비슷하게 생겼다).

콜타르에서 알리자린을 생산하는 기술을 개발한 바스프(후에 공기로 비료를 대량 생산하게 된 바로 그 기업)는 가장 귀하게 여겨지는 붉은색 염료를 검디검은 석탄에서 뽑아냈다. 바스프는 1897년 또 다른 귀한 염료인 남색을 인공으로 생산하는 데 성공했고, 이로 인해 천연 남색 염료를 수출하던 인도의 인디고indigo 산업이 완전히 망해서 영국을 비롯한 유럽인 인디고 플랜테이션 지주들뿐 아니라 수많은 인도 노동자들의 생계를 파국으로 몰아넣었다.

　한참 후인 1970년대에는 독일, 러시아, 미국의 과학자들이 다양한 형태의 인공 고무를 개발해 천연 고무와의 경쟁이 점점 심해지면서 당시 전 세계 고무의 절반을 생산하던 말레이시아가 경제적 타격을 입었다. 말레이시아는 그 후 팜유 등의 다른 1차 상품과 전자 등으로 산업 부문을 다양화했지만 인공 고무 개발로 처음 타격을 받았을 때는 경제 전체가 휘청거렸다.

　1차 상품(농업, 광업 제품)의 생산자를 위협하는 것은 인공적인 대체품만이 아니다. 1차 상품은 생산하기가 상대적으로 쉽기 때문에 더 효율적인 생산자가 짧은 시일 내에 등장해서 기존 생산자를 위협할 위험 또한 있다. 1880년대까지 브라질은 전 세계 고무 생산을 독점하고 있어서 고무 생산 지역이 큰 호황을 누렸다. 고무 경제의 중심지인 북부 도시 마나우스 Manaus에 있는 웅장한 오페라 하우스(포르투갈어로 테아트루 아마조나스Teatro Amazonas, 즉 '아마존 극장'이라고 부른다)에서

는 1897년 당시 오페라계의 혜성 엔리코 카루소Enrico Caruso
가 이탈리아에서 건너와 공연을 할 정도였다. 그러나 영국
인이 브라질에서 고무나무를 몰래 반출해 식민지였던 말레
이시아(당시에는 말라야), 스리랑카를 비롯한 열대 지방에 고
무 플랜테이션을 만들면서 브라질 경제는 큰 타격을 입었
다. 또한 베트남은 1980년대 중반까지도 커피를 거의 수출하
지 않았지만 그 후 매우 빠른 속도로 커피 수출량을 늘렸고,
2000년대 초 이후에는 브라질 다음으로 큰 커피 수출국으로
부상하면서 다른 커피 생산 국가들에 심각한 위협이 되었다.◆

　다시 말해 1차 상품의 주요 생산국이라는 위치는 쉽게 빼
앗길 수 있다. 1차 상품이란 것 자체가 생산하기 쉽기 때문이

◆　이 예들은 개발도상국이 생산하는 '천연자원'이 전혀 '천연'이 아니라는
사실을 보여 준다. 고무의 원산지가 브라질일지는 모르지만 현재 3대 고무 생
산국은 태국, 인도네시아, 말레이시아다. 브라질은 10위 안에도 들지 않는다.
이제 주로 중남미와 아시아에서 생산되는 커피는 아프리카 식물로 예멘인이
아라비아에서 처음으로 대량 생산을 했다. 초콜릿은 원래 중남미(에콰도르와
페루)가 원산지지만 현재 5대 코코아 생산국은 모두 아프리카와 아시아에 있
다(코트디부아르, 가나, 인도네시아, 나이지리아, 카메룬). 마찬가지로 한때 중국
이 차를 독점 생산하는 나라였지만 이제는 인도, 케냐, 스리랑카도 주요 생산
국이 되었다. 이 모든 것은 많은 사람이 '천연자원'이라 생각하는 상품이 실은
식민주의의 산물이라는 의미다. 다시 말해 식민 통치자들이 상업적으로 이윤
을 낼 수 있는 작물을 원산지에서 빼내 와 식민지로 가져가서, 많은 경우 노예
노동력을 이용한 플랜테이션에서 기른 결과라는 뜻이다.

다. 그러나 독일 화학 산업이 페루, 칠레, 과테말라, 인도 등 1차 상품에 주로 의존하던 나라들에 끼친 타격은 베트남이 브라질, 콜롬비아를 비롯한 커피 생산국들에 끼친 타격과 비교할 수 없다. 천연자원을 대체할 인공 물질 제조 기술을 개발할 수 있는 능력을 가진 경제 체제는 기존 시장(예를 들어 구아노 시장)을 완전히 파괴하고 새로운 시장(이 경우 화학 비료 시장)을 만들어 내는 능력을 갖추는 것과 다름없다.

더 일반적으로 말하자면, 고도의 기술력을 갖추면 자연의 한계를 극복할 수 있다는 뜻이다. 구아노 퇴적층이나 연지 '딱정벌레' 또는 인디고 식물이 없었던 독일인은 화학적 대체품을 만들어 냄으로써 이런 결여를 극복했다.

네덜란드는 영토가 매우 협소하지만(도시 국가와 도서 국가를 제외하고 인구 밀도가 가장 높은 나라 중 하나다) 세계 2위의 농산물 수출국―1위는 미국―이 되었다. 부족한 땅을 기술력으로 보완하는 방법을 찾았기 때문이다. 네덜란드인은 온실 농법으로 농경지를 몇 곱절 늘리는 효과를 거두었다. 온실을 활용하면 꽤 추운 기후에도 불구하고 1년에 몇 차례씩 수확하는 것이 가능해지기 때문이다. 수경 재배hydroponic cultivation도 농경지 확장에 한몫했다. 온실 속에서 배양액을 채운 선반을 몇 층으로 쌓아 올려 키우는 이 수경 재배 기술 덕분에 같은 넓이의 농경지보다 훨씬 더 많은 수확을 할 수 있게 된 것이다. 거기에 컴퓨터 제어를 통해 양질의 농화학 물질을 최적으로 사용해 생산성을 더욱 향상시켰다.

　또 다른 예로 일본은 천연연료의 부족을 극복하기 위해 연료 효율을 세계 최고로 높이는 기술을 개발했다. 기술 수준이 그보다 낮은 다른 나라들은 1970년대 오일 쇼크가 닥쳤을 때 석유 소비를 줄이는 방법으로밖에 대처할 수 없었다. 기술력을 갖춘 일본은 더 효율적으로 석유를 사용하고 고도로 효율적인 원자력 발전 산업을 개발하는 방법으로 위기를 넘기는 대조적인 모습을 보였다.

＊　　＊　　＊

　역사를 살펴보면 높은 생활 수준을 지속적으로 유지 가능하게 하는 방법은 오직 산업화밖에 없다는 결론을 내리게 된다. 다시 말해 혁신과 기술력을 확보할 수 있는 주된 근원인 제조업 분야를 발달시켜야 한다는 의미다('17장 초콜릿' 참조).

　산업화를 통해 생산 능력을 더 높이면 자연이 우리에게 가하는 제약을 '마법처럼' 극복하는 것이 가능해진다. 칠흑처럼 새까만 석탄에서 선명하기 그지없는 새빨간 염료를 뽑아내고, 허공에서 비료를 만들어 내는가 하면 다른 나라를 침공하지 않고도 땅을 몇 배로 늘리는 것이 마법 아니고 무엇이겠는가. 거기에 더해 이런 능력을 갖추고 나면 긴 기간 동안 높은 생활 수준을 유지할 수 있다. 초석과 같은 재생 불가능한 광물 천연자원, 또는 멸치를 먹고 사는 새들의 분비물로 만들어진 페루의 구아노처럼 재생 가능하지만 과잉 채취로 결국 늘 '바닥이 나고야 마는' 천연자원과는 달리 한번 습득한 기술이나 능력은 고갈되지 않기 때문이다.

5장

새우

Prawn or Shrimp

갑바스 알 아히요 | 스페인

마늘을 많이 넣고 뜨거운 오일에 튀기듯 볶아 내는
새우 요리

새우는 맛있는데 곤충은 징그럽다?

예전에 나는 프론prawn과 슈림프shrimp가 같은 것을 가리키는 다른 이름이라 생각했다. 새우를 말할 때 영국과 오스트레일리아에서는 프론이라 하고, 미국과 캐나다에서는 슈림프라고 하는 줄 알았다. 최근 들어 나는 이 2가지가 서로 다른 몸통 분절과 아가미 구조를 가진 다른 종이라는 사실을 알았다. 프론은 다리 세 쌍이 집게발이고, 슈림프는 두 쌍만 집게발이다.

두 종의 차이는 더 많지만 이 책은 생물학이 아니라 음식에 관한 책이니 이쯤에서 진정하자. 우리가 확실히 아는 건 갑각류가 맛있다는 사실이다. 감바스 알 아히요Gambas al ajillo 요리처럼 지중해식으로 마늘과 기름에 볶아 내든, 영국이나 미국에서처럼 바비큐를 하든, 또는 중국식으로 소스와 함께

센 불에서 재빨리 볶아 내든, 남아시아식으로 은은한 향신료 와 함께 조리해 내든 갑각류는 맛있다. 일본에서는 새우를 튀겨 에비덴푸라エビ天ぷら(일본식 새우튀김)를 만들기도 하고 익힌 새우나 생새우를 니기리즈시握り寿司(초를 친 밥을 손으로 쥐어 뭉쳐 각종 재료를 올려 만드는 일반적인 스시)에 올려 먹기도 한다. 생새우는 아마에비アマエビ(甘エビ)라고 하는데 '단새우'라는 뜻으로 실제로 달콤한 맛이 난다. 한국에서는 새우로 발효 소스까지 만들어 먹는다(새우젓). 한반도의 북쪽 지방(북한이 아니라)에서는 김치 발효를 돕고 깊은 맛을 내는 재료로 멸치젓보다 새우젓을 선호한다. 그러나 북쪽 사람이 되었든 남쪽 사람이 되었든 돼지고기 수육은 새우젓에 찍어 먹는 것이 최고라는 데는 동의할 것이다. 돼지고기 수육은 (외국인을 위해 설명하자면) 삶은 돼지고기와 매운 무생채, 김치, 쌈장(된장과 고추장에 마늘, 참기름, 꿀 등을 섞은 한국 양념)을 상추나 배추에 싸 먹는 보쌈으로 먹는 것이 제일 보편적이다.

프론과 슈림프에 대한 전 세계인의 사랑이 너무 극진해서 이 갑각류를 양식하기 위해 맹그로브 숲, 특히 태국, 베트남, 중국의 맹그로브 숲이 심하게 파괴되고 있다. 2012년 로이터 보도에 따르면 1980년 이후 전 세계 맹그로브 숲 중 5분의 1이 파괴되었고, 그 주원인이 새우 등을 기르는 양식장을 만들기 위해서였다고 한다.[1] 맹그로브가 환경에 얼마나 중요한지를 고려할 때 이는 심각한 문제다. 맹그로브는 홍수와 폭풍우의 피해를 줄이고 어린 물고기들(야생 슈림프와 프론의 새끼들을 포함해)이 자랄 수 있는 환경을 제공할 뿐 아니라 근처 물속만이 아니라 인근 숲에 사는 생물들에게 풍부한 식량원이 되어 준다.[2]

그런데 생각해 보면 프론과 슈림프 그리고 그들의 친척이 인기를 끄는 것은 이상한 일이다.

곤충이 육류보다 환경에 악영향을 훨씬 덜 끼치는 단백질원이므로 곤충을 먹자는 주장이 갈수록 힘을 얻고 있는 현상에 대해 생각해 보자. 곤충을 키우는 데는 온실가스가 거의 배출되지 않고, 생체 중량 1킬로그램당 1.7킬로그램의 사료가 들어갈 뿐이다. 이는 육류 중 가장 친환경적이지 않은 소고기가 생체 중량 1킬로그램당 2.9킬로그램의 온실가스를 배출하고 10킬로그램의 사료가 들어가는 것과 대조된다('8장 소고기' '14장 라임' 참조).[3] 곤충은 얻을 수 있는 단백질 1그램당 필요한 물과 땅도 동물에 비해 훨씬 적다.[4] 그럼에도 불구하고 채식주의와 비거니즘은 확산되는 반면 곤충에 대한 수요는 그다지 크게 늘지 않고 있다. 곤충을 먹는 습관, 특히 유럽과 북아메리카에서 이 식문화가 크게 힘을 얻지 못하는 것은 '징그럽다' 또는 '구역질 난다'고 생각하는 사람이 많아서다.[5]

　　하지만 곤충을 먹는 데 혐오감을 보이는 사람들도 프론이나 슈림프 또는 바닷가재나 민물가재 등 그들의 친척까지 굉장히 만족스럽게 잘만 먹는다는 사실은 생각해 보면 묘한 일이다. 곤충을 피하는 것은 적어도 내가 보기에는 특정 음식을 기피하는 심리 중에서도 가장 이해할 수 없는 현상이다. 갑각류와 곤충은 둘 다 촉수와 외골격, 분절된 몸체, 그리고 여러 개의 다리를 가진 절지동물이다(독자들이나 나 같은 비전문가는 이들을 벌레라고 부른다). 그런데 왜 갑각류는 먹고 곤충은 못 먹겠다는 걸까?

　　곤충의 이름을 바꾸면 더 많은 사람이 먹게 될까? 귀뚜라미는 '덤불새우', 메뚜기는 '들가재'로 부르면 어떨까? 아니면 같은 의미지만 프랑스어를 사용해 '랑구스틴 데 샹langoustines des champs'이라 하면 더 인기 있어질까?

실크 산업의 폐기물 간식, 번데기

　　곤충을 즐겨 먹는 사람들도 있다. 중국, 태국, 멕시코 등은 '식충entomophagy' 문화로 유명하다. '식충'이란 곤충을 먹는다는 것을 유식하게 표현한 단어일 뿐이다. 한국 역시 몇십 년 전까지만 해도 식충 문화가 널리 퍼져 있었다. 메뚜기튀김(멕시코의 챠풀리네스chapulines와 매우 비슷하다)도 꽤 인기를 모았지만 가장 인기 있었던 건 번데기였다.

학명이 '봄빅스 모리Bombyx mori'인 누에나방silkworm의 번데기를 삶은 것으로 영미에서 누에나방은 《해리 포터》 시리즈의 저자 J. K. 롤링Joan K. Rowling이 로버트 갤브레이스Robert Galbraith라는 필명으로 발표한 추리 소설 《실크웜 Silkworm》 덕분에 유명해졌다. 내가 어릴 적인 1970년대 한국에서는 어린이들이 하굣길에 학교 근처 골목에 즐비하게 늘어선 노점상에서 삶은 번데기를 한 고깔(신문지를 말아 만든 콘 모양의 용기)씩 사 먹곤 했다. 노점상들은 아이들의 코 묻은 용돈을 노리고 막대사탕, 솜사탕, 달고나 또는 뽑기(드라마 〈오징어 게임〉으로 유명해진 과자로 설탕을 녹인 다음 소다를 넣어서 부풀린 것을 눌러서 납작한 원판으로 만든 간식), 싸구려 장난감, 양계장에서 폐기된 수컷 병아리 등 상상할 수 있는 것은 모두 팔았다. 나도 그런 병아리를 한 마리 입양했지만 금방 죽어 버려 마음이 많이 아팠던 기억이 난다. 그렇게 팔린 병아리는 대부분 오래 살지 못했다.

누에나방 번데기가 1970년대 한국 아이들 사이에서 인기를 누렸던 것은 값싸고 맛있었기 때문인데(나는 개인적으로 그다지 좋아하지 않았지만), 단백질과 철분이 풍부한 간식이었지만 대부분의 학교에서는 위생 문제 때문에 학생들이 노점에서 번데기를 사 먹는 걸 장려하지 않았다. 번데기가 쌌던 것은 대규모 산업, 바로 실크(견직) 제조업에서 나오는 '폐기물'이었기 때문이다. 당시 실크는 한국의 주요 수출품 중 하나였고, 그 결과 고치에서 실을 채취한 다음에 남는 번데기는 견직 공장에서 대량으로 방출되었다.

　누에고치에서 실을 채취해 실크(비단)를 만든 것은 기원전 2500년경 중국에서 처음 시작되었고, 그 후 1000~2000년 동안 중국이 실크 생산을 독점했다. 그러다가 실크 제조 기술이 한국과 인도, 비잔틴제국(동로마제국)으로 차례로 확산되었다. 이 산업 부문에 (매우) 늦게 발을 들인 서유럽 국가 중에서는 이탈리아가 가장 중요한 실크 생산국으로 자리매김했다. 나이가 조금 든 독자 중에는 베르나르도 베르톨루치Bernardo Bertolucci 감독의 영화 〈1900년Novecento〉에서 양잠소를 배경으로 한 장면을 기억하는 사람들도 있을 것이다. 이탈리아에서 파시즘과 공산주의가 고개를 드는 과정에서 롬바르디의 농촌에서 벌어지는 계급 갈등을 다룬 영화다. 영화에서 어린 올모(소작농의 아들. 성인역은 제라르 드파르디외Gérard Depardieu가 연기했다)와 어린 알프레도(지주의 아들. 성인역은 로버트 드 니로Robert De Niro가 연기했다)가 양잠소 안에서 이야기하는 장면에서 선반의 누에고치들이 뽕나무 잎을 갉아 먹는 소리가 배경 음향으로 들리는데, 그 소리가 너무 커서 큰비가 지붕을 때리는 것처럼 들린다.

실크 최대 수출국 일본은 어떻게 경제 강국으로 거듭났을까

그러나 현대에 들어서면서 최대 실크 생산국은 한때 일본이었다(일본에서도 번데기를 먹는다고 알고 있다). 일본은 7세기에 한국에서 양잠술을 도입한 이래 매우 긴 견직물 방적 역사를 지니고 있었지만 2차 세계대전 직후 이 부문을 크게 키웠다. 1950년대 일본은 세계 최대 실크 수출국(생사와 견직물 두 분야 모두에서)이었고, 실크 관련 상품은 일본의 최대 수출 품목이었다.

일본인들은 거기서 만족하지 않았다. 그들은 미국 및 유럽 국가들과 철강, 조선, 자동차, 화학, 전자를 비롯한 기타 '선진' 공업 부문에서도 대결하고 싶었다. 그러나 당시 기술 면에서 뒤처진 일본이 그런 부문에서 국제적으로 경쟁을 하기는 불가능했다. 그래서 일본 정부는 높은 관세, 다시 말해 수입품에 높은 세금을 물리는(그러면 수입품이 매우 비싸진다) 한편, 보호 산업 부문에서는 외국 기업들이 일본 내에서 영업하는 것을 금지하는 방법으로 외국과의 경쟁으로부터 국내 제조업자를 보호했다. 이에 더해 당시 정부의 엄격한 규제 아래 있던 은행들로 하여금 수익성이 좋은 주택 담보 대출이나 소비자 금융, 또는 이보다는 수익성이 조금 떨어지지만 이미 확고하게 자리 잡은 실크 산업 부문보다 '선진' 공업 부문의 국내 기업들에 우선적으로 대출하도록 만들었다.

일본 외부뿐 아니라 내부에서도 이런 정책에 대한 비판의 목소리가 높았다. 이 정책에 반대하는 사람들은 일본은 철강이나 자동차 같은 건 수입으로 조달하고 실크를 비롯한 방직 산업처럼 이미 잘하고 있는 분야에 집중하는 편이 더 나을 거라고 지적했다. 비효율적인 부문의 기업들, 가령 토요타나 닛산 같은 자동차 제조업체를 보호하기 위해 외국산 차에 관세를 부과하면 소비자는 더 나은 외국산 차를 사기 위해 국제 시세보다 더 높은 가격을 지불하거나 품질이 낮고 미운 일본산 차를 사야 하는 손해를 봐야 한다는 것이 그들의 논리였다. 그리고 자동차 생산 기업처럼 비효율적인 산업 부문에 은행 대출을 하도록 정부가 인위적으로 개입을 하면 실크 산업처럼 더 효율적인 부문에 돈을 투자해서 같은 자본으로 훨씬 더 큰 이윤을 낼 수 있는 기회를 박탈하는 것이라는 지적도 나왔다.

이는 흠 잡을 데가 없이 맞는 주장이다. 한 나라의 생산 능력을 고정된 것이라 생각하면 말이다. 그러나 장기적으로 볼 때 어느 나라든 생산 능력은 변화할 수 있고, 현재 잘하지 못하는 것을 나중에는 잘하게 될 수도 있다.

이런 변화는 저절로 일어나지 않지만—더 나은 기계, 노동자의 기술 습득, 테크놀로지 연구에 투자할 필요가 있다—일어날 수 있는 일이다. 그리고 그 변화가 일본의 자동차, 철강, 전자 등 수많은 산업 분야에서 일어났다. 1950년대에는 국제 시장에서 경쟁할 꿈도 꾸지 못했던 산업 분야 중 많은 수가 1980년대에 들어설 무렵에는 세계 1위에 등극해 있었다. 한 나라의 생산 능력에 의미 있는 변화가 일어나는 데는 적어도 20여 년이 걸린다. 이 말은 자유 무역 환경에서는 이런 변화가 생길 수 없다는 뜻이다. 자유 무역 체제에서는 신생 산업 부문의 비효율적인 초보 기업들이 우월하고 규모가 큰 외국 경쟁 업체들에 순식간에 전멸당하고 말기 때문이다.

영국과 미국은 보호주의의 본고장이었다

경제적으로 뒤처진 나라에서 미성숙한 제조업체들이 더 나아지기를 기대하며 보호해야 한다는 논리를 '유치산업론 infant industry argument'이라 부른다. 경제 발달과 아동의 성장 발달을 비슷하게 보는 관점에서 나온 용어다. 우리는 어린이들이 노동 시장에서 어른들과 경쟁할 수 있을 정도로 자랄 때까지 그들을 보호한다. 유치산업론에서는 경제적으로 낙후된 나라의 정부가 자국의 신생 산업 업체들이 생산 능력을 길러 우월한 외국 기업들과 세계 시장에서 경쟁할 수 있을 때까지 그들을 보호하고 양성해 주어야 한다고 주장한다.

유치산업론은 일본에서 만들어진 것이 아니다. 이 논리

는 미국, 그것도 미국의 초대 재무부 장관 알렉산더 해밀턴
Alexander Hamilton이 발명한 것이다. 10달러 지폐에 찍힌 얼굴
의 주인공이자, 린-마누엘 미란다Lin-Manuel Miranda의 인기
뮤지컬 〈해밀턴Hamilton〉으로 예상치 않게 재조명받고 있는
바로 그 인물 말이다. 해밀턴은 미국 정부가 "유아기에 있는
산업"(해밀턴이 사용한 표현이다) 또는 '유치 산업infant industry'
을 우월한 영국을 비롯한 유럽 국가들과의 경쟁에서 보호해
야 하며, 그러지 않으면 미국은 절대 산업화할 수 없을 것이라
일갈했다.

　　이야기는 거기서 그치지 않고 더 흥미진진해진다. 해밀
턴이 영감을 얻은 것은 영국이 18세기에 취했던 정책들, 특히
로버트 월폴Robert Walpole 총리의 지휘 아래 세계 산업의 최
강자로 부상할 때 사용했던 정책들이었다. 미국의 초대 국무
장관이자 3대 대통령인 토머스 제퍼슨Thomas Jefferson(제퍼슨
의 대통령 재임기에 '루이지애나 구입'이 이루어졌다. '2장 오크라'
참조) 같은 자유 무역을 주장하는 반대 세력은 해밀턴이 중앙
집권화를 추구하고 경제에 간섭한다며 '월폴주의자'라고 비
난하곤 했다.[6]

　　자유 무역의 본고장이라는 현재의 이미지와는 대조적으
로 영국과 미국은 경제 발전 초기에는 세계에서 가장 강한 보
호주의 국가였다. 그들은 산업적 주도권을 획득한 후에야 자

유 무역으로 선회했다('8장 소고기' 참조). 대부분의 다른 부
자 나라들도 같은 경로를 거쳤다. 네덜란드와 스위스(1차 세
계대전 전까지)를 제외하고 19세기 말 벨기에, 스웨덴, 독일부
터 20세기 말 프랑스, 핀란드, 일본, 한국, 대만에 이르기까지
모두 자국의 산업화와 경제 발전을 위해 상당 기간 동안 유치
산업 보호 정책을 썼다.

*   *   *

　　그렇다고 해서 유치 산업 보호 정책이 반드시 성공적인
경제 발전을 보장한다는 것은 아니다. 어린이들과 마찬가지
로 유치 산업 또한 잘못 키우면 '성숙'하는 데 실패할 수 있다.
1960년대와 1970년대에 수많은 개발도상국이 과도한 보호
정책을 쓰는 바람에 국내 기업들이 태만해졌고, 시간이 흐른
후에도 보호 정책을 줄이지 않아 생산성을 향상시킬 동기 부
여를 하는 데 실패하고 말았다. 유치 산업 정책을 가장 기술
적으로 운용한 일본과 한국 같은 나라는 시간이 흐르면서 보
호 정책을 단계적으로 줄여서 그런 위험을 피했다. 자녀가 성
장해 감에 따라 보호의 손길을 차차 거두고 더 많은 책임을
자녀에게 주어야 하는 것과 같은 이치다.
　　유치 산업을 보호하지 않았다면 한때 경제적 새우였

던 나라들―18세기의 영국과 19세기의 미국, 독일, 스웨덴, 20세기의 일본, 핀란드, 한국―은 오늘날 세계 경제의 고래로 성장하지 못했을 것이다.

6장

국수
Noodle

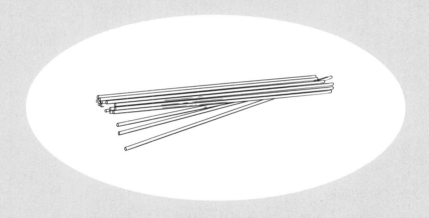

가지 파스타 베이크 | 이탈리아

펜네 파스타와 볶은 가지 위에
토마토 소스(토마토, 바질, 마늘)를 끼얹은 다음
모차렐라, 리코타, 파르메산 치즈를
듬뿍 올려 오븐에 구운 요리

클로디아 로든의
팀발로 알레
멜란자네Timballo alle
Melanzane를 변형한
저자 레시피

한국인의 못 말리는 면 사랑

세계 인스턴트 국수 협회World Instant Noodle Association(맞다, 이런 협회가 존재한다)에 따르면 세계에서 인스턴트 국수(즉석면)를 가장 많이 먹는 나라는 한국으로 1인당 1년에 79.7인분을 소비한다고 한다. 72.2인분을 소비하는 베트남이 그 뒤를 바짝 쫓고, 3위는 훨씬 뒤처진 53.3인분의 네팔이다.[1] 한국 인구가 5100만 명을 조금 넘으니 1년에 41억 봉지의 인스턴트 국수를 먹어 치우는 셈이다. 엄청난 양이다.

이렇게 소비되는 대부분의 인스턴트 국수는 꼬불꼬불하고 쫄깃한 밀가루 면인 라면이다. 한국의 인스턴트 국수는 대부분 작은 봉지에 따로 든 분말 수프와 건더기 수프를 넣어 끓인 국물과 함께 먹지만 볶음면이나 비빔면도 있다. 라면 국물은 외국인 기준으로 하면 '꽤 매움'에서 '정신이 나갈 정도로 매움' 수준이고, 볶음면이나 비빔면의 소스도 항상 그렇지는 않지만 매운 소스가 많다.

그냥 인스턴트 국수만 해도 이렇게 많다. 한국인이 즐기는 국수noodle(면)의 종류는 거의 무한할 정도로 다양하다.

제일 먼저 언급해야 할 국수는 담백한 밀가루 면이다. 부드럽고 가는 국수(소면), 부드럽고 납작한 굵은 국수(칼국수[*]), 약간 쫄깃한 두꺼운 국수(가락국수. 일본의 우동과 비슷하다) 등이 대표적인 예다. 모두 맵지 않은 국물(한국인도 맵지 않은 음식을 먹을 때가 있긴 하다!)에 말아 먹지만 소면은 채소(가끔 고기도 들어간다)와 함께 각종 소스(매운 소스도 있고 그렇지 않은 소스도 있다)에 비벼 먹기도 한다.

밀가루에 끈기를 더하고 고온, 고압에서 면을 뽑으면 세상에서 가장 쫄깃한 면이 탄생한다. 바로 쫄면이다. 쫄면은 풍성한 채소와 함께 불처럼 맵고 새콤달콤한 고추장 소스에 비벼서 먹는다. 엄청난 쫄깃함과 눈물을 쏙 빼는 매운맛의 조합 덕분에 쫄면을 먹는 경험은 철인 3종 경기에 비견할 만하다. 극도로 어렵지만 극도의 만족감을 얻을 수 있기 때문이다.

밀가루 반죽에 탄산나트륨Na$_2$CO$_3$을 더하면 쫄깃한 알칼리성 국수를 만들 수 있다. 한국인에게 가장 인기 있는 국수

  ✦   칼국수는 글자 그대로 '칼로 만든 국수'를 말한다. 기계로 뽑아내는 대부분의 국수와 달리 반죽을 칼로 썰어서 만들기 때문이다.

가 이 알칼리성 국수다. 라면도 알칼리성 국수고, 짜장면 국수도 알칼리성 국수다. 한국인이 아닌 독자들을 위해 설명하자면 짜장면은 한국에서 발명된 '중국' 음식이라는 의미에서 영국에서 발명된 '인도' 음식 치킨 티카 마살라chicken tikka masala와 비슷하다. 콩을 발효시켜 만든 춘장에다 돼지고기와 양파를 비롯한 여러 가지 채소(감자, 호박, 양배추 등 취향에 따라 넣을 수 있다)를 넣고 볶아서 만든 소스를 두툼하고 쫄깃한 알칼리성 국수에 끼얹은 것이 짜장면이다. 한국인이 아니라도 K-드라마의 팬이라면 본 적이 있을 것이다. 한국인이 거의 맨날 먹는 커피 색깔의 국수 말이다. 먹는 장소도 식당뿐 아니라 사무실, 집(집에서 직접 짜장면을 만드는 사람은 별로 없고 주로 배달시켜 먹는다), 심지어 경찰서 취조실 등 다양하기 그지없다.* 한국인이 총 150만 그릇의 짜장면을 하루에 먹어 치운다는 놀라운 통계도 있다.[2]

　한국에서 인기 있는 또 다른 국수는 메밀을 재료로 한 국수다. 2가지 종류가 있는데 하나는 일본의 소바와 비슷한 부드러운 국수로 누군가가 뛰어난 상상력을 발휘해 메밀국수라는 이름을 붙였다. 또 하나는 그보다 더 두껍고 쫄깃한 형

---

*　따라서 짜장면은 빠르지만 제대로 된 식사를 할 수 있다는 면에서 피자에 맞먹는 한국 음식이라고 할 수 있겠다.

태의 평양냉면 국수다. 북한의 수도인 평양에서 시작된 음식이고, 소고기 육수 또는 꿩고기 육수(원래 평양에서는 꿩고기 육수가 정석이었다고 한다)를 차게 식혀 국수를 말고 식초와 겨자를 쳐서 먹는 평양냉면에만 사용되는 국수라서 이런 이름이 붙었다. 양을 늘리고 풍미를 더하기 위해 메밀가루에 도토리가루나 칡가루를 더하기도 한다.

　한국인은 곡물을 갈아서 만든 가루뿐 아니라 전분 자체를 이용해 국수를 만들기도 한다.** 전분으로 만든 국수 중 가장 잘 알려진 것이 당면唐麵이다. 글자 그대로 해석하면 '중국 국수'라는 뜻이다. 한국어에서 '당唐'이라는 접두어는 '중국에서 들여온 것'에 붙는다.*** 원래 중국 버전은 녹두 전분을 사용하지만 한국에서는 고구마 전분을 사용한다(중국에서도 고구마 전분을 사용하기도 한다). 당면은 카사바 뿌리, 옥수수, 감자 전분으로도 만들 수 있다. 일본에서는 감자 전분으로 당면과 비슷한 반투명 국수를 만들고 하루사메春雨(봄비)라는

** 전분은 식물에서 추출, 가공해서 얻은 순수 탄수화물을 말한다. 흔히 영어에서 '플라워flour'라고 하는 가루는 곡물을 갈아서 가루로 만든 상태를 가리킨다. 곡물이 아닌 아몬드나 칡을 갈아서 아몬드가루almond flour, 칡가루 arrowroot flour를 만들어 조리에 사용할 때도 이 단어를 쓴다.

*** 한국어에서 '당'이라는 접두사는 중국 봉건 시대의 황금기라고 할 수 있는 당나라(618~907년)에서 나온 것이다.

시적인 이름을 붙였다. 당면이 들어가는 대표적인 한국 음식
은 잡채다(당면에 채로 썬 각종 채소를 넣어 볶은 음식. '7장 당근'
참조). 당면은 또 만두, 순대, 일부 찜이나 찌개에도 들어가고,
음식의 양을 늘리거나(저렴하게 배를 불릴 수 있으므로) 음식에
쫄깃한 맛을 더하고 싶을 때 사용된다.

　　한국인의 주식이 쌀이라는 점을 감안할 때 전통적으로
쌀로 만든 국수가 많이 사용되지 않았다는 점은 흥미롭다. 어
쩌면 귀중한 쌀을 국수 만드는 데 '허비'하고 싶지 않아서일
수 있다. 하지만 변화는 빠르게 진행되고 있다. 요즘은 한국
인도 쌀로 만든 국수와 사랑에 빠져서 베트남식 국물 쌀국수
인 퍼Pho나 태국식 볶음 쌀국수인 팟 타이Pad Thai의 인기가
매우 높다.

　　거의 모든 채소로 김치를 만드는 것처럼('머리말: 마늘' 참
조) 한국인은 탄수화물이 많이 든 모든 곡물과 뿌리채소를 국
수로 만든다—밀, 메밀, 고구마, 감자, 옥수수, 카사바 뿌리,
도토리, 칡, 쌀은 말할 것 없고 심지어 최근에는 보리까지 국
수로 만들어 먹는다. 그러나 국수 모양은 기본적으로 납작한
면 아니면 줄 모양 면 2가지에 그친다.

국수 모양에 진심인 이탈리아 사람들

그러니 1980년대 말 난생처음 이탈리아에 간 내가 스파게티와 마카로니(이탈리아 사람들은 마케로니maccheroni라고 부른다)가 이탈리아 국수 — 또는 파스타 — 의 전부가 아니라는 사실을 알았을 때 얼마나 놀랐는지 상상이 갈 것이다. 특히 생경했던 것은 대학원생 자격으로 이탈리아에서 열린 서머 스쿨에 참석했다가 오르조orzo(리조니risoni라고도 한다)가 메뉴에 올랐을 때였다. 오르조/리조니는 작은 낱알 모양인데(글자 그대로 보리나 쌀을 의미한다) 뜨겁고 맑은 수프에 넣어서 먹는 경우가 많다. 그 음식이 내 앞에 놓인 순간 나는 밥을 국에 말아서 준 것인 줄 알았다. 한국에서도 흔히 뜨거운 국(맑은 국이든 아니든)에 밥을 말아 함께 먹기 때문이다. 그래서 내가 방금 먹은 음식이 '국수'(파스타)라는 말을 믿을 수가 없었다.

이탈리아에서는 파스타를 만드는 데 쓰이는 거의 유일한 탄수화물원은 밀 한 가지뿐이다('1장 도토리' 참조). 그러나 모양을 달리하는 방법으로 200여 가지가 넘는 다양한 파스타가 만들어진다. 물론 한국을 비롯한 다른 나라들과 마찬가지로 줄 모양이나 납작한 끈 모양의 파스타도 있지만 튜브, 고리, 나선/나사, 나비, 사람 귀, 조개, 낱알, 공, 속을 채운 만두, 판 등을 망라한 온갖 모양의 파스타가 있다(나는 아직 먹어 보지 못했지만 마차 바퀴, 올리브 잎, 팽이, 심지어 라디에이터 모양까지 있다고 한다).*

　이탈리아인이 파스타 모양에 쏟는 애정과 관심은 엄청나서 1980년대 초반에는 세계 최대 파스타 제조업체인 바릴라Barilla의 고급 브랜드인 보이엘로Voiello에서 유명 산업 디자이너인 조르제토 주지아로Giorgetto Giugiaro에게 궁극의 파스타 모양을 디자인해 달라고 의뢰하기까지 했다. 소스를 너무 많이 흡수하지는 않으면서 잘 머금을 수 있는 동시에 장식적, 심지어 '건축학적' 아름다움까지 겸비한 궁극의 파스타를 주문한 것이다(당시는 더 가볍고 신선하고 보기 좋은 요리를 추구하는 누벨 퀴진nouvelle cuisine이 인기를 모으던 때였다).³

　주지아로는 글자 그대로 아름답고 초현대적인 파스타 모양을 '설계'했다. 튜브와 파도 모양을 합친 듯한 모양의 그 파스타에는 '마릴레Marille'라는 이름이 주어졌고 세간의 큰 관심을 모으며 1983년 출시되었다. 불행하게도 마릴레는 완전

＊　줄 모양 파스타에는 스파게티, 링귀네, 카펠리 단젤로(엔젤 헤어)와 베르미첼리(작은 벌레) 등이 있고, 납작한 끈 모양에는 페투치네, 파파르델레, 탈리아텔레가 있으며, 튜브 모양에는 서로 다른 지름과 길이로 구분되는 펜네, 리가토니, 마카로니 등이 있다. 고리 모양 중 대표적인 파스타로는 아넬리니가 있고, 나선/나사 모양에는 푸실리, 트로피에, 제멜리가 있다. 나비(파르팔레), 사람 귀(오레키에테), 조개(콘킬리에), 낱알(오르조/리조니), 공(프레골라) 등도 인기 있는 파스타 모양이다. 판 모양 파스타는 라자냐, 속을 채운 만두 모양 파스타는 라비올리, 토르텔리니, 메젤루네(반달) 등이다.

히 실패로 끝나고 말았다. 생산량이 적고 유통이 잘 되지 않아서 구하기가 어려웠던 점도 있지만, 어차피 더 큰 문제는 모양이 너무 복잡해서 균등하게 익히기가 힘들다는 점이었다.[4] 알 덴테al dente**로 익히지 않은 파스타는 상대도 하지 않으려 하는 이탈리아 사람들의 기준을 생각할 때 고르게 익지 않는 파스타는 (거의) 대역죄에 해당한다고 봐도 과언이 아니다.

물론 주지아로는 마릴레가 실패했다고 좌절하지 않고, 지난 반세기 동안 세계에서 가장 성공적이고 영향력 있는 자동차 디자이너로 명성을 날렸다. 국제적으로 알려진 거의 모든 자동차 제조업체(GM, 메르세데스-벤츠, 닛산만 예외)와 작업을 해서 폭스바겐 골프Golf, 피아트 판다Panda와 같은 믿음직한 고전부터 마세라티 기블리Ghibli, 로터스 에스프리Esprit처럼 럭셔리의 상징이 된 차종에 이르기까지 100가지가 넘는 차를 디자인했다. 인터뷰 등을 보면 주지아로는 마릴레 사태를 그냥 자신의 눈부신 커리어에 남은 재미있는 사건으로 여기는 듯하다. 1991년 인터뷰에서 그는 이렇게 말했다. "대중에게 알려진 건 파스타 덕분이에요. 심지어 《뉴스위크》에서까지 다뤘다니까요. 재미있지 않아요?"[5]

** '치아에 딱 붙는' 정도로 해석 가능한 이 말은 탄탄해서 씹는 맛이 있는 정도로 조리된 상태를 뜻한다.

현대자동차의 미러클 성공 신화

대부분의 사람은 국수 집착증이 있는 이탈리아라는 나라 출신의 이 일류 디자이너가 초기에 디자인한 차 가운데 하나가 '포니Pony'라는 사실은 잘 알지 못한다. 포니는 또 다른 국수 집착증의 나라 한국의, 그리고 그때까지 아무도 들어 보지 못한 현대자동차라는 회사에서 1975년 출시한 소형 자동차다.

현대자동차는 1940년대에 전설적인 한국의 기업가 정주영이 설립한 현대 그룹의 일부였다. 현대 그룹의 주력 사업은 원래 건설이었지만 1960년대에 고생산성 산업 부문으로 확장을 시작했고, 자동차는 그런 노력의 시작점이었다.* 현대자동차는 포드와 합작 투자로 설립되어, 포드 UK가 개발한 코티나Cortina 모델을 조립하는 일을 주로 했으며 부품마저 대부분 수입하고 있었다. 1968년 11월에 설립된 후 3년 사이에 현대자동차는 8000대가 조금 넘는 코티나를 조립했다. 1년에 3000대도 되지 않는 수준이었다.[6]

1973년 현대자동차는 포드와 결별하고 국내에서 설계한 자동차를 독자적으로 생산하겠다고 선언했다. 바로 포니였다. 본격 생산에 들어간 첫해(1976년) 현대자동차는 1만 대

---

* 현대 그룹은 이후 시멘트, 엔지니어링, 조선, 철강, 전자, 운송, 엘리베이터, 정유, 반도체 등 다양한 고생산성, 하이테크 산업으로 사업을 확장했다.

가 조금 넘는 포니를 생산했다. 그해 포드 생산량의 0.5퍼센트, GM 생산량의 0.2퍼센트였다.[7] 1976년 6월 에콰도르가 현대차를 수입하자 한국 전체가 축제 분위기에 휩싸였다. 에콰도르에 수출한 것이 포니 5대, 버스 1대에 불과하다는 사실은 거의 언급되지 않았고, 언급되었다 하더라도 중요하지 않은 일로 무시되었다. 중요한 것은 외국인들이 한국산 차를 사고 싶어 한다는 사실이었다. 당시 가발, 옷, 봉제 완구, 운동화 등 값싼 노동력을 기반으로 만든 제품을 수출하는 것으로 유명한 나라가 아니었나.

상서로운 시작과는 거리가 먼 출발에도 불구하고 현대는 그 후 놀라운 속도로 성장했다. 1986년에는 엑셀Excel 모델(포니를 업그레이드한 버전)로 미국 시장에 눈부신 데뷔를 해서 비즈니스 잡지《포춘Fortune》선정 '올해 가장 주목할 만한 10대 상품'에 오르는 기염을 토했다. 1991년 현대자동차는 자사 엔진을 직접 설계하는 전 세계 몇 안 되는 자동차 제조업체 중 하나가 되었다. 21세기에 접어들 무렵에는 이미 세계 10대 자동차 제조업체 반열에 올라 있었다. 2009년 현대자동차(1998년 더 규모가 작은 라이벌 기업이던 기아를 인수 합병해 공식적으로는 현대-기아자동차)는 포드보다 더 많은 자동차를 생산했다. 2015년에 접어든 즈음에는 현대 또는 기아 상표를 달고 생산 라인에서 굴러나오는 차가 GM 브랜드 차보다 많았다.[8]

놀라운 이야기다. 타임머신을 타고 1976년으로 돌아가서 사람들에게 1인당 소득이 에콰도르의 3분의 2도 되지 않는[9] 한국이라는 가난한 개발도상국에서 설립된 이 아무도 알지 못하는 자동차 회사—사실 좀 시설이 괜찮은 자동차 정비소와 별 차이가 없던 회사—가 30여 년이 지난 후 포드보다 더 커지고, 40년 만에 GM보다 더 많은 차를 생산해 낼 것이라고 말했으면 정신 병원에 가 보라고 했을 것이다.

누가 한국 자동차 산업의 발전을 이끌었나

어떻게 이런 일이 가능했을까? 이런 종류의 믿기지 않는 기업 성공 신화를 들으면 사람들은 바로 탁월한 비전을 가진 기업가를 떠올린다. 빌 게이츠, 스티브 잡스, 제프 베이조스, 일론 머스크 같은 사람들이 생각날 것이다.

사실 현대의 성공에도 그런 기업가가 있었다. 그것도 한 사람이 아니라 두 사람이나. 현대 그룹의 설립자 정주영과 현대차를 1967년부터 1997년까지 이끈 그의 동생 정세영이 그들이다(정세영은 포니를 출범시키는 데 너무나 핵심적인 역할을 해서 '포니정'이라는 별명까지 얻었다). 현대자동차가 자동차 산업 부문을 선도하는 기업이 되는 것은 말할 것도 없고 국제 경쟁에서 살아남을 확률마저 지옥에서 눈사람이 살아남을 확률 정도라고 거의 모두가 생각하던 시대에, 정씨 형제는 언젠가 세계 무대에서 경쟁할 회사를 만들겠다는 야심 찬 비전을 실행에 옮겼다. 세계 최고 자동차 디자이너 중 하나인 주지아로에게 첫 번째 차의 디자인을 맡긴 것은 그런 비전의 상징이다. 그들은 이미 자리를 잡은 (이윤이 높은) 현대 그룹의 다른 부문에서 만든 돈을 현대자동차에 쏟아부어 초기에 적자만 내는 회사를 지탱했다. 이런 관행을 '기업 내 교차 보조 intra-group cross-subsidization'라고 부른다.

기업을 이끄는 기업가도 중요하지만 현대자동차의 성공 스토리를 더 자세히 들여다보면 이것이 뛰어난 영웅적인 기업가 개인의 이야기에 그치지 않는다는 것, 심지어 개인은 주된 요인이 아니라는 것을 알 수 있다.

무엇보다 현대자동차에는 긴 근로 시간을 견디면서 생산 현장에서 직접 일을 한 노동자, 엔지니어, 연구원 그리고 전문 경영인이 있었다. 외국의 선진 테크놀로지를 익히고, 그렇게 익힌 테크놀로지를 조금씩 개선해서 결국 고유의 생산 시스템과 테크놀로지를 개발해 세계 유수의 자동차 제조업체들과 어깨를 나란히 하는 과정을 이끈 주된 동력은 바로 그들이었다. 헌신적이고 유능한 직원들이 없으면 기업의 비전은, 그것이 아무리 원대하고 좋은 것이라 해도 그냥 비전으로 그치고 만다.

　　또 다른 주인공은 정부다. 한국 정부는 1988년까지 외제 자동차의 수입을 전면 금지했고, 일본산 차는 1998년까지 수입을 금지하는 정책을 운용해 현대를 비롯한 다른 자동차 제조업체들이 '클 때까지' 보호막이 되어 주었다('유치 산업 보호' 논리에 근거한 정책으로 다른 '전략적' 산업 부문에도 비슷한 정책이 시행되었다. '5장 새우' 참조). 수십 년 동안 한국 소비자들이 품질이 떨어지는 국산 차를 견뎌 내야 했다는 의미지만, 이런 식으로 보호받지 못했으면 한국의 자동차 제조업체들은 성장은커녕 살아남기조차 힘들었을 것이다. 1990년대 초까지도 한국 정부는 전략적으로 중요한 현대자동차를 비롯한 하이테크 기업들, 특히 수출 지향적 기업들이 특별 저리 융자를 받을 수 있게 보장해 주었다. 이는 (주택 담보 대출이나 소비자 대출보다) 생산적 기업에 대한 대출에 우선순위를 주도록 하는 엄격한 은행 규제와 은행 부문의 국유화를 통해 이루어졌다('1장 도토리' 참조).＊

　　정부 정책이 항상 '도와주는' 성격만을 띤 것은 아니었다. 현대자동차가 고유 모델을 만들겠다는 결심을 한 것은 사실

＊　1961년부터 1983년까지 한국의 모든 은행은 정부 소유였고, 1990년대 초까지도 다수가 국유 은행이었다. 아직도 정부 소유의 중요한 은행들이 있다— KDB산업은행(대규모 장기 대출 전문), 한국수출입은행(수출입 금융trade credit 전문), 기업은행(중소기업 대출 전문) 등이 대표적인 예다.

한국 정부가 자동차 부문을 '국산화domestication'하는 프로그
램에 착수했기 때문이었다. 1973년 정부는 현대자동차를 비
롯한 국내 자동차 제조업체들에 고유 모델을 만들어 내지 않
으면 자동차 제조 허가를 취소하겠다고 위협했다. 규제 정책
과 금융을 이용해 자동차 업체들에(자국 기업들뿐 아니라 외국
기업들에도) '국내 생산 부품local content' 비율을 높이라는 노
골적인 압력과 암묵적인 압력을 동시에 넣어서 국내 자동차
부품 산업 발전을 꾀한 것은 물론이다('9장 바나나' 참조).

개인보다 집단적 기업가 정신이 중요하다

하지만 현대자동차의 성공 스토리가 영웅적인 기업가 세
계의 몇 안 되는 예외 사례 아닌가 하고 되묻는 독자들도 있
을 것이다. '그렇지 않다'가 그에 대한 대답이다.

우선 현대와 동일한 과정을 거쳐 성공을 거둔 한국 기업
들이 많다. 설탕 정제와 의류 사업으로 시작한 삼성은 세계
최고의 반도체와 휴대전화 제조업체가 되었고, 화장품과 치
약 사업으로 출발한 LG는 세계 디스플레이 시장을 석권했다.

널리 알려진 일본의 다국적 기업multinational corporation,
MNC들 역시 비슷한 경로를 거쳤다. 토요타는 단순한 방직 기
계를 만드는 기업에서 세계 최대 규모의 자동차 제조업체가

되었고, 운송 회사에서 시작한 미쓰비시는 조선업에서 원자력 발전소, 전자, 자동차에 이르는 다양한 분야를 아우르는 다국적 기업으로 성장했다. 이 모든 기업은 뛰어난 개인의 능력, 기업적 노력, '기업 내 교차 보조', 정부 지원, 그리고 소비자의 희생을 바탕으로 이런 변신을 할 수 있었다.

　제지 공장으로 시작했지만 성장을 거듭해 한때 세계 휴대전화 산업을 리드한 전력이 있고, 이제는 네트워크 하드웨어와 소프트웨어 생산의 주역이 된 핀란드의 대기업 노키아도 위 기업들과 비슷한 성장 역사를 거쳤다. 1960년 설립된 노키아의 전자 부문이 이윤을 내기 시작한 것은 1977년에 이르러서였고, 이미 안착해서 이윤을 내고 있던 노키아 그룹의 다른 기업들(종이, 고무장화, 전선)로부터 보조를 받는 한편 보호 무역, 외국 투자 규제, 공공 조달 특혜(정부가 필요한 재화와 서비스를 구입할 때 우선권을 주는 방법) 등의 도움을 받았다.

　자국의 '자유 기업' 체제에 대해 높은 긍지를 보이고 영웅적인 기업가를 늘 칭송해 마지않는 미국마저 현대 경제에서 '집단적 기업가 정신'의 중요성을 통해 발전한 나라다. 미국이야말로 '유치산업론'을 발명하고, 19세기부터 20세기 초까지 자국의 어린 기업들이 성장할 공간을 만들어 주기 위해 보호주의의 장벽을 높게 둘러쳐서 우월한 외국 제조업체, 특히 영국의 제조업체로부터 자국 기업을 보호한 나라다('5장 새우' 참조).[10] 지금 이 논의에서 더 주목해야 할 부분은 2차 세계 대전이 끝난 후 미국 정부가 기초 테크놀로지 개발에 공공 자금을 동원해서 기업들을 도운 사실이다. 미국 정부는 국립보건원National Institutes of Health, NIH을 통해 제약 및 생명공학 연구를 진행하고 자금을 댔다. 컴퓨터, 반도체, 인터넷, GPS, 터치스크린을 비롯한 수많은 정보화 시대information age의 기초 테크놀로지가 미국 국방부와 군부의 '국방 연구'를 통해 처음 개발되었다. 이런 테크놀로지가 없었다면 IBM도, 인텔도, 애플도 없고 실리콘 밸리도 없었을 것이다.[11]

* * *

개인의 비전으로 성공적인 기업을 일으킬 수 있다는 신화는 현재 경제학계의 담론을 장악하고 있는 자유 시장 경제학의 근간이 되고 있다. 자본주의 초기에는 어느 정도 가능했을 수도 있는 시나리오다. 생산 규모가 작고 테크놀로지가 단순한 시절이었기 때문이다. 그런 환경에서는 뛰어난 개인 기업가가 큰 차이를 가져올 수도 있었다. 사실 그 시절에도 기업이 성공하려면 그냥 뛰어난 개인만으로는 부족했지만 말이다. 그러나 규모가 큰 생산, 복잡한 테크놀로지, 국제 규모의 시장에서 경쟁해야 하는 19세기 말 이후의 환경에서 기업이 성공하기 위해서는 집단적 노력 —개인의 노력보다—이 필요하고, 거기에는 기업의 리더뿐 아니라 노동자, 엔지니어, 과학자, 전문 경영인, 정부의 정책 입안자, 그리고 심지어 소비자의 노력까지 모두 포함된다.

한국과 이탈리아라는 국수에 집착하는 두 나라의 얽히고 설킨 이야기를 살펴보면, 현대 경제에서 기업은 더 이상 개인의 비전이나 노력만으로는 성공하기 힘들다는 것을 알 수 있다. 성공적인 기업은 집단적 노력으로 만들어진다.

7장

당근
Carrot

당근 케이크

당근과 향신료, 견과류로 만든 케이크

당근은 원래 주황색이 아니었다

내가 처음 영국에 왔을 때 이상하다고 생각한 (수많은) 것들 중 하나가 당근carrot 케이크였다. 당근은 김치를 만들 때 양념으로 쓰거나 양파, 감자와 함께 끓여서 일본식 카레를 만들거나 각종 채소와 볶아서 잡채*를 만들거나 샐러드로 먹는 재료지 케이크 같은 달콤한 음식에 들어가는 것은 본 적이 없었다. 한 번도.

이제 당근 케이크는 내가 제일 좋아하는 디저트 중 하나가 되었지만 처음에는, 흠… 얼토당토않은 음식이라는 느낌이 들었다. 영국 사람에게 방울다다기양배추 크럼블crumble을 주거나 미국 사람에게 브로콜리 파이를 주면 이런 느낌이

* 한국의 반투명 국수인 당면을 채 썬 각종 채소와 함께 볶아서 만드는 음식. 원하면 고기를 넣을 수도 있다. '6장 국수' 참조.

들까?

　하지만 생각해 보면 단 음식과 짠 음식을 구분하는 기준은 문화에 따라 달라진다. 사람들은 대개 아보카도를 짭짤한 음식으로 분류해서 먹지만 브라질에서는 아보카도에 설탕을 뿌려 디저트로 먹기도 한다. 대부분의 음식 문화권에서 토마토는 달지 않은 음식을 만드는 재료로 분류되지만 내가 어릴 적 한국에서는 토마토를 디저트까지는 아니라도 단 음식에 가깝게 생각했다. 과일처럼 먹었고(사실 식물학적으로 말하자면 토마토도 과일이지만) 충분히 달지 않으면(대부분 달지 않았다) 설탕을 뿌려 먹었다. 나이 드신 분들은 토마토를 '일년감'이라고 불렀다. 감처럼 생겼지만 다년생 나무 열매인 감과는 달리 토마토는 일년생이어서 그런 이름이 붙었다. 토마토를 당연히 짭짤한 음식의 재료로 분류하는 영국에서 몇 년을 산 후에도 1991년 개봉한 걸작 미국 영화 〈프라이드 그린 토마토Fried Green Tomatoes〉라는 제목을 처음 듣고는 여전히 움찔했다.(감을 프라이하는 것을 상상해 본 적 있는가?)

　중앙아시아(현재의 아프가니스탄 지역이 거의 확실하다)가 원산지인 당근은 원래 하얀색이었다. 그 후로 보라색 당근과 노란색 당근이 개발되었다. 현재 주종을 이루는 주황색 당근은 17세기에 들어선 이후에야 네덜란드에서 개발되었다.

　네덜란드인이 주황색 당근을 좋아하면서 확산시킨 것은

오렌지 공 윌리엄William of Orange(네덜란드어로는 빌럼 판 오라녀Willem van Oranje/오라녀 공 빌럼, 또는 빌럼 드 즈베이허르Willem de Zwijger/침묵공 빌럼) 때문이라는 설이 널리 받아들여지고 있다. 오렌지 공 윌리엄은 16세기에 네덜란드 지역을 다스리고 있던 스페인에 반대해 일어난 봉기의 지도자였다. 이렇게 보면 역사적으로 가장 정치적인 채소는 바로 당근이라 할 수 있겠다. 그러나 당근과 오렌지 공 윌리엄의 관계는 전혀 근거가 없는 듯하다.[1] 유감스럽게도 팩트를 너무 따지다 보면 이야기의 재미가 반감하고 만다.

합스부르크제국과 저지대 국가들Low Countries(현재의 네덜란드, 벨기에, 룩셈부르크 그리고 프랑스 북부와 독일 서부의 일부를 포함한 지역)의 정치학이 아니더라도 주황색 당근이 개발된 것은 영양학적으로 매우 의미 있는 일이다. 당근을 주황색으로 보이게 하는 베타카로틴β-Carotene은 몸에서 비타민 A로 전환된다. 비타민 A는 피부, 면역 체계와 눈 건강 유지에 필수적이기 때문에 하얀색 당근에 비해 주황색 당근은 영양학적으로 훨씬 유익하다.

대부분의 비타민이 그렇듯 비타민 A도 너무 많이 섭취하면 독이 된다. 비타민A과다증에 걸리면 졸음과 피로, 뼈의 통증 등을 겪고, 극단적인 경우에는 피부가 벗겨지기까지 한다(웩!). 북극 탐험 초기에 유럽 탐험가들은 비타민 A가 엄청나게 풍부한 물개 간이나, 주로 물개를 잡아먹고 사는 북극곰의 간을 먹은 후 이런 증상들을 보였다. 베타카로틴은 이러한 과다 증상을 피해 안전하게 비타민 A를 공급할 수 있는 영양소다. 인체는 비타민 A로 전환되는 베타카로틴의 양을 조절할 수 있기 때문이다.

황금쌀 상용화의 딜레마

2000년 잉고 포트리쿠스Ingo Potrykus(스위스)와 페터 바이어Peter Beyer(독일)가 이끄는 연구팀은 이 점에 착안해서 베타카로틴을 생합성할 수 있는 유전자 2개(옥수수와 흙 박테리아에서 각각 하나씩)를 쌀에 이식했다. 그 결과 탄생한 것이 '황금쌀Golden Rice'이다. 베타카로틴 덕분에 노란색/황금색으로 보이는 이 쌀은 보통 쌀과는 달리 비타민 A의 풍부한 공급원이 될 수 있다.[2]

쌀은 영양이 매우 풍부한 음식이어서 같은 크기의 땅으로 밀보다 더 많은 사람을 먹여 살릴 수 있지만 비타민 A가 많이 들어 있지는 않다. 쌀을 주식으로 하는 아시아와 아프리카 국가의 가난한 사람들은 다른 음식 없이 줄곧 쌀만 먹다가 비타민A부족증을 겪는 경우가 많아서 이로 인해 매년 200만 명이 사망하고, 50만 명이 실명하고, 수백만 명이 안구건조증을 앓는 것으로 알려져 있다. 황금쌀은 수백만 명이 목숨을 잃거나 심각한 장애를 겪는 질병에 걸리는 것을 예방할 수 있는 잠재력을 지니고 있다.

황금쌀을 개발한 직후 포트리쿠스와 바이어는 다국적 농업 및 바이오테크놀로지 기업인 신젠타Syngenta에 그 기술을 팔았다. 스위스 바젤에 본사를 둔 신젠타 자체도 유전공학에 맞먹는 엄청나게 복잡한 기업 인수 합병 과정을 거쳐 탄생한 기업이다. 1970년부터 시작해서 3개의 스위스 제약 회사(시바Ciba, 가이기Geigy, 산도스Sandoz), 영국 화학 산업의 거물 임페리얼 케미컬 인더스트리스Imperial Chemical Industries, ICI, 스웨덴 제약 회사 아스트라Astra, 중국 국영 화학 회사 켐차이나ChemChina, China National Chemical Corporation(중국화공집단공사中国化工集团公司) 등이 일련의 인수 합병을 거쳐 만들어진 것이 바로 신젠타다.* 신젠타는 유럽연합EU을 통해 이 연구를 간

---

* 1970년 시바와 가이기가 합병해 시바-가이기가 되었고, 1996년에는 시바-가이기가 산도스와 합쳐져 노바티스Novartis가 되었다. 1993년 임페리얼 케미컬 인더스트리스의 제약 및 농업 부문이 분리되어 제네카Zeneca라는 회사가 되었고, 제네카가 1999년 아스트라와 합병해 코로나19 백신으로 유명해진 아스트라제네카AstraZeneca가 만들어졌다. 임페리얼 케미컬 인더스트리스의 남은 부문들은 네덜란드 화학 기업 악조노벨AkzoNobel이 2008년 인수했다. 2000년 노바티스와 아스트라제네카가 농업 부문을 합병해 신젠타를 만드는 데 합의했다. 2016년에 켐차이나가 신젠타를 인수했다.

접적으로 지원한 덕분에 이미 황금쌀 테크놀로지에 대해 권리가 일부 있었지만 연구팀의 권리까지 모두 사들여 황금쌀에 대한 권리를 100퍼센트 확보했다. 두 과학자가 개발도상국의 가난한 농부들이 이 테크놀로지를 무료로 쓸 수 있도록 하려고 신젠타와 힘든 협상을 했다는 사실은 칭찬할 만하다.

그럼에도 불구하고 일부에서는 황금쌀처럼 가치 있는 '공공 목적'을 지닌 기술이 이윤을 추구하는 기업에 팔리는 것은 받아들일 수 없는 일이라 생각했다. 두 과학자는 황금쌀을 직접 상용화하려면 70가지가 넘는 특허 기술을 소유하고 있는 32개 특허권자와 모두 따로 협상해야 했기 때문에 그런 결정을 할 수밖에 없었다며 자신들의 행동을 정당화했다. 그 많은 특허 기술들의 사용 허가를 받기 위해 협상을 하고 돈을 지불할 능력이 없다는 것이다. 비판적인 사람들은 실제로 허가를 받아야 할 중요한 특허 기술은 30여 가지에 불과하다고 반박했다.

그러나 요점은 변함이 없다. 과학자들이 개인적으로 처리하기에는 허가를 받아야 할 특허가 너무 많았다. 안타깝게도 거대 다국적 기업이 특허 문제를 담당했음에도 불구하고 황금쌀은 20년이 지난 지금까지 여전히 대량 생산되고 있지 않다. 유전자 변형 식품GMO 전반을 둘러싼 논란 때문인데 그건 또 다른 이야기다.

맞물린 특허 문제: 새 지식이 또 다른 지식 창조를 방해한다

특허는 정부가 새로운 기술을 개발한 개발자에게 일정 기간 동안 그 기술에 대한 독점권을 허용하는 대신 그 기술을 공개하도록 하는 제도다(특허라는 영어 단어 patent에는 '보여주어서 명백하게 알도록 하는'이라는 의미가 있다). 지식 향상의 효과만을 따지면 특허 제도는 양날의 칼이다. 충분히 새로운 지식이라고 인정되는 지식을 창출해 낸 사람에게 그 지식을 일정 기간 동안(요즘은 보통 20년. 과거에는 이보다 더 짧았다. 이 문제는 뒤에서 더 자세히 이야기하자) 독점적으로 사용할 수 있도록 보장함으로써 새 지식의 창조를 촉진하고 장려하기 위해 만들어졌다. 이 기간 동안 그 새 지식의 개발자는 경쟁을 두려워하지 않고 시장이 감당할 수 있을 만큼의 사용료를 부과할 수 있다. 그러나 동시에 특허 제도는 독점 기간 동안 다른 사람이 그 새 지식을 이용해 또 다른 새로운 지식을 창출해 내는 것을 거의 불가능하게 만든다는 점에서 새 지식의 창조를 방해하는 걸림돌이 된다.

문제는 지식 생산에 가장 중요한 재료가 지식이라는 점이다. 따라서 연관 지식의 많은 수가 특허의 보호를 받고 있으면 새로운 지식을 개발하는 비용이 비싸진다. 황금쌀이 좋은 예다. 이 문제를 나는 '맞물린 특허interlocking patents'라고 부르고 저명한 경제학자 조지프 스티글리츠Joseph Stiglitz는

'특허 덤불patent thicket'이라 부른다.[3]

　맞물린 특허가 갑자기 새로운 문제로 등장한 것은 아니다. 19세가 중반 재봉틀 산업의 기술적 진보를 마비시킨 것도 이 맞물린 특허 문제였다. 당시 재봉틀 산업에서는 다들 특허권 침해로 서로를 고소하느라 바빴다. 연관성이 매우 높은 기술들이 많아서였고, 이로 인해 기술 발전이 가로막혀 있었다. 이 교착 상태를 해결하기 위해 1856년에 고안된 것이 '특허 풀patent pool'이었다. 재봉틀 산업 분야의 기업들이 핵심 기술에 대한 특허를 모두 공유해서 새로운 기술 개발에 집중할 수 있도록 하기 위해 나온 이 조치를 재봉틀 콤비네이션Sewing Machine Combination('재봉틀 트러스트'라고도 한다—옮긴이)이라고 부른다. 연관성이 강한 산업 분야에서 특허 풀을 운용한 예는 많다. DVD의 부호화와 압축 방식의 국제 표준인 엠펙2MPEG-2, 휴대전화의 전파 식별 태그인 RFID 등이 그 예다.

　어떨 때는 정부, 특히 미국 정부(특허권자의 권리를 옹호하기로 유명한 바로 그 미국 정부)가 개입해서 특허 풀을 만들기도 했다. 1917년 공중전이 강화된 1차 세계대전 참전 준비를 하면서 미국 정부는 당시 2개의 최대 항공기 제조업체인 라이트Wright Company(라이트 형제가 설립한 회사)와 커티스Curtiss를 포함한 항공 산업 부문에서 특허 풀을 만들 것을 '권장'(이라고 쓰고 '강요'라고 읽는다)했다. 1960년대에는 이미 반도체 초기 연구에 거의 전적으로 돈을 댄 미 해군이 당시 반도체 생산을 이끌던 텍사스 인스트루먼츠Texas Instruments와 페어차일드Fairchild 사이의 특허 풀을 명령했다.

황금쌀의 경우에서 잘 볼 수 있듯이(쌀 한 톨에 70가지가 넘는 특허가 들어 있다니!) 맞물린 특허의 문제는 최근 들어 더 많은 종류의 지식, 심지어 유전자 수준까지 파고 들어가는 지식이 특허로 보호받게 되면서 더 심각해지고 있다. 이제는 과학자가 중요한 기술적 진보를 일구어 내려면 변호사 부대가 선봉대로 나서서 특허 덤불을 헤쳐 나가며 길을 터 주지 않으면 안 되게 되었다. 한때 기술 혁신의 강력한 촉매가 되었던 특허 제도가 이제는 큰 방해물이 되고 만 것이다. 우리는 이를 개선하지 않으면 안 된다.

특허 제도, 어떻게 개선하면 좋을까

현재의 특허 제도를 개선하는 방법 중 하나는 모든 특허에 대한 특허 기간을 단축하는 것이다. 18세기 말 유럽에서 처음 도입되었을 때만 해도 특허는 14년 동안 보장되었다(당시 도제 기간의 2배). 현재 특허 보호 기간은 20년이고, 제약 부문은 임상 실험에 필요한 기간과 시험에 사용된 데이터 보호를 이유로 8년을 추가로 보호받는다. 20년 또는 28년이 최적의 기간이라는 경제 이론은 없다. 20년이 14년보다 또는 10년보다 더 낫다는 것을 입증하는 이론 또한 없다. 특허 보호 기간을 줄이면 지식이 더 빨리 공공 영역으로 나오게 되어서 특허라는 양날의 칼 중 혁신을 방해하는 쪽의 날을 좀 더 무디게 할 수 있을 것이다.

특허 제도가 지식 발전을 막는 문제를 개선할 수 있는 또 다른 방법은 포상 제도를 이용하는 것이다. 기술을 개발한 사람에게 추정되는 효용에 비례하는 일회성 보상을 주어서 새로운 기술이 나오자마자 공공 재산으로 만드는 방법이다. 포상 제도는 인류 역사상 가장 중요한 몇몇 발명에 사용되어 큰 효과를 거두었다. 1760년대에 존 해리슨John Harrison이 항해용 시계인 마린 크로노미터marine chronometer(경선의)를 발명해 바다 위에서 경도를 측정할 수 있게 되자 정확한 선박 운항이 가능해졌다. 이 발명은 부분적으로 영국 의회가 1714년에 2만 파운드의 상금을 내걸고 공개 모집을 한 덕분에 나온 것이다.[4] 1809년 프랑스의 제과업자이자 양조업자인 니콜라 아페르Nicolas Appert가 '통조림' 기술을 발명했다(실은 깡통이 아니라 유리병을 사용했으므로 '병조림' 기술이라고 해야 더 맞다. 깡통을 사용한 통조림은 나중에 나왔다. '8장 소고기' 참조). 이는 군인들에게 제대로 된 식사를 제공하고 싶었던 나폴레옹이 상금을 약속하고 공모한 후 나온 발명품이다. "군대는 밥심으로 진군한다"라는 유명한 말을 남긴 것이 나폴레옹이라는 설도 있다(비록 프로이센왕국의 프리드리히 대왕이 한 말일 확률이 높지만).

기술 발전이 매우 빨리 이루어지는 분야에서는 현실적으로 포상 제도가 혁신가들에게 더 큰 이익이 될 수 있고, 결과적으로 혁신을 위한 동기 부여가 더 커질 수 있다. 자기 기술보다 더 나은 기술이 금방 나와서 자기 기술을 따라잡고, 기술을 팔 시장을 파괴해 버릴 걱정이 없기 때문이다. 더 나은 기술이 나온 후에도 특허권으로 독점권을 보장받기는 하겠지만 아무 가치도 없는 기술에 대한 독점은 아무 가치가 없다.

또는 그 기술이 공공 목적의 기술 개발에 필요하다고 간주되면 국제 협정을 통해 특허권 보유자들이 가격을 인하하게 하는 방법도 있다. 황금쌀의 경우 신젠타는 2001년 그 기술을 사들인 직후 자발적으로 상업화 노력을 중단했다. 2021년 가을 이 글을 쓰는 지금 제약 회사들이 특허를 가진 코로나19에 관해 특허를 낸 백신과 치료제를 싼 가격 또는 무료로 개발도상국들에 제공해야 한다는 논쟁이 계속되고 있다. 이와 비슷한 이유로 기후 위기를 감안할 때 재생 에너지를 비롯해 기후 변화에 적응하는 데 유용한 기술들(예를 들어 소금물의 담수화 기술 등)에도 위와 같은 기준을 적용해야 한다는 주장이 힘을 얻고 있다. 개발도상국들은 적어도 우리에게 주어진 제한된 시간 내에 그런 기술을 개발할 능력이 부족한 것이 현실이다.

* * *

모든 제도와 마찬가지로 특허 제도 또한 그 제도로 얻는 것이 잃는 것보다 많기 때문에 사용해 왔다. 하지만 얻는 것이 잃는 것보다 더 이상 많지 않게 되면 제도를 수정하는 것이 옳다. 수정한 형태가 처음에는 낯설고 이상해 보일지라도 말이다. 결국 우리가 주황색 당근을 먹을 수 있는 것은 17세기 네덜란드의 누군가가 당근이 주황색이 될 수도 있다는 낯설고 이상한 아이디어를 떠올린 덕분 아닌가.

3부

전 세계가 더 잘살기

8장

소고기
Beef

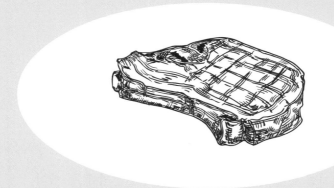

칠리 콘 카르네 | 멕시코

소고기(또는 칠면조고기나 대체 육류)를
토마토, 고추, 강낭콩, 초콜릿과 함께 끓여
스튜처럼 만든 음식

축구도 잘하고 소도 잘 키우는 나라는?

세계에서 축구를 제일 잘하는 나라는?

아마 브라질이라고 답하는 사람이 많을 것이다. 월드컵을 차지한 횟수가 5번으로 우승을 가장 많이 한 나라기 때문이다. 하지만 이탈리아는? 월드컵 우승은 4번밖에 못 했지만 인구가 브라질의 3분의 1도 되지 않는(6100만 명 대 2억 1200만 명) 나라 아닌가?*

하지만 이탈리아도 아니다. 정답은 우루과이다.

우루과이? 그렇다. 적어도 축구에서는 루이스 수아레스

---

* 독일 역시 월드컵 우승을 4번 했다. 그러나 이탈리아를 더 우위에 놓을 수밖에 없는 건 2014년 네 번째 우승 당시 독일의 인구가 이탈리아보다 상당히 많았기 때문이다(8000만 명이 넘었다). 이전 3번의 우승(1954, 1974, 1990년)은 통일 전 서독으로 출전한 것이어서 이탈리아와 인구가 비슷했다.

의 조국으로 알려진 바로 그 우루과이 말이다. 그런데 수아레스는 뛰어난 축구 선수지만 기이하게도 다른 선수들을 물어뜯는 것으로 악명이 높다.

우루과이는 인구가 350만 명밖에 되지 않지만 월드컵 우승을 2번이나 했다. 1930년 사상 첫 월드컵 경기를 수도인 몬테비데오에서 개최하고 그해 우승컵을 거머쥐었다. 그리고 1950년 당시 브라질 수도였던 리우데자네이루에서 열린 대회에서 홈팀인 브라질을 꺾고 다시 한 번 우승해 축구 역사상 최대의 이변을 기록했다. 우루과이가 브라질 규모의 인구를 가졌다면 월드컵을 2번이 아니라 121번 가져갔을 것이다. 지금까지 개최된 월드컵 대회보다 100번쯤 많은 숫자다.

첫 번째 우승이 거의 1세기 이전의 일이고 두 번째 우승마저 두 세대 전이기는 하지만 그렇게 작은 나라가 월드컵 우승을 두 차례나 했다는 것은 실로 놀라운 성과다(그러니 영국의 축구 팬들은 너무 상심하지 않길 바란다. 마지막 우승이 영국보다 더 오래된 과거의 기억인 나라도 있으니.)

놀라운 성취인 것은 사실이지만 우루과이가 뛰어난 성적을 보인 것은 축구에서만은 아니다. 정치 면에서나 인권 보호 면에서도 우루과이는 뛰어난 성적을 보였다. 1912년 우루과이는 중남미에서 최초로 특정 이유 없이 여성이 이혼 신청을 할 권리를 인정했다. 여성 참정권 허용도 매우 빨라서 1917년에 이루어졌고, 2013년에는 마리화나를 합법화한 최초의 나라가 되기도 했다.*

축구나 정치, 인권 문제보다 어쩌면 덜 화려할지 모르지만 우루과이가 세계 선두를 달리는 또 다른 분야는 소고기beef 산업 부문이다. 현재 이 나라는 (인간) 1인당 소의 숫자가 가장 많다.[1] 양뿐 아니라 질에서도 뛰어나다—우루과이는 모든 소를 한 마리도 빠짐없이 추적 가능하도록 한 세계 최초의 국가다(2004년).** 역사적으로 우루과이는 소고기 추출물extract을 세계에서 처음으로 대량 생산했다. 초기에 판매된 소고기 추출물은 육수를 진해질 때까지 졸여 만든 농축액 형태여서 '액체 소고기liquid beef'라고 알려졌지만 후에는 옥소Oxo라는 브랜드명으로 잘 알려진 고체형 소고기 추출물로 변신했다.

---

* 그러나 이 나라가 늘 천사처럼 선량했다는 그릇된 인상을 심어 주고 싶지는 않다. 1973년부터 1985년까지 잔혹한 군부 독재 정권이 우루과이를 지배했다. 2010년부터 2015년까지 대통령을 지낸 호세 무히카José Mujica는 군부 독재 기간 대부분을 감옥에서 보냈다.

** 그렇다고 해서 우루과이 소고기가 세계 최고로 맛있다는 건 아니다. 많이 먹어 보진 않았지만 아르헨티나 소고기도 우루과이 소고기보다 더 맛있다고까지는 아니지만 적어도 그만큼 맛있었다. 그에 더해 나는 브라질식으로 자른 우둔 부위(소 볼기 부위)인 피카냐picanha에 좀 애착이 있는 편이다.

서민들의 식탁을 책임진 소고기 큐브와 콘비프 통조림

1847년 식물 영양소 연구로 잘 알려진 동시에 유기화학의 창시자 중 한 사람으로 간주되는 독일의 과학자 유스투스 폰 리비히Justus von Liebig가 소고기 추출물을 발명했다. 리비히는 소고기 추출물이 진짜 고기를 먹을 돈이 없는 가난한 사람들에게 영양소를 공급할 수 있는 좋은 수단이라 생각했다. 그러나 불행하게도 원자재 가격이 너무 비싸서 대부분의 사람이 구매할 수 있을 정도로 가격을 낮추기가 불가능했고, 그래서 그 후 15년가량은 호기심을 자극하는 음식 재료로 소량 생산되었다.

그러던 중 1862년 우루과이에서 일하던 젊은 독일 철도 엔지니어 게오르그 크리스티안 기베르트Georg Christian Giebert가 리비히의 발명에 관한 소식을 접했다. 기베르트는 리비히의 추출물을 우루과이에서 생산하자고 제안했다. 당시 우루과이에서는(아르헨티나 브라질과 마찬가지로) 소고기가 가죽 산업의 부산물에 불과했기에 엄청 쌌다─유럽과 북아메리카 등지의 시장으로 소고기를 수출하는 것이 불가능했기 때문이다.***

*** 냉동선은 1870년대에 발명되었지만 20세기에 들어선 후에야 대량으로 운행되기 시작했다.

1865년 리비히스 익스트랙트 오브 미트 컴퍼니Liebig's Extract of Meat Company, 줄여서 렘코LEMCO가 설립되었다. 생산 시설은 우루과이의 프라이벤토스Fray Bentos라는 도시에 건설 되었다. 프라이벤토스는 근처 동굴에서 은둔 생활을 했다고 전해지는 베네딕트회 수도사의 이름을 딴 도시다('프라이'는 스페인어로 수도사라는 뜻이다-옮긴이).[2] 프라이벤토스 공장이 갖춘 연구 개발R&D 실험실은 화학 산업 부문의 거물인 독일 의 바스프('4장 멸치' 참조)처럼 당시 기술적으로 가장 앞선 기 업들만 보유한 시설이었다. 이 실험실에서는 과학적 지식을 적용해 상업성이 있는 상품과 생산 기술을 개발하는 일을 했 다.[3] 이후 유럽, 남아메리카, 아프리카 등 세계 여러 나라에 지 부를 설립한 렘코를 최초의 다국적 식품 회사로 간주하는 역 사학자가 많다(다국적 기업에 관해서는 '9장 바나나' 참조).

렘코가 상상력을 총동원해서 첫 소고기 추출물 제품에 붙인 이름은 '렘코Lemco'였다.(아이고!) 인류가 상업 활동을 시작한 이래로 역사상 가장 시시한 이름을 가졌음에도 불구 하고 이 제품은 전 세계적으로 크게 히트를 쳤다. 렘코 덕분 에 맛있는 소고기 육수를 편하고 쉽게 만드는 것이 가능해졌 다. 육수를 뽑는 과정에서 대부분의 단백질과 지방을 잃게 되 고, 그와 함께 대부분의 영양소도 빠져나가 버리기 때문에 리 비히가 꿈꾸었던 값싼 영양 공급원의 역할을 하지는 못했지만 말이다.[4] 소고기 추출물은 1908년 사용이 더 편리해진 완전 건조한 고체 큐브cube(육면체) 모양으로 제작되었고 '옥소'라는 이름이 붙었다.

소고기 추출물로 큰 성공을 맛본 렘코는 또 하나의 세계적인 히트 상품을 내놓았다. 바로 1873년부터 생산하기 시작한 콘비프corn beef 또는 콘드비프corned beef 통조림이다.

소고기를 소금에 절여 보존한 콘비프는 유럽에서 적어도 수백 년 동안 먹어 오던 식품이었다. 그러나 렘코는 값싼 재료와 보존 기술을 결합해서 훨씬 더 많은 사람이 이 음식을 사먹는 것을 가능하게 만들었다. 저렴한 우루과이 소고기 중에서도 원래 '정식' 레시피에서 사용하는 양지머리 대신 더 싼 부위의 고기를 갈아서(아마 더 싼 부위라는 사실을 감추기 위해 갈았을 것이다) 만들었기 때문에 생산비가 더 싸졌다. 렘코는 통조림 제조 방식을 사용해 원래의 소금 절임(염장) 방식보다 소고기를 훨씬 더 오래 보존해 더 먼 곳까지 수출할 수 있게 되었다.

옥소 큐브와 콘비프 통조림은 "이전까지는 육류가 사치품이었던 유럽 전역의 노동자 계급에 없어서는 안 될 주된 식료품이 되었다. 이 두 제품은 보어전쟁(1차 1880~1881년, 2차 1899~1902년. 영국과 남아프리카공화국의 네덜란드계 보어족 간 전쟁-옮긴이)에 참전한 영국군, 그리고 1차 세계대전 중 영국과 독일 양 진영 군인들 모두에게 저렴하고 오래가고 수송과 휴대가 간편한 음식이 되어 주었고, 로버트 팰컨 스콧Robert Falcon Scott과 어니스트 섀클턴Ernest Shackleton 같은 극지 탐험가들에게도 큰 도움이 되었다." 유네스코 세계 유산으로 지정된 프라이벤토스*에 관해 BBC 프로그램을 통해 소개한 다채로운 수상 경력의 여행 작가 샤피크 메지Shafik Meghji의 말이다.[5] 그 후 2차 세계대전 동안 콘비프는 영국군뿐 아니라 민간인에게도 중요한 단백질 공급원 역할을 했다. 대서양 전투가 절정에 달해 미국에서 영국(과 소련)으로 가는 식료품 공급 선박이 독일의 U보트에 상당수 침몰당한 1942년 4월부터 이른바 해독 불가능이라는 명성을 누리던 독일 해군의 암호기 에니그마Enigma의 암호를 영국이 해독해 낸 9월까지 콘비프 통조림은 영국 육류 배급의 7분의 1을 차지했다.[6]

◆   1924년 프라이벤토스에 있던 렘코의 생산 시설은 영국의 베스티 그룹 Vestey Group에 넘어가 프리고리피코 앵글로 델 우루과이Frigorífico Anglo del Uruguay(약칭 '엘 앵글로')로 개명했다. 프리고리피코가 '냉장고'라는 의미의 스페인어라는 점을 감안하면 이즈음에는 이미 많은 양의 냉장, 냉동 소고기를 수출하고 있었다는 사실을 알 수 있다. 엘 앵글로는 1960년대까지 세계 식품 산업을 주름 잡았지만 이후 사양길에 접어들었다. 1979년에 영업을 종료한 프라이벤토스 소재 엘 앵글로의 공장, 실험실, 사무실, 기숙사 등은 2015년 유네스코 세계 유산으로 등재되었다.

콘비프에는 왜 옥수수가 들어가 있지 않을까

콘비프는 콘, 즉 요즘 사람들이 대부분 옥수수라고 생각하는 곡물이 들어가서 그런 이름이 붙은 게 아니다. 콘이 옥수수만을 의미하게 된 것은 상대적으로 새로운 미국식 영어에서다. 더 오래된 영국식 영어에서 콘은 옥수수뿐 아니라 모든 종류의 '곡물'을 의미했다.** '콘비프'라는 이름은 곡물 알갱이처럼 보이는 굵은 소금을 쓰던 당시의 저장 방법에서 유래한 것이다. 요즘은 보통 소금물을 사용한다.

생각해 보면 대부분의 영국 사람은 '콘'의 옛 의미를 적용한 표현을 자주 접해 왔음을 깨달을 것이다. 많은 영국인이 '콘 익스체인지Corn Exchange'(곡물 거래소)라는 건물이 있는 도시에 산다. 옛날에 곡물 시장이 열렸던 곳이다(미국에서는 그런 건물을 '그레인 익스체인지Grain Exchange'라고 부른다). 상당수 영국인은 중고등학교 때 곡물법이라는 의미의 '콘 로스Corn Laws'에 관해 배운 기억이 있을 것이다.

영국의 이 곡물법은 국내 곡물 생산자들을 보호하기 위해 1815년에 제정되어 수입 곡물에 대해 관세를 매기거나 더

** '콘'이라는 단어의 의미가 변화하면서 엄청난 혼란이 생겼다. 인터넷에서도 찾아볼 수 있는 18세기 소설《로빈슨 크루소》의 삽화 중에는 주인공이 옥수수를 줄지어 심어 놓은 그림들이 있다. 사실 크루소가 심었다고 언급한 '콘'은 쌀과 보리다(로빈슨 크루소의 식생활에 대한 자세한 내용은 '3장 코코넛' 참조).

싼 외국 곡물의 수입을 금지했다. 영국에서 제정된 곡물법은 15세기부터 무척 많았지만 1815년 제정된 곡물법은 특히 논란의 대상이 되었다. 제조업 부문이 빠르게 확장하고, 그 결과 도시 인구가 급속도로 증가하는 산업 혁명의 여명기에 도입되었기 때문이다. 공장 노동자, 사무원, 상점 주인, 자본가 등 도시 거주자들은 곡물을 기르는 대신 사서 먹어야 했으므로 곡물법을 극렬히 반대했다.

곡물법을 비판하는 사람들은 이런 법이 없으면 영국이 더 저렴한 외국산 곡물을 수입해서 도시 주민, 그리고 농촌에 살지만 땅을 소유하지 않아 양식을 사 먹어야 하는 농업 노동자를 포함한 시골 주민까지 더 싸게 먹일 수 있을 것이라 주장했다. 식비가 내려가면 자본가들은 고용인들의 임금을 낮추고 제조업에 대한 투자를 늘릴 수 있어서 더 큰 이윤을 거둘 것이며, 결국 나라의 번영을 촉진할 것이라는 지적도 함께 나왔다. 곡물법이 없으면 농지를 보유한 지주들의 임대료 수입이 낮아지고 곡물을 기르는 농업 자본가들의 이윤이 낮아지겠지만 나라 전체로 봐서는 이익이라는 것이 곡물법 반대론자들의 논지였다.

유명한 곡물법 반대 연맹Anti-Corn Law League이 1838년 리처드 코브던Richard Cobden과 존 브라이트John Bright라는 두 의원에 의해 결성되었다. 두 사람은 열성적인 경제 자유화론자

로 명성이 자자했던 마거릿 대처 총리가 정치적으로 존경한
다고 꼽은 이들이다.[7] 산업 혁명 덕분에 숫자와 힘이 늘어나
던 비농업 세력의 지지를 등에 업은 곡물법 반대 연맹은 매우
효과적인 캠페인을 벌여 마침내 1846년 곡물법을 폐지하는
데 성공했다.[8]

불평등 조약과 식민 지배가 강제한 자유 무역

20세기 자유 시장 경제학자 중 가장 잘 알려진 인물인 밀
턴 프리드먼은 아내 로즈 프리드먼과 함께 집필해 세계적으
로 엄청난 영향을 끼친 《선택할 자유》에서, 곡물법 폐지가
"산업과 교역에 대한 정부의 규제를 종식시키는 전쟁"에서
거둔 "최후의 승리"라고 묘사했다. 그의 말을 빌리자면 곡물
법 폐지와 함께 "1차 세계대전이 발발하기 전까지 약 75년여
에 걸친 완벽한 자유 무역의 시대가 열렸고, 그보다 수십 년
전에 시작된 극도로 제한된 역할만을 수행하는 정부 형태로
의 이전 과정이 마무리되었다."[9] 자본주의의 역사에 대한 현
주류의 시각에 따르면 이러한 '자유주의적' 국제 경제 질서는
영국의 주도로 자유 무역과 자본의 자유로운 이동을 기본으
로 구축되었고, 그 결과 선례를 찾을 수 없는 세계적인 번영의
기간이 도래했다고 한다. 애석하게도 두 차례에 걸친 세계대

전과 대공황으로 인한 경제, 정치 불안으로 이 번영은 끝나고 말았지만 말이다.[10]

그러나 모든 '기원 설화'가 그렇듯 자유 무역의 기원 설화 역시 오류와 신화가 넘쳐난다. 프리드먼이 비생산적이라고 맹렬히 비난하는 '무역과 산업에 대한 정부 규제'의 많은 수가 애초에 영국이 자유 무역 정책을 취하기 전까지 영국 제조업 부문을 세계 1위로 끌어올린 동력이었다는 사실은 잠시 접어 두자('5장 새우' 참조).* 곡물법을 폐지한 후에도 영국이 자유 무역 체제로 완전히 이행하지 않았다는 '사소한 사실' 또한 잠시 접어 두자. 1848년 당시 여전히 1100가지 품목에 관세가 부과되고 있었다(그중 많은 수가 매우 높은 수준이었다). 영국을 진정한 자유 무역 국가로 부를 수 있게 된 것은 50가지 미만의 품목에만 관세를 부과한 1860년에 들어선 후였다.[11]

이 2가지 '불편한 진실'을 무시한다 하더라도 자유 무역의 창조 신화에는 여기저기 큰 허점이 너무나 많다. 영국은 자유 무역을 최초로 실행에 옮긴 나라도 아니다. 그 명예는 사실 영국보다 적어도 몇십 년 전인 1810년대부터 1830년대

＊　1860년 영국은 전 세계 제조업 생산물의 20퍼센트를 생산해 낸 반면, 1870년에는 세계적으로 교역된 제조업 생산물의 46퍼센트가 영국산이었다.

사이에 자유 무역 정책을 채택한 남아메리카 국가들에 돌아
가야 한다.[12]

남아메리카 국가들이 자유 무역 정책의 선구자일지는 모
르지만 그들의 '자유' 무역 정책은 '자유 의지'로 실시된 것이
아니었다. 19세기 초반에 스페인과 포르투갈의 식민 지배를
벗어난 후 이 나라들은 영국이 이끄는 유럽 강국들의 압력을
받아 후대에 '불평등 조약unequal treaty'이라고 불리게 되는 협
정에 서명해야 했다. 이 조약들에서는 다른 무엇보다** 자체
적으로 관세를 부과할 수 있는 '관세 자율권tariff autonomy'을
약한 나라들로부터 빼앗아 자유 무역을 하지 않을 수 없게 만
들었다. 아주 낮은 단일 관세율―보통 5퍼센트였지만 경우
에 따라서는 3퍼센트까지 내려간 경우도 있었다―을 적용
하는 것만을 허용해 정부가 작은 세수는 거둘 수 있지만 국제
교역의 흐름에 영향을 줄 수는 없도록 했다.

1830년대부터는 아직 식민지화되지 않고 독립 정부를

** 이 '다른 무엇' 중에서 가장 중요한 것은 '치외법권extraterritoriality'이었
다. 이는 강한 나라의 시민이 약한 나라의 법정에서 재판을 받을 수 없도록 한
것으로, 약한 나라의 법 체계가 더 '발전한' 나라의 국민을 심판하기에는 너무
질이 낮다는 것이 이유였다. 이 조약들에는 또 강한 나라의 개인과 기업이 약한
나라의 천연자원을 헐값에 착취할 수 있도록 하는 조항(채굴권, 벌목권)도 포함
되어 있었다.

유지하고 있던 튀르키예(당시 오스만제국). 태국(당시 시암),
이란(당시 페르시아), 중국 등의 다른 약국들도 강제로 불평등
조약을 맺고 자유 무역 국가 대열에 합류했다. 일본도 1853년
미 해군 페리 제독의 '함포 외교'로 강제 개국을 한 후 불평등
조약들을 맺다. 이 조약들이 모두 만기가 된 1910년대에 들
어선 후 일본은 재빨리 자유 무역을 포기하고 산업 관세를 평
균 30퍼센트로 올렸다. 이제 막 걸음마를 떼기 시작한 자국
의 산업을 우월한 외국 업체들과의 경쟁에서 보호하기 위해
서였다('5장 새우' 참조). 중남미 국가들도 불평등 조약들이
1870년대와 1880년대에 만료되자마자 이미 일본과 같은 조
치를 취한 상태였다.

19세기부터 20세기 초반까지 강제 자유 무역이 전 세계
적으로 확산되고 있었지만 유럽 대륙(네덜란드와 스위스 제외)
과 북아메리카 국가들 사이에서는 보호 무역이 일반적이었
다.[13] 이 면에서 미국은 특히 죄가 크다―1830년대부터 2차
세계대전 사이 기간 동안 미국의 평균 관세율은 35~50퍼센
트에 달해서 이 시기 대부분의 기간 동안 세계에서 가장 강한
보호주의를 실시한 국가였다.

따라서 프리드먼이 '완벽한 자유 무역이 행해진 75년'이
라고 묘사한 기간은 우리가 상식적으로 이해하는 '자유' 무역
이 아니었음을 알 수 있다. 자국의 무역 정책을 선택할 수 있

는 상황이었던 유럽과 북아메리카 20~30개국 중 소수의 국가(영국, 네덜란드, 스위스)만이 자유 무역을 실천하고 있었다. 괄호 안에서 언급한 소수의 나라를 제외하고 그 기간에 자유 무역을 했던 나라는 모두 자유롭게 선택해서가 아니라 강제로 하는 수 없이 한 나라들이다. 아시아와 중남미의 약한 나라들처럼 불평등 조약에 묶여서였거나, 아시아와 아프리카의 식민지들처럼 유럽의 식민 지배 국가와 강제로 자유 무역을 한 경우들이었다.

국제 무역에서 여전히 존재하는 힘의 불균형

자유 무역을 지지하는 사람들에게는 다행스럽게도, 현재의 국제 무역 체제는 더 이상 이런 종류의 '자유롭지 못한 자유 무역'으로 얼룩져 있지 않다. 불평등 조약은 모두 늦어도 1950년대에 만기가 되었다. 1980년대에 접어들 무렵에는 인구가 비교적 많은 나라 대부분이 식민 지배를 벗어났다. 비록 놀라울 정도로 많은 지역(약 60개)이 여전히 식민 지배를 받고 있지만 말이다.[14] 가장 중요한 것은 1995년 이후 세계무역기구WTO가 국제 무역을 관장하기 시작했다는 사실이다. 세계무역기구는 군사력이나 경제력이 더 큰 나라들의 발언권이 더 센 나머지 국제기구들과 달리 모든 회원국이 평등한 투표권을 행사할 수 있다.*

　　이 모든 상황 변화에도 불구하고 여전히 국제 무역에서 힘의 불균형이 존재하지 않는다고는 말할 수 없다. 과거에 했던 것처럼 노골적이고 잔혹하게 힘을 행사하지는 않지만 강한 나라들은 여전히 자국의 이익을 보호하기 위해 국제 무역 체제에 영향력을 행사한다.

　　우선 세계무역기구의 규칙을 정하는 초기 협상 단계에서부터 강대국들은 규칙 자체가 자국에 유리하게 만들어질 수 있도록 아젠다를 조정했다. 예를 들어 세계무역기구는 제조업체들에 비해 농산물 생산업자들을 보호하는 무역 정책이나 보조금 등에 대한 규제를 훨씬 덜 한다. 그 이유를 짐작하기는 어렵지 않다. 상대적으로 볼 때 부자 나라들은 농업 부문이 약하고, 가난한 나라들은 제조업 부문이 약하기 때문이다. 자국 영토 내에서 영업하는 다국적 기업에 대한 정부의 권한을 제한하는 세계무역기구의 규칙은 또 어떤가. 세계무

---

*　　유엔에서는 안보리 상임이사국에 속한 5개국(미국, 영국, 프랑스, 러시아, 중국)이 거부권을 행사할 수 있다. 세계은행과 국제통화기금IMF에서 개별 국가의 투표권은 지불한 자본금과 긴밀한 연관이 있어서 부자 나라들이 훨씬 더 큰 힘을 가진다. 그 결과 부자 나라들이 과반수의 투표권을 장악하고 있으며, 특히 미국은 18퍼센트의 표를 행사할 수 있어서 85퍼센트의 찬성이 필요한 중요 결정 사항에 대해 사실상 거부권을 행사할 수 있다.

역기구는 '국산 부품 사용 요건local content requirement'(정부가 다국적 기업들에 수입품이 아니라 국산품으로 일정 비율 이상의 부품을 사라고 요구하는 것. '6장 국수' '9장 바나나' 참조)을 금지했다. 다국적 기업들이 부자 나라의 기업인 경우가 많다는 점을 감안하면 이 규칙은 부자 나라에 훨씬 큰 혜택을 가져다준다. 이런 예들만 봐도 모든 나라가 같은 규칙을 따른다 하더라도 힘이 더 센 나라는 구조적으로 얻는 혜택이 더 크다는 것을 알 수 있다. 애초에 규칙 자체를 자국에 유리하도록 만들어놓았기 때문이다.

게다가 종이에 쓰인 규칙과 그 규칙이 실제로 어떻게 적용되는지가 다른 경우도 있다. 세계무역기구의 관세에 관한 규칙이 그렇다. 이 규칙은 사실 개발도상국들에 더 높은 관세율을 허용하기 때문에 가난한 나라에 더 유리하도록 만들어져 있기는 하다. 그러나 실제로는 이 규칙으로 혜택을 보는 개도국은 그다지 많지 않다. 부자 나라들이 힘을 행사해서 개도국들에 허용된 관세율을 완전히 적용하지 못하게 막기 때문이다. 보통 재정적 힘을 이용하는 경우가 많은데, 부자 나라들은 개도국에 대한 재정 지원의 중요 조건으로 무역 자유화를 내걸곤 한다―부자 나라가 직접 제공하는 양자 간 '대외 원조'뿐 아니라, 세계은행이나 국제통화기금 등의 다자간 금융 기구들을 통해 지불되는 차관을 제어하는 장본인들 또한 바로 부자 나라들이기 때문이다(172쪽 각주 참조).

어떨 때는 '소프트 파워'를 사용하기도 한다. 더 학술적인 용어를 동원하자면 '관념의 힘으로 영향력을 행사하는 방법'으로 학계, 국제 언론, 정책 싱크 탱크 등을 통해 개발도상국들 스스로 자유 무역이 자국에 좋은 것이라 생각하도록 설득하는 것이다. 그 결과 세계무역기구의 규칙으로는 20퍼센트, 심지어 나라에 따라 30퍼센트까지 관세를 매길 수 있음에도 불구하고 요즘 개발도상국들이 실제로 적용하는 산업 관세율은 평균 10퍼센트에 불과하다. 의지에 반하는 뭔가를 강제로 하도록 하는 것만 힘이 아님을 보여 주는 좋은 예다.

힘은 보복이 두려워서 자기에게 이익이 되는 일을 하지 못하게 만들기도 하고, 그것이 자기 이익에 반한다고 믿도록 만들기도 한다.

*　　*　　*

소고기에 대한 인간의 그칠 줄 모르는 식욕과 보존 기술(추출, 통조림, 냉장) 덕분에 소고기는 지난 한 세기 반에 걸쳐 전 세계를 정복했다.

솔직한 논평으로 이름난 환경과학자 바츨라프 스밀Vaclav Smil은 이토록 대단한 소고기의 위력 덕분에 지구는 "소를 위

한 행성"이 되었다고 말한다.* 소고기 산업은 온실가스, 삼림
파괴, 엄청난 물 사용 등으로 막대한 환경 부담이 되고 있고
('5장 새우' '14장 라임' 참조),[15] 소고기는 인간 식생활에서 너무
나 큰 부분을 차지하게 되었다. 그래서 인류 사회와 경제에서
육류가 차지하는 역할을 이야기할 때 긍정적으로든 부정적
으로든 소고기 이야기를 하지 않을 수 없다.

이와 마찬가지로 자본주의가 발달하고 그와 함께 등장
한 자유 시장, 자유 무역 경제학 이데올로기가 힘을 얻으면서
'자유'는 우리가 사회와 경제를 생각하는 방법의 틀에 막대한
영향을 끼치는 개념이 되었다. '자유'라는 단어가 들어 있는
생각은 모두 좋은 것으로 간주된다—자유 무역, 자유 시장,
언론의 자유, 출판의 자유, 자유의 투사 등 모두. 그리고 이것
들에 반하는 건 무엇이든 원시적이고 억압적이며 구시대적
인 것으로 여겨진다.

그러나 다양한 개념의 자유가 존재하는데, 그 모든 자유
가 논란의 여지 없이 모든 사람에게 좋은 것인 양 받아들여서

＊　《숫자는 어떻게 진실을 말하는가Numbers Don't Lie: 71 Stories to Help Us
Understand the Modern World》의 '소를 위한 행성'이란 장에서 스밀은 지구상에
사는 소의 동물량zoomass이 인류의 1.5배, 코끼리의 200배에 달한다고 계산
했다.

는 안 된다('2장 오크라' 참조). 자유 무역에서 '자유'라는 개념
은 국경을 넘어 이루어지는 거래가 해당 정부의 규제(예를 들
어 수입 금지 조치)나 세금(예를 들어 관세)으로부터 자유롭다
는 의미다. 그 이상도 그 이하도 아니다. 바로 이 때문에 자유
무역 1기(19세기와 20세기 초)에 '자유' 무역은 거의 전적으로
'자유롭지 못한' 나라들, 다시 말해 식민주의와 불평등 조약
등으로 자국의 미래를 결정할 권리를 박탈당한 나라들에서
만 행해졌다. 국가들 사이에 형식적인 평등이 존재하는 상황
인 현재의 자유 무역 2기에서조차 자유 무역은 모든 당사자
에게 평등하게 혜택을 주지 못한다. 국제 무역의 규칙이 강한
나라들에 의해 그들의 이익을 보호하도록 만들어지고 시행
되고 있기 때문이다.

　국제 무역에 존재하는 힘의 불균형을 이해하고, '자유'라
는 휘황찬란한 단어에 눈이 멀지 않을 수 있을 때야 비로소
우리는 자유 무역처럼 논란의 여지 없이 모든 이에게 좋은 거
라고 여겨지는 것을 두고 왜 그토록 많은 논쟁과 갈등이 있는
지 이해할 수 있을 것이다.

9장

바나나
Banana

엘비스 샌드위치 | 미국

구운 빵에 땅콩버터를 바르고
바나나를 썰어 얹은 다음 꿀을 뿌린 샌드위치

저자 가족 버전

'킹' 엘비스가 사랑한 바나나 샌드위치

레시피를 만들었다고 알려진 사람의 이름을 딴(또는 땄다고 전해지는) 요리는 참 많다. 동파육, 시저 샐러드, 나초스(나초) 등이 그 예다.* 또는 그 사람을 위해 요리가 발명되거나 헌정된 경우도 있다. 비프 웰링턴, 마르게리타 피자, 피치 멜바에 그런 이름이 붙여진 연유다.**

그러나 그 음식을 좋아한 팬의 이름을 딴 요리가 있으니 바로 엘비스 샌드위치Elvis sandwich다. 엘비스 샌드위치, 흔히들 그냥 엘비스라고도 부르는 이 음식은 바나나banana와 땅

---

* 동파육東坡肉은 11세기 중국 시인 소동파蘇東坡, 시저 샐러드Caesar salad는 20세기 초 이탈리아계 미국인 셰프 체사레 카르디니Cesare Cardini, 나초스 Nachos는 20세기 중반 멕시코 셰프 이그나시오 '나초' 아나야Ignacio 'Nacho' Ananya의 이름을 딴 것이다.

콩버터를 넣은 샌드위치로, 베이컨을 넣는 경우도 많고 꿀이나 젤리***를 곁들이는 사람도 있는데, '킹'이라는 애칭으로도 불리는 전설적인 미국의 록 스타 엘비스 프레슬리가 사랑한 음식이었다고 한다. 프레슬리가 이 샌드위치를 늘 먹었기 때문에 사람들은 아예 음식에다 그의 이름을 붙여 주었다.

　나도 이 방면에서는 '킹'과 취향이 같다. 땅콩버터와 바나나에 꿀을 살짝 뿌려서 만든 샌드위치는 내 아내가 제일 좋아하는 아침 식사 메뉴 중 하나고, 나도 종종 함께 먹곤 한다. 달콤하고 부드러운 바나나의 맛과 고소하고 약간 짭짤한 땅콩버터 맛의 조합에는 거부하기 힘든 매력이 있다.

　바나나를 샌드위치 속으로 넣어 먹는 건 사실 그다지 흔한 방법은 아니다. 사람들은 바나나를 이용해 바나나 브레드나 바나나 머핀처럼 '달콤한 음식'이나 미국식 바나나 스플릿, 영국식 바노피 파이banoffee pie 등의 디저트를 만들곤 한

***　비프 웰링턴beef Wellington은 워털루전투에서 나폴레옹과 싸워 승리를 거둔 초대 웰링턴 공작Duke of Wellington 아서 웰즐리Arthur Wellesley, 마르게리타 피자pizza Margherita는 통일 이탈리아의 첫 여왕이었던 마르게리타 여왕Queen Margherita, 피치 멜바peach Melba는 19세기 말 오스트레일리아 소프라노인 넬리 멜바Nellie Melba의 이름을 땄다.

***　여기서 말하는 젤리는 젤라틴으로 만든 디저트가 아니라 과일의 섬유질과 씨를 모두 걸러낸 잼을 말한다.

다. 하지만 바나나는 주로 시리얼이나 요구르트 또는 아이스크림 위에 얹어 먹거나 그냥 껍질을 까서 바로 먹는 식의 '과일'로 먹는 경우가 대부분이다.(사실 따지고 보면 바나나도 결국 과일 아닌가?) 사과나 딸기처럼 말이다.

  하지만 그건 바나나를 생산하지 않는 나라에 사는 사람들에게만 해당하는 일이다. 바나나의 85퍼센트가 생산지인 남아시아, 동남아시아, 아프리카, 남아메리카, 카리브해 연안 지역에서 바로 소비된다는 추정이 나와 있다.[1] 물론 이 지역에서도 바나나를 과일로 먹지만 조리를 해서 먹는 경우가 더 많다. 삶거나 찌거나 볶거나 굽거나 베이크를 하는 방법으로 식사의 탄수화물 부문을 담당하든지 짭짤한 음식(특히 인도 남부)에 들어가는 채소 역할을 한다. 플랜틴 바나나라고 알려진 '요리용 바나나'만 조리하는 것이 아니다. '디저트 바나나 dessert banana'라고도 부르는 달콤한 바나나(바나나 산지가 아닌 곳에 사는 사람들 대부분이 생각하는 바나나. 국제적으로 교역되는 바나나의 95퍼센트가 '디저트 바나나'다[2]) 역시 조리해서 먹는 경우가 많다.* 사실 이 두 바나나가 같은 종의 다른 품종이라는 것을 생각하면 그다지 놀라운 일이 아니며, 바나나를 생산하는 지역 사람들은 많은 경우 두 종을 구분하지 않는다.[3] 바나나를 원료로 해서 맥주를 생산하는 아프리카 국가들도 많다. 우간다, 르완다, 카메룬 등의 농촌 지역에서는 바나나가

일일 열량 섭취의 25퍼센트까지 차지한다.[4]

노예 플랜테이션과 노예선의 식량으로 사용된 바나나

바나나는 원래 동남아시아에서 유래했는데 수천 년 전부터 작물로 재배되기 시작했을 것이라 추정된다.[5] 재배 작물로 만드는 과정에서 먹을 수 있는 부위를 더 많이 확보하기 위해 씨가 없는 변종이 선택되었고, 그 결과 바나나는 자연적으로 번식하는 능력을 잃었다. 재배용 바나나는 "성숙한 바나나의 알줄기(땅속줄기)에서 자라난 새순sucker(흡아)을 잘라 내 꺾꽂이를 해 주는" 인간의 개입 없이는 번식할 수가 없다.[6] 그

❖ 세계 각지에서 자라는 바나나 품종은 1000종이 넘지만 국제적으로 교역되는 바나나의 거의 전량(95퍼센트) 그리고 전 세계 바나나 생산량의 절반가량이 캐번디시Cavendish라는 품종이다. 1830년대 중반에 개발된 캐번디시종은 6대 데번셔 공작Duke of Devonshire 윌리엄 캐번디시William Cavendish의 이름을 땄다. 품종 개발은 캐번디시가 아니라 그의 친구이자 수석 정원사였던 조지프 팩스턴Joseph Paxton이었다. 그는 이 새 바나나 품종을 '무사 캐번디시Musa cavendishii'라 불렀다('무사Musa'는 다양한 바나나 종이 포함된 속이다). '삼척바나나'라고도 하는 이 품종이 영국 더비셔Derbyshire에 있는 대저택 채츠위스하우스Chatsworth House의 온실에서 개발되었기 때문에 그곳의 주인이며 자신의 친구이자 고용주인 데번셔 공작을 기리기 위해 붙인 이름이다(데번셔 공작인 캐번디시 가문의 집이 왜 데번주/데번셔주가 아니라 더비셔주에 있는지 부디 내게 묻지 말길 바란다. 영국 귀족들의 기이하고 독특한 취향과 성향은 끝이 없다).

결과 이런 방식으로 번식시킨 바나나는 모두 유전적으로 동
일하다.✦

바나나가 인도양을 건너 아프리카에 상륙한 시점은 기원
전 2000년에서 서기 1000년 사이일 것이라 추정된다(엄청나
게 긴 시간 간격이란 건 안다. 하지만 이런 문제는 늘 이런 식의 추정
밖에 할 수 없다).[7] 따라서 1470년대에 유럽인, 다시 말해 포르
투갈인이 최초로 사하라 이남 아프리카 지역의 서해안에 도
착했을 무렵 바나나는 이미 아프리카에 완벽히 적응을 마친
지 최소한 수백 년, 아마 수천 년쯤 지난 후였을 것이다. 포르
투갈인은 아프리카 중서부 언어인 반투어Bantu에서 따온 '바
나나'라는 이름으로 이 과일을 불렀다.[8] 아이러니하게도 바

✦ 이 말은 다른 작물에 비해 바나나가 유전적 다양성을 매우 신속하게 잃
는다는 의미다. 특히 이윤을 극대화해야 하는 상업용 재배를 하는 경우에는
더욱 그러하다. 그러나 그 결과로 생긴 매우 제한적인 유전자 풀로 인해 바나
나에 생기는 질병에 대처하기가 힘들어진다. 국제적으로 교역되는 바나나의
95퍼센트를 차지하는 캐번디시 바나나가 곰팡이 때문에 시드는 이른바 파나
마병으로 인해 멸종될지 모른다는 우려가 최근 들어 제기되고 있다. 바나나
산업이 이러한 곤경에 빠진 것은 이윤을 위해 유전적 다양성을 축소해서 결
국 낭패를 본 과거의 교훈에서 배우지 못하고 똑같은 실수를 되풀이했기 때
문이다. 캐번디시 바나나 시대 전인 1950년대까지 상업적으로 재배되던 바
나나의 절대 강자였던 그로 미셸Gros Michel 품종이 이전 버전의 파나마병(최
근의 트로피컬 레이스 4Tropical Race 4가 아니라 트로피컬 레이스 1)에 취약해 더 이
상 재배되지 못하고 버려진 전력이 있다.

나나의 진짜 원산지인 동남아시아에서 유럽인이 이 과실을 처음 접한 시점은 1521년 포르투갈인 선장 페르디난드 마젤란Ferdinand Magellan(포르투갈어로는 페르낭 드 마갈량이스Fernão de Magalhães)이 감행한 태평양 횡단 항해 도중이었다.[9]

포르투갈인은 북대서양의 마데이라섬island of Madeira과 카나리아제도Canary Islands(1479년까지 포르투갈이 부분적으로 지배하고 있었다)에서 설탕을 생산하는 강제 노동을 하던 노예화한 아프리카인의 식량으로 바나나를 사용했다. 그들은 아메리카 대륙에 아프리카인을 노예로 팔아먹기 시작하면서 바나나(특히 플랜틴)와 쌀을 노예선의 주식으로 사용했다. 플랜테이션에서는 노예에게 얼마 되지 않는 식량 배급을 보충하기 위해 준 작은 땅뙈기에 바나나를 심도록 장려했다. 기후 조건이 맞으면 바나나나무는 1년 내내 자라면서 엄청나게 많은 열매를 맺는다. 노동력을 거의 투자하지 않아도 1에이커당 20만 파운드의 바나나를 생산할 수 있어서 얌의 10배, 감자의 100배 정도 수확이 가능하다.[10] 노예들이 시간을 최소한으로 들이고 수확할 수 있다는 의미에서도 노예주들에게 이상적인 농작물이었다.

바나나 회사들이 바나나 생산국들의
경제와 정치를 장악하다

바나나는 노예 노동력을 기반으로 한 아메리카의 플랜테이션 경제 체제에서 필수적인 톱니바퀴 역할을 했지만 수 세기가 지난 후에는 이 지역 여러 나라 수출 경제의 추동력이 되었다.

19세기 말로 접어들면서 철도, 증기선, 냉장 기술이 개발되면서 썩기 쉬운 농산물을 먼 곳까지 수출하는 것이 가능해지기 시작했고('11장 호밀' '2장 오크라' '8장 소고기' 참조), 바나나는 이런 변화의 가장 큰 수혜자 중 하나가 되었다. 썩기 쉬운 성질 때문에 19세기 말까지도 바나나를 기르는 아메리카 대륙의 여러 나라에서 가까운 미국에서마저 바나나는 소량으로 팔리는 사치품이었다. 바나나를 미국으로 대량 수입할 수 있는 가능성이 열리자 미국 기업들, 특히 유나이티드 프루트 컴퍼니United Fruit Company, UFC(현재의 치키타Chiquita)와 그보다 규모가 작은 경쟁자였던 스탠더드 프루트 컴퍼니Standard Fruit Company, SFC(현재의 돌Dole)은 카리브해 연안 국가들(쿠바, 도미니카공화국, 아이티), 중앙아메리카(특히 온두라스, 코스타리카, 니카라과, 파나마, 과테말라), 남아메리카 북부(콜롬비아, 에콰도르. 이 두 나라는 현재 세계에서 바나나 최다 수출국으로 꼽힌다) 등지에 바나나 플랜테이션을 설립했다.

얼마 지나지 않아 미국 바나나 회사들은 이 나라들의 경제를 지배하게 되었다. 예를 들어 온두라스에서 유나이티드 프루트 컴퍼니와 스탠더드 프루트 컴퍼니는 철도, 전력, 우편, 전신 전화를 장악하고 있었다.[11] 1930년대에 유나이티드 프루트 컴퍼니는 과테말라의 최대 지주이자 최대 고용주, 최대 수출업체인 동시에 이 나라 철도의 거의 전부를 소유하고 있었다.[12] 바나나에 경제를 의존하는 나라 사람들은 미국 바나나 기업들을 엘 풀포El Pulpo, 즉 '문어'라 불렀다. 나라 경제의 거의 모든 부면을 꽉 쥐고 있다는 의미였다.[13]

이렇듯 거의 절대적으로 경제를 장악한 바나나 회사들은 당연히 아메리카 대륙의 바나나 생산 국가들의 정치에도 매우 높은 영향력을 행사했다. 바나나 회사들은 자체적인 세관과 경찰을 두어 기업 활동의 많은 부분이 해당 국가의 관할권 밖에 있었다. '친기업' 정책을 보장받기 위해 정치가들을 매수하는 일이 비일비재했고, 이 기업들의 이익에 반하는 일(예를 들어 극도로 낮은 세금을 매우 낮은 수준으로 조금 올리기, 사용하지 않는 토지를 팔도록 하기, 노동자 권리를 매우 조금 강화하기 등)을 하려는 정부가 나오면 쿠데타도 서슴지 않았고, 심지어 필리버스터filibuster(해적이란 뜻의 네덜란드어에서 유래한 말)라 부르는 미국 용병들의 지원까지 동원했다. 20세기 전반부 내내 미국 해병대가 미국 기업들, 특히 바나나 회사들의 이익을

보호하기 위해 이 나라들을 침략, 점거하는 일이 잦았다.[14]

　미국 바나나 회사들의 악명은 콜롬비아에서 벌어진 바나나 학살Banana Massacre로 극에 달했다. 1928년 가을, 유나이티드 프루트 컴퍼니 플랜테이션의 노동자들이 파업에 들어갔다. 그들의 요구는 대부분 현재 기준으로 하면 기본적인 것들이었다. 화장실과 의료 시설을 갖추어 줄 것, 같은 물건을 비싸게 파는 유나이티드 프루트 컴퍼니 상점에서만 쓸 수 있는 쿠폰 대신 현금으로 임금을 지급할 것, 취약하기 그지없는 노동법의 최소한의 보호마저 받을 수 없는 신분인 하청인 대신 정식 고용인 대우를 해 줄 것 등이 그들이 내세운 조건이었다.[15]* 파업이 금방 끝나지 않으면 군사 개입을 하겠다는(이 지역에서 보인 미국 정부의 전력을 감안하면 믿고도 남음이 있다) 미국 정부의 압력을 받은 콜롬비아 군부는 12월 6일 파업을 강제 진압하기로 결정했다. 그 과정에서 바나나 도시 시에나가Ciénaga에서 많은 수의 파업 노동자들이 총에 맞아 목숨을 잃었다(총 숫자는 여전히 논란이 되고 있다. 추산에 따라 47명에서 2000명까지 큰 차이를 보인다).[16] 이 바나나 학살 사건은 콜롬비아의 소설가이자 노벨 문학상 수상자인 가브리엘 가르시아

---

* 　그러고 보면 '긱 이코노미gig economy'(단기 계약직, 비정규직 프리랜서 등이 특징인 노동 시장 경제 형태-옮긴이)는 실리콘 밸리에서 발명한 것이 아니다.

마르케스Gabriel García Márquez의 소설《백 년 동안의 고독One Hundred Years of Solitude》(내가 제일 좋아하는 책이라는 것을 고백한다)을 통해 사람들의 뇌리에 각인되었다. 이 책에서 가르시아 마르케스는 소설의 배경이 된 마콘도 바나나 플랜테이션에서 살해당한 3000명이 넘는 파업 노동자들의 시신을 화물 열차에 실어날라 학살의 증거를 없앤 허구의 사건을 묘사했다.

　미국 바나나 회사들이 19세기 말에서 20세기 중반까지 중앙아메리카와 남아메리카 북부 지역을 완전히 장악했기 때문에 이 나라들은 '바나나 공화국banana republic'이라고 불리게 되었다. 이 표현은 미국의 단편 소설가 O. 헨리O. Henry(실명은 윌리엄 시드니 포터William Sydney Porter)가 만들어 낸 것으로 1904년에 발표한 연작 소설《양배추와 왕들Cabbages and Kings》에 등장한다. 이 소설은 자신이 1897년에 망명 생활을 했던 온두라스를 빗댄 가상 국가인 안추리아Anchuria를 배경으로 하는데, 이 나라 정부가 재정적으로나 조직적으로 얼마나 엉망이었는지를 묘사하는 과정에서 '바나나 공화국'이라는 표현이 등장한다.[17] 반세기 정도 지난 1950년 칠레의 시인이자 역시 노벨 문학상을 수상한 파블로 네루다Pablo Neruda가 〈유나이티드 프루트 컴퍼니United Fruit Co.〉라는 시를 쓰고 '바나나 공화국'에 관해 이야기하면서 이 표현이 더 잘 알려지게 되었다.

요즘 미국을 비롯한 부자 나라 사람들은 '바나나 리퍼블릭'을 의류 브랜드 이름으로만 알고 있다. 하지만 이 표현은 원래 부자 나라의 거대 기업들이 가난한 개발도상국을 거의 완전히 장악했던 어두운 현실을 묘사하기 위해 만들어진 용어였다. 이 의류 브랜드의 이름은 무지에서 나온 것이라 좋게 봐 줄 수도 있지만 나쁘게 보자면 굉장히 모욕적이고 불쾌하다. 뭐랄까, 커피 원두를 갈아 주는 힙한 가게를 '사탄의 공장Satanic Mills'이라고 부르거나 고급 선글라스 가게를 '암흑의 대륙Dark Continent'이라고 부르는 것에 비유할 수 있겠다.('사탄의 공장'은 영국 산업 혁명 초기에 노동자 착취가 심한 공장들을 일컫는 말이다. 이 시기에 공장들이 물레방아를 이용한 수력을 쓴 곳이 많아서 공장을 '물레방앗간'이란 뜻의 'Mill'이라고 많이 불렀다. 영국 시인 윌리엄 블레이크William Blake가 시 〈예루살렘Jerusalem〉에서 'dark Satanic Mills'라는 표현을 써서 유명해졌다. '암흑의 대륙'은 유럽인이 19세기 이전의 아프리카를 부르는 표현으로 유럽 중심적 무지함이 배어 있다-옮긴이)

바나나 공화국이 알려 주는 다국적 기업의 명과 암

바나나 공화국 현상은 많은 나라에서 활동하는 부자 나라의 힘센 기업─다국적 기업 또는 초국적 기업transnational corporation이라 부른다—들이 그들의 투자를 받는 상대 국가에 어떻게 부정적인 영향을 줄 수 있는지를 잘 보여 준다.

그렇다고 해서 다국적 기업이 모두 부정적인 영향만 준다는 편견은 갖지 말자. 다국적 기업이 진입해서 활동하는 국가의 경제에 다양한 혜택을 가져올 수도 있기 때문이다.

다국적 기업이 들어오면 경제적으로 낙후되어 그 전까지는 독자적으로 운용할 꿈조차 꾸지 못했던 완전히 새로운 산업을 시작할 수 있는 문이 열리기도 한다. '바나나 공화국' 중 하나였던 코스타리카에 1998년 인텔이 새로운 마이크로칩 제조 공장을 열고 그 나라에서 반도체 산업을 발족시킨 것이 좋은 예다.[18] 세계 최초의 반도체 회사였던 페어차일드와 모토로라Motorola가 1960년대 중반 한국에 조립 공장을 운영한 것은 또 어떤가. 한국이 지금은 반도체 산업계의 초강대국 중 하나가 되었지만 그때만 해도 수입한 부품으로 트랜지스터 라디오를 조립하는 것을 가장 현대적인 산업 부문의 하나로 꼽던 나라였다.[19]

진출한 나라에 이미 존재하는 산업 부문이라 하더라도 다국적 기업은 우월한 기술과 새로운 경영 방식을 선보이는 역할을 할 수 있다. 다국적 기업이 진출한 나라의 국민이 그 기업의 경영자, 엔지니어, 노동자 등으로 일하다가 새로 얻은 지식을 가지고 자국 기업으로 이직하거나 자기 사업을 시작하면 직접적인 지식 이전이 일어난다. 간접적인 이전도 가능하다. 다국적 기업이 그 지역 기업들로부터 물적·인적 투입물을 구입하는 과정에서 이 기업들은 더 높은 수준의 기술과 품질 기준을 접하게 되고, 때로 다국적 기업으로부터 기술 지원을 받기도 한다.

따라서 다국적 기업이 진출하는 나라가 막대한 혜택을 입을 가능성이 존재한다. 이런 혜택을 언급하면서 세계은행, 세계무역기구 등의 국제기구와 비즈니스 리더, 경제학자 등은 개발도상국들이 다국적 기업을 두 팔 벌려 환영해야 한다고 촉구한다. 낮은 세율 적용뿐 아니라 더 나아가 세금 면제까지 해 주고, 규제를 가볍게 하거나 심지어 그 나라에 존재하는 규제 중 일부, 특히 노동과 환경 관련 규제의 적용을 면제해 줄 것까지 권유하기도 한다. 이와 같은 정책을 운용하면서 '외국인 직접 투자' 형태의 다국적 기업의 투자를 적극적으로 유치해서 번영을 이룬 예로 아일랜드와 싱가포르가 거론된다.

그러나 문제는 다국적 기업의 혜택을 입을 가능성은 말 그대로 '가능성'일 뿐이라는 사실이다. 그 가능성을 실현하기 위해서는 다국적 기업이 적절히 행동할 수 있게 만드는 정부의 정책이 필요하다.

개발도상국이 보유한 기술 수준이 상대적으로 낮기 때문

에 다국적 기업들의 고위 관리직이나 기술직은 국제 노동 시
장에서 인력을 충원하는 경우가 많다. 그 결과 다국적 기업이
진출한 나라의 국민에게 돌아갈 일자리는 낮은 직책들밖에
없어서 높은 수준의 지식을 흡수할 기회가 거의 없는 경우가
많다. 어떤 경우에는 정치적인 이유에서 다국적 기업이 낮은
직책의 일자리까지 자국민을 데려오기도 한다. 일부 중국의
건설 기업들이 그런 예다. 진출한 지역 기업들의 낮은 생산성
때문에 다국적 기업은 새로운 걸 가르쳐야 할 것이 거의 확실
한 지역 기업들과의 협력을 통해 '미지의 가능성'을 타진하기
보다는 항상 이용하는 자국의 공급업체 또는 이미 공급 네트
워크를 확립한 나라에서 자재를 수입해 오는 것을 선호한다.

　결과적으로 다국적 기업이 진출한 나라에는 그 나라의
나머지 경제와 별도로 다국적 기업의 자회사들이 이른바 '스
크루드라이버 오퍼레이션screwdriver operation'이라 부르는
조립 작업만 하는 방식으로 섬처럼 존재하는 '엔클레이브
enclave' 현상이 벌어진다. 지역 기업들에는 거의 하청을 주지
않고 대부분 수입된 부품을 완제품으로 조립하기 위해 그 지
역의 값싼 노동력만을 이용하는 것이다. 이런 경우에도 얼마
간의 단기적 혜택이 있을 수 있지만(노동자들에게 지급되는 임
금, 지역 기업에서 구입한 낮은 기술 수준의 부품 등), 다국적 기업
의 진출로 인해 거둘 수 있는 진짜 혜택(고급 기술의 이전, 선진

적 경영 관행, 더 나은 기술과 테크놀로지를 노동자들과 엔지니어들이 습득하고 훈련받을 기회)의 대부분은 현실화되지 않는다.

'엔클레이브 경제enclave economy'의 가장 대표적인 예가 필리핀이다. 필리핀은 어떻게 보면 세계에서 가장 발달한 하이테크 경제를 가진 나라다. 세계은행 자료에 따르면 필리핀은 제조업 수출 품목의 60퍼센트가 전자 제품으로 이루어진 하이테크 제품으로 전 세계 최고 수준이다(미국 20퍼센트, 한국 35퍼센트보다 훨씬 높다).[20] 이렇게 '하이테크'인데도 불구하고 필리핀의 1인당 소득은 3500달러에 불과해 미국의 6만 달러는 말할 것 없고 한국의 3만 달러에도 훨씬 못 미친다. 이는 필리핀에서 수출되는 대부분의 전자 제품이 '엔클레이브'에서 '스크루드라이버 오퍼레이션'을 하는 다국적 기업의 자회사에 의해 생산되기 때문이다. 필리핀은 아마 가장 극단적인 예가 되겠지만 개발도상국에서 활동하는 다국적 기업의 자회사들은 엔클레이브 안에서 스크루드라이버 오퍼레이션을 하는 경우가 그렇지 않은 경우보다 훨씬 많다.

이런 점들을 감안할 때 다국적 기업을 통해 얻을 수 있는 혜택을 최대한으로 실현하기 위해 많은 나라의 정부가 다국적 기업을 규제하는 건 놀라운 일이 아니다. 그런 규제 중에는 다국적 기업의 소유 지분을 제한해서 국내 파트너와 조인트벤처를 하도록 만들어 학습의 기회를 제공하는 것 등이 있다. 주요 산업 부문에서는 외국인의 소유권 지분을 50퍼센트 이하로 책정해 국내 기업의 협상력에 힘을 보태 주는 경우가 흔하다. 많은 나라가 다국적 기업이 자회사에 기술 이전을 하도록 요구하거나 자회사에 기술 사용 허가를 내주고 받는 로열티에 상한선을 부과한다. 어떨 때는 다국적 기업이 직원의 일정 비율 이상을 국내에서 채용하거나 고용한 노동자를 훈련할 것을 요구하기도 한다. 다국적 기업 투자의 간접적인 혜택을 극대화하기 위해 각국 정부는 '국산 부품 사용 요건'을 만들어 일정 비율 이상의 부품을 국내 기업에서 조달할 것을 요구하는 경우도 많다. 이런 정책들은 2차 세계대전 이후부터 1980년대 사이 일본, 한국, 대만, 핀란드 등에서 광범위하게 성공적으로 운용되었다.[21]

그중에서 한국과 대만의 경우는 특히 흥미롭다. 다국적 기업을 유치하면서 두 나라 정부는 처음에는 세금 혜택, 심지어 이미 취약하기 그지없던 노동법을 부분적으로 적용 유예하는 혜택을 제공했다. 이러한 혜택의 대상은 주로 고도의 기술을 요구하지 않는 의류, 봉제 완구, 운동화 등의 산업 부문이었다. 그러나 요즘 널리 알려진 의견과는 달리 한국과 대만 정부는 전자, 자동차 등의 하이테크 산업 부문에 대한 다국적 기업의 투자에 대해서는 온갖 종류의 규제를 가해서 그들로부터 가능한 한 최대로 테크놀로지와 기술을 이전받기 위해 최선을 다했다. 이런 정책들 덕분에 한국과 대만은 이제 반도체 분야의 삼성(한국)과 TSMC(대만), 디스플레이 분야의 LG(한국), 자동차 분야의 현대-기아(한국)('6장 국수' 참조) 등 세계 수준의 다국적 기업을 보유하게 되었다. 최근 수십 년 사이 중국도 비슷한 과정을 밟고 있지만 대부분의 다국적 기업이 진출하고 싶어 안달할 수밖에 없는 대규모 국내 시장을 가진 덕에 생긴 막강한 협상력에 힘입어 한국이나 대만처럼 정식 법률을 제정하기보다는 개별 기업과 비공식 협상을 통해 지식 이전을 약속받는 형식을 취하고 있다.

다국적 기업들의 자유를 보장해서 경제적으로 성공했다고 대부분의 사람이 생각하는 아일랜드와 싱가포르마저 실제로는 공공 정책 개입으로 지금의 위치에 도달했다(아일랜드가 유럽연합 회원국이고, 싱가포르가 국제 교역의 중심지에 있다는 지리적 이점 또한 도움이 되었다). 아일랜드와 싱가포르 정부는 아무 기업이나 나타나서 자기네가 하고 싶은 사업을 하기를 기다리기보다 전자, 제약 등 하이테크 산업에 투자할 의사가 있는 다국적 기업에 맞춤 지원을 약속하는 등 적극적인 유치 활동을 벌였다.[22] 싱가포르의 경우 대부분(90퍼센트)의 땅을 소유하고 있는 최대 지주인 정부의 입지를 십분 살려 고생산성 산업 부문의 다국적 기업들에 좋은 위치의 부지를 저렴한 임대료를 받고 빌려주는 전략을 사용했다.

*　　*　　*

바나나나무는 세상에서 가장 생산적인 식물 중 하나다. 그러나 그 높은 생산성이 그릇된 방향으로 쓰이면 극도로 부정적인 결실을 맺기도 한다. 처음에는 아메리카 대륙의 노예화된 사람들을 최소한의 비용으로 먹여 살리기 위해 플랜테이션 소유주들이 활용했고, 후에는 다수의 카리브해 연안 국가에서 노동 착취, 정치적 부패, 국제적 무력 침공의 원인이 되었다.

다국적 기업도 그렇다. 바나나와 마찬가지로 매우 생산성이 높은 다국적 기업이 많다. 그러나 그릇된 방향으로 쓰이면 다국적 기업이 진출하는 나라에 '바나나 공화국'까지는 아니더라도 '엔클레이브 경제'가 형성될 수 있다. 기술 이전을 최대한으로 유도하고 노동자를 훈련하고 선진 경영 관행을 학습하는 등 혜택을 실현하기 위한 공공 정책 없이는 다국적 기업의 혜택을 제대로 누리기 힘들 것이다.

10장

코카콜라

Coca-Cola

코카콜라 | 미국

모두 다 아는 바로 그것!

코카콜라, 자유의 상징인가 소비지상주의의 상징인가

나는 코카콜라Coca-Cola를 즐겨 마시는 사람은 아니다. 사실 다른 콜라도 잘 마시지 않는다.

그런 내게도 더운 여름날 오후에 마시는 얼음처럼 차가운 코카콜라 한 잔의 유혹에 대적할 만한 건 많지 않다. 하지만 나는 콜라를 병이나 캔으로 바로 마시지 않는다. 에티켓을 지키기 위해서가 아니라 그냥 콜라를 담을 뭔가가 필요할 뿐이다—필요하면 사발에 마실 수도 있다. 차가운 코카콜라라도 얼음을 많이 넣어서 마시는 것이 내 취향이기 때문이다. 내 입맛에는 그냥 마시기에는 너무 달아 얼음으로 희석하는 게 좋다.

하지만 지구상에 사는 수십억의 사람들이 나와 의견을 달리할 것이다. 내 입맛에는 너무 단 코카콜라지만 그 자체로 좋아하는 사람들이 수없이 많다. 영국의 저널리스트 톰 스탠디지Tom Standage가 2000년대 중반에 쓴 책에 따르면 "코카콜라가 진출한 영토는 200개가 넘어 유엔 회원국 수를 능가한다. 이 기업의 음료는 이제 세상에서 가장 잘 알려진 제품이고 '코카콜라'는 '오케이' 다음으로 널리 이해되는 단어다."[1]

　　미국을 제일 잘 대표한다고 할 수 있는 제품인 코카콜라는 미국 자본주의의 명암을 상징하게 되었다. 구소련 체제에 항거한 젊은이들처럼 일부 사람들에게 코카콜라는 개인적·경제적·정치적 자유의 심벌이었다.* 하지만 1980년대 인도 좌파처럼 그릇된 미국 자본주의의 완벽한 본보기라 여기는 사람도 많았다―소비지상주의, 더 나아가 소비자의 취향을 상업적으로 조작하는 대표적 사례라는 것이다. 1977년 인도 정부는 코카콜라사가 인도 기업과 합작 투자 회사 설립을 거부하자 자국 내 허가를 취소하는 상징성이 매우 큰 조치를 취했다. 이와 맞먹는 상징적인 사건은 1993년 코카콜라가 다시 인도로 복귀한 일이었다. 1991년 인도가 경제 자유화를 시작한 후 가능해진 일이었다. 코카콜라만큼 세계 차원에서 정치

---

*　　코카콜라의 상징성을 과장하고 싶지는 않다. 코카콜라가 미국을 상징하는 가장 강력한 아이콘이라고 생각하는 사람이 많지만 리바이스 청바지, 말보로 담배, 로큰롤 그룹들의 LP 음반 등도 미국을 연상시키는 대표적인 상품이다.

적 상징성을 가진 식료품도 없을 것이다.

코카콜라에 얽힌 다양한 상징성이라는 지뢰밭을 기술적으로 잘 피해 간 사람이 있으니 바로 게오르기 주코프Georgi Zhukov다. 2차 세계대전의 전세에 큰 영향을 미쳤던 레닌그라드전투와 스탈린그라드전투에서 나치를 물리치고 구소련의 승리를 이끌어 낸 장본인인 그는 나중에 미국 대통령이 된 드와이트 아이젠하워Dwight Eisenhower 장군이 전쟁 중에 건넨 코카콜라를 처음 맛본 후 사랑에 빠졌다고 한다. 유럽 지역의 소련 점령군 지휘관으로 지내는 동안(1945년 5월~1946년 6월) 그는 코카콜라사에 투명한 색의 콜라를 만들어 달라고 특별히 요청했다. 미국 자본주의의 정수를 좋아한다는 이미지를 피하기 위해서였다. 캐러멜 색소를 빼고 만든 투명한 콜라는 브뤼셀에서 제조되어 아무것도 적히지 않은 병에 담겨 장군의 유럽 사령부로 배달되었다. 역사상 가장 훌륭한 군사전략가에 걸맞은 대단한 묘책이었다.[2]

오래전부터 입증된 코카 잎과 콜라 열매의 각성 효과

코카콜라는 미국 조지아주 애틀랜타의 존 펨버턴John Pemberton이 발명했다.[3] 1885년 그는 코카나무 잎, 콜라나무 열매, 포도주를 주재료로 한 펨버턴스 프렌치 와인 코카

Pemberton's French Wine Coca를 출시했다. 이 음료 말고도 코카 잎과 알코올을 섞은 음료가 이미 여럿 나와 있었다. 그중 특히 인기를 끈 음료는 뱅 마리아니Vin Mariani였다. 코카 잎을 포도주에 6개월 동안 담갔다 마시는 이 음료의 팬으로는 빅토리아 여왕과 토머스 에디슨 등이 있었다.[4] 뱅 마리아니에 콜라 열매를 첨가하는 것이 펨버턴이 생각해 낸 혁신이었다. 펨버턴의 발명품은 '신경 토닉nerve tonic'이라는 이름으로 판매되었다(그 제품명이 실제로 무엇을 의미하든 19세기 서구 사회 사람들은 신경증 문제를 굉장히 많이 겪은 듯하다).

　1886년 펨버턴의 음료가 가장 많이 팔리던 지역(조지아 주 애틀랜타, 그리고 이 도시를 둘러싸고 있는 풀턴카운티)에 금주령이 내렸다. 펨버턴은 프렌치 와인 코카에서 알코올을 빼고 설탕(포도주 맛이 없어지면 이 음료의 주원료인 코카 잎과 콜라 열매의 쓴맛이 너무 도드라지기 때문에 그것을 상쇄하기 위해서였다)과 시트러스 오일citrus oil을 첨가했다. 그렇게 해서 만들어진 무알코올 음료에 코카콜라라는 이름이 붙여졌다.

　코카콜라는 원래 약국에 설치된 소다수 공급기를 통해 판매되었다. 탄산수가 건강에 유익하다는 통념이 있었던 시기라 의학적 효능을 강조하기 위해서였을 가능성이 높다. 그러다가 1894년부터 병에 담아 팔기 시작하면서 장거리 운송이 가능해졌고, 그에 따라 잠재 시장이 크게 확장되었다.

1910년대 중반 즈음에는 이미 너무 인기가 높아 위조품이 나올 정도였고, 코카콜라사는 "진품을 요구하세요Demand the genuine"라는 광고를 내세워 위조품에 대응했다.[5] 1920년대부터는 해외 수출이 시작되었고, 1930년대에 들어서면서 코카콜라는 미국의 아이콘으로 등극했다. 1938년에는 '미국의 본질이 승화된 음료'라는 칭송을 받았다.[6]

코카콜라라는 이름은 펨버턴의 동업자였던 프랭크 로빈슨Frank Robinson이 이 음료의 2가지 주재료인 코카 잎과 콜라 열매에서 각각 한 요소씩 따서 만들었다.

콜라나무의 원산지는 서아프리카로 열매에는 카페인(커피 그리고 대부분의 차보다 카페인 함량이 더 높다)과 테오브로민theobromine(초콜릿에도 들어 있다. '17장 초콜릿' 참조)[7] 같은 각성제가 들어 있다. 이런 특성 때문에 서아프리카 사람들은 각성 효과를 얻고 식욕을 억제해서 "피로감이나 갈증 없이 오랜 시간 동안 육체 활동을 할 수 있기" 위해 콜라 열매를 씹었다.[8] 콜라 열매를 씹는 것은 공동체 회합, 통과 의례, 계약과 조약을 확고히 하는 의식 등에 빠지지 않는 요소로 서아프리카 문화에서 중요한 역할을 해 왔다.[9] 일설에 따르면 콜라 열매는 장거리 바다 여행 중 상해서 역겨워진 물맛을 좀 더 마실 만하게 만드는 효과가 있어서 아프리카를 출발해 대양을 건넜던 노예선에서도 사용되었다고 한다.[10]

　　코카콜라에 사용되던 콜라 열매는 2016년부터 인공 화합물로 대체되었다.[11] 그런 면에서 코카콜라는 오래된 록 밴드를 연상시킨다. 세월이 흐르면서 예술관의 차이와 자존심 싸움 등으로 멤버를 계속 교체한 끝에 원래 창단 멤버는 하나도 남지 않은 그런 록 밴드 말이다. 코카콜라의 또 다른 원년 멤버이자 음료에 코카인을 더하는(콜라 열매의 카페인과 테오브로민에 더해 각성 효과를 높이기 위해) 역할을 맡았던 코카 잎은 그보다 100여 년 전인 20세기 초에 이미 밴드를 떠났다. 코카인의 중독성이 명백해지면서 회사에서 자체적으로 사용하지 않기로 결정했기 때문이다.＊

　　코카인은 남아메리카 서부가 원산지인 코카나무에서 추출되는 물질이다. 코카나무가 자라는 곳, 특히 고도가 높은 안데스 지역의 원주민은 코카 잎을 씹거나 차로 우려 마셔서 대기 중 산소가 부족한 환경에서 일할 때 경험하는 고통을 완화하고, 식욕을 억제하는 효능(콜라 열매와 유사한 효능)을 빌려 음식을 먹지 않고 버틸 수 있는 힘을 얻었다.[12] 이런 형태로 코카나무를 소비하는 것은 중독성이 없고 건강에도 해롭지

＊　더 정확히 말하자면 코카 잎은 아직 밴드의 일원이었지만 유령 멤버에 불과했다. 코카콜라에 코카인을 사용하지 않기로 결정 내린 후 코카콜라사는 코카인을 완전히 추출하고 난 '무코카인' 코카 잎을 사용해서 맛만 냈다.

않다. 이보다 더 중요한 사실은 콜라 열매를 다 함께 씹는 것과 마찬가지로 코카 잎 역시 안데스 지역과 기타 중남미 원주민 공동체에서 문화적·종교적으로 핵심 역할을 수행한다는 점이다.[13] 이 지역의 많은 사람이 코카나무를 직접 기른다.

워싱턴 컨센서스 대 핑크 타이드의 대결

중남미 국가 역사상 두 번째 원주민 출신 대통령으로 선출된 에보 모랄레스Evo Morales 전 볼리비아 대통령 (2006~2019년 재임)도 코카나무를 기르는 농부였다(원주민 출신 첫 대통령은 1858년부터 1872년까지 멕시코 대통령을 지낸 베니토 후아레스Benito Juárez다). 모랄레스는 1990년대 후반부터 2000년대 초 '마약과의 전쟁'을 펼치던 미국 정부의 강력한 지원을 받아 코카나무 농업을 강제로 근절시키려던 볼리비아 정부에 항거하는 과정에서 정치적 명성을 얻었다.

모랄레스는 긴축 재정, 무역 자유화, 규제 완화, 민영화 등 이전 20년 동안 볼리비아 경제를 황폐화시켜 온 이른바 '워싱턴 컨센서스Washington Consensus'에 반대하는 대중들의 항의 물결을 타고 2005년 대통령에 선출되었다. 워싱턴 컨센서스 정책은 미국 워싱턴 D.C.에 본부를 둔 국제적으로 가장 힘이 센 3대 경제 기구인 미국 재무부, 국제통화기금, 세계은행이

적극 주장하는 정책들이어서 그런 이름이 붙었다.(워싱턴 컨
센서스라는 이름은 1989년 워싱턴 D.C.에 본부를 둔 싱크 탱크인
피터슨 국제 경제 연구소Peterson Institute for International Economics
소속 영국의 경제학자 존 윌리엄슨John Williamson이 처음 사용했
다. 위기에 처한 개발도상국을 위한 10가지 경제 정책 처방을 제시
했는데 정부 규제 축소, 국가 기간 산업 민영화, 무역과 금융 시장 자
유화 등 자유 시장 촉진 방안을 주로 포함했다. 이후 선진국들이 개
발도상국들에 강요해 온 신자유주의적 경제 발전 모델을 가리키는
용어로 의미가 확장되었다-옮긴이)

대통령이 된 모랄레스는 볼리비아의 주요 수출 부문인
천연가스 산업을 국영화했다. 그런 다음 그는 수도, 전기, 철
도 등의 공익사업을 (적어도 부분적으로) 국유화하고, 대부분
외국 기업이던 광산 회사들이 (국가 광물 자원을 돌보는 역할을
하는) 정부에 지불하는 로열티를 인상하는 한편 복지 지출을
늘렸다. 그가 감행한 개혁이 매우 심각한 경제 파탄을 초래하
리라고 예측하는 경제학자들이 많았다. 워싱턴 컨센서스에
따르면 산업을 국유화하고, 외국 투자자들에게 적대적이고,
수입을 '하향' 재분배하는 정책이야말로 정부가 할 수 있는
최악의 선택이었기 때문이다.

그러나 볼리비아의 경제 성적은 회의론자들을 머쓱하
게 만들었다. 모랄레스의 정책을 감안하면 이 시기 볼리비

아의 소득 불평등이 극적으로 떨어졌음은 예상할 수 있는 자연스러운 결과였다.* 그러나 이 나라의 경제 성장 또한 눈에 띄게 빨라졌다. 워싱턴 컨센서스 정책을 사용했던 기간(1982~2005년) 동안 연간 0.5퍼센트를 기록하던 1인당 소득 증가율은 모랄레스 재임 기간 중 연간 3퍼센트로 치솟았다.

중남미에서 워싱턴 컨센서스를 따르지 않고 경제 성적을 향상시킨 나라는 볼리비아만이 아니다. 1990년대 말에서 2000년대 중반 사이 다수의 중남미 국가에서 좌파 또는 좌파 성향 정당이 정권을 잡았다. 아르헨티나, 브라질, 에콰도르, 우루과이, 베네수엘라 등에서 일어난 이런 흐름을 이른바 '핑크 타이드Pink Tide'라고 한다.**

이 핑크 타이드 나라들은 볼리비아만큼 강하게 개혁을

◆   세계은행과 유엔 산하 라틴아메리카 카리브해 경제 위원회Economic Commission for Latin America and the Caribbean, ECLAC의 데이터에 따르면 볼리비아의 지니 계수(한 나라의 소득 불평등 측정에 가장 널리 사용되는 방법으로 숫자가 클수록 불평등이 심하다)는 0.57에서 0.48로 떨어졌다. 이 데이터를 수집 분석해 준 마테우스 라브루니Mateus Labrunie에게 감사한다.

◆◆   각국에서 선출된 대통령은 다음과 같다. 아르헨티나의 네스토르 키르치네르Néstor Kirchner와 크리스티나 페르난데스Cristina Fernández, 브라질의 루이스 이나시우 '룰라' 다 시우바Luiz Inácio 'Lula' da Silva와 지우마 호세프Dilma Rousseff, 에콰도르의 라파엘 코레아Rafael Correa, 우루과이의 타바레 바스케스Tabaré Vásquez와 호세 무히카José Mujica 그리고 다시 타바레 바스케스, 베네수엘라의 우고 차베스Hugo Chávez와 니콜라스 마두로Nicolás Maduro.

밀어붙이지는 않았지만 워싱턴 컨센서스의 '신자유주의' 정
책을 다수 뒤집어엎었다.*** 이 나라 정부들은 가난한 사람들
을 위한 복지 지출을 늘리고, 일부 경우 최저 임금을 높이고
노조를 강화해서 노동자에게 돌아가는 국민 소득의 비율을
높였다. 몇몇 나라에서는 무역 자유화 정책을 부분적으로나
마 뒤집어 일부 산업 부문에 보조금 지급을 늘리고 외국 투자
자들에 대한 규제를 강화했다('9장 바나나' 참조).

　　이 나라들이 운용한 정책은 정통 신자유주의자들의 예
측이 잘못되었음을 보기 좋게 증명하면서 소득 불평등을 줄
이고 더 빠른 성장을 이룩해 냈다. 유일한 예외는 베네수엘라
의 니콜라스 마두로 대통령 정부의 재난에 가까운 성적이었
다. 베네수엘라 경제는 무너지고 말았다. 그러나 그의 전임이

***　신자유주의neoliberalism는 1차 세계대전부터 1970년대 사이 세력을 잃
었던 19세기 고전적 자유주의를 1980년대 이후 부활시킨 버전이다. 신자유
주의, 고전적 자유주의 모두 사유 재산을 강력하게 보호하고, 시장 규제를 최
소로 유지하며, 자유 무역과 자유로운 자본의 이동을 지지한다. 그러나 '신'
자유주의는 '구'자유주의만큼 노골적으로 민주주의에 반대하지는 않는다(고
전적 자유주의자들은 민주주의를 실시하면 재산을 소유하지 않은 무산 계급이 사유
재산을 파괴하고, 따라서 자본주의가 망하게 될 것이라고 주장했다). 신자유주의는
또 화폐(신자유주의는 통화 문제에 독점권을 지닌 강한 중앙은행을 선호한다)나 지
식(신자유주의에서는 강력한 지식 재산권 보호를 중요시한다. '7장 당근' 참조) 등의
일부 분야에서는 자유 시장에 반대한다는 점에서도 고전적 자유주의와 궤를
달리한다.

었던 우고 차베스 집권 때 보인 경제 성적표는 다른 핑크 타이드 국가들만큼은 아니지만 신자유주의적 정책을 사용하던 그 이전보다 더 나았다.*

　그렇다고 핑크 타이드 국가들에서 모든 것이 장밋빛이었다고 말하려는 건 아니다. 대부분의 나라에서 불평등이 줄어들고 있기는 했지만 국제 기준으로 보면 여전히 높았다. 그보다 중요한 것은 핑크 타이드 국가들의 정부가 천연자원에 근거한 전통적 산업(장기적으로 성장 가능성이 제한적인 광업, 농업 등의 산업. '4장 멸치' 참조)을 대체할 고생산성 산업의 개발을 통해 지속가능한 경제 성장에 필요한 탄탄한 기초를 다지는 데 충분한 노력을 기울이지 않았다는 사실이다. 이런 면에서 가장 크게 실패한 나라는 브라질이다. 브라질의 핑크 타이드 정부였던 루이스 이나시우 '룰라'(오징어라는 뜻이다!) 다 시우바와 지우마 호세프 정권은 신자유주의 기간의 자유 무역과 산업 정책을 대체로 계속 유지해 한때 강력했던 제조업 분야가 재건하기조차 힘들 정도로 몰락하도록 방치했다. 핑크 타이드 기간이 끝나 갈 무렵 브라질은 신자유주의가 절정에

---

*　워싱턴 컨센서스 정책을 사용한 기간(1989~1999년) 동안 베네수엘라의 1인당 소득은 거의 같은 수준에 머물렀고, 차베스 집권 기간(1999~2012년)에는 1.3퍼센트 증가했다. 지니 계수는 두 기간 모두 0.45로 동일했다. 두 데이터의 출처는 세계은행과 유엔 산하 라틴아메리카 카리브해 경제 위원회다.

달했던 때보다 천연자원(철광석, 대두, 소고기 등) 수출에 더 의지하게 되었다.**

　중국의 초고속 성장에 힘입은 2000년대의 전 세계적 물가 상승이 2012~2013년에 끝이 나자 1차 상품에 대한 의존도를 줄이는 데 실패한 핑크 타이드 국가들은 큰 타격을 입었다. 그 결과 베네수엘라를 제외한 모든 나라의 핑크 타이드 집권 세력이 2010년대 후반기 선거에서 패배했고(베네수엘라는 니콜라스 마두로의 전제적 통치 아래 괴상한 사이비 사회주의로 전락하고 말았다) 볼리비아는 쿠데타로 정권 교체가 이루어졌다.

　그러나 정권이 바뀌었다고 해서 신자유주의 앙시앵 레짐ancien régime으로 회귀한 것은 아니었다. 정권을 내어준 지 얼마 되지 않아 아르헨티나와 볼리비아에서는 핑크 타이드 세력이 다시 정권을 잡았다.*** 2022년 봄 이 글을 쓰고 있는 지금 2022년 브라질 대통령 선거에서 자이르 보우소나루Jair

---

**　브라질의 제조업 부문은 1980년대 GNP(국민총생산)의 30퍼센트를 차지했지만 핑크 타이드가 끝날 무렵에는 10퍼센트를 겨우 넘는 수준까지 떨어졌다.

***　아르헨티나에서는 한 차례 상대방에게 정권을 내준 후 알베르토 페르난데스Alberto Fernández가 2019년 다시 대통령에 취임했고, 볼리비아에서는 쿠데타 세력이 내세운 헤아니네 아녜스Jeanine Áñez가 대통령 권한 대행을 1년간 한 후 2020년 치러진 대통령 선거에서 루이스 아르세Luis Arce가 승리했다.

Bolsonaro가 이끄는 우파 정권의 재난에 가까운 집권을 끝내고 전 대통령 룰라가 정치로 복귀해 핑크 타이드 정부가 다시 들어설 것이라고 예측하는 평론가들이 많다(실제로 룰라는 2022년 대선에서 승리해 재집권했다–옮긴이).

게다가 핑크 타이드에 가담하지 않은 일부 중남미 국가들도 2010년대 말과 2020년대 초에 좌파로 기울기 시작했다. 멕시코와 페루에서는 좌파 성향의 안드레스 마누엘 로페스 오브라도르Andrés Manuel López Obrado와 페드로 카스티요Pedro Castillo가 각각 2019년과 2021년에 정권을 잡았다. 2022년 6월에는 구스타보 페트로Gustavo Petro가 콜롬비아 대선에서 승리해 이 나라 역사상 최초로 좌파 대통령이 되었다.

그중에서도 가장 의미심장한 사건은 2021년 12월 치러진 칠레 대통령 선거에서 좌파 연합 '프렌테 암플리오Frente Amplio'('광역 전선'이라는 의미)의 후보로 출마한 35세 학생 운동가 출신 가브리엘 보리치Gabriel Boric가 당선된 일이다. 1973년 군부 쿠데타 이후 칠레는 중남미뿐 아니라 전 세계적으로 신자유주의의 최선두에 선 개척자 역할을 했다. 심지어 1980년대의 마거릿 대처나 로널드 레이건보다 더 앞서 신자유주의를 채택하지 않았는가('2장 오크라' 참조). '신자유주의의 요람이었던 칠레가 이제 신자유주의의 무덤이 될 것이다'라고 선언한 보리치를 대통령으로 선출했다는 것은 미국인이 코카콜라를 금지하자는 투표에 찬성표를 던진 것이나 마찬가지다. 아이고, 그런 상상은 아예 하지도 말자….

신자유주의는 과연 성공했을까

아시아와 아프리카 등 다른 개발도상국 지역에서는 신자유주의적 워싱턴 컨센서스 정책을 거부하는 움직임이 중남미에서만큼 뚜렷하게 드러나지 않았다.

아시아에서는 어차피 애초부터 워싱턴 컨센서스 정책들을 중남미 국가들처럼 엄격하게 따르지 않았던 것이 주요한 원인이다. 전반적으로 양호한 경제 발전을 이루어 나가고 있었기 때문에 워싱턴에 본부를 둔 국제기구들로부터 차관을 많이 얻지 않아도 되었고, 따라서 신자유주의 정책을 채택할 필요가 더 적었다. 거기에 더해 많은 아시아 국가들이 경제 정책을 수립할 때 이데올로기를 앞세우지 않았기 때문에 신자유주의 성향의 정책을 채택할 때도 중남미 국가들보다 덜 극단적인 형태를 띠었다.

아프리카 국가들은 워싱턴 컨센서스 정책들로 인해 중남미 국가들보다 더 큰 피해를 입었지만[*] 대놓고 그 정책들을 거부하기가 어려운 상황이었다. 재정적으로 워싱턴 기구들에 더 크게 의존하고 있기 때문이다. 그럼에도 불구하고 지난

10여 년 사이 아프리카 대륙 전역에 걸쳐 워싱턴 컨센서스가 권고하는 것보다 정부가 더 활발한 역할을 수행해야 할 필요가 있다는 사실에 대한 인식이 확산되고 있다.[14]

부자 나라들에서조차 신자유주의 정책은 효과를 발휘하지 못했다. 부자 나라들에서는 시장의 힘을 제어하고 규제하는 데 정부가 더 적극적인—신자유주의적 시각에서는 과도한—역할을 맡았던 '혼합 경제mixed economy' 시대보다 1980년대 이후 신자유주의 기간에 성장률이 더 둔화하고 불평등이 더 늘어나는 한편 금융 위기가 더 자주 발생했다.**

그러나 개발도상국들에서 운용된 신자유주의 정책은 재앙에 가까웠다. 이 정책들이 그들의 필요에 특히 더 맞지 않았기 때문이다. 무엇보다 개발도상국들이 경제를 발전시키려면 보호 무역, 보조금, 외국인 투자 규제 등을 주도하는 정부의 지원과 보호 아래 자국의 생산자들이 '성장을 해서' 생산성이 더 높은 산업 부문에 진출할 수 있도록 하지 않으면 안 된다는 사실을 신자유주의 전통에서는 완전히 부인하기 때문이다('5장 새우' '9장 바나나' 참조). 설상가상으로 1980년

◆   사하라 이남 아프리카 국가들은 1960년대와 1970년대에는 1.6퍼센트의 경제 성장률을 보였지만 1980년대부터 2018년 사이에는 0.3퍼센트 성장하는 데 그쳤다. 중남미에서는 이 숫자가 각각 3.1퍼센트, 0.8퍼센트였다.

◆◆   저자의 전작《그들이 말하지 않는 23가지》참조.

대와 1990년대에 워싱턴 기구들이 제시한 '정책 권고 사항'
들은 '쿠키 커터cookie cutter'(쿠키의 모양을 찍어 내는 틀) 접근법
이라는 조롱의 대상이 될 정도로 천편일률적인 내용이었다.
나라마다 다른 경제 상황이나 정치사회적 환경과 상관없이
똑같은 정책을 제시하고 거기에 따르도록 유도했던 것이다.

* * *

코카콜라의 지속적인 성공담은 한 제품이 성공하기 위해
서는 고객 만족이 우선이라는 사실을 보여 준다. 나 같은 소
수의 사람은 불만이 있더라도 말이다. 고객을 만족시키지 못
하는 워싱턴 컨센서스 정책들은 한때 개발도상국들을 거의
모두 장악하다시피 했지만 이제 역사의 저편으로 사라질 날
이 얼마 남지 않은 듯하다.

4부

함께 살아가기

11장

호밀
Rye

고등어와 살사를 곁들인 호밀 크리스프브레드 | 미국

뼈를 발라 잘게 자른 고등어구이와 파슬리, 토마토,
올리브, 고추를 잘게 썰어 멸치젓으로 간을 맞춘
살사 소스를 비스킷처럼 얇고 바삭하게 구운 호밀빵
(크리스프브레드)에 올린 요리

저자 레시피

최고의 추리 소설가 애거사 크리스티와 호밀

내가 1980년대 중반 영국에서 석박사 공부를 하겠다고 결정하자 우리 부모님을 포함한 대부분의 주변 사람들이 의아해했다. 당시만 해도 한국에서 해외 유학을 하겠다는 사람은 대부분 미국으로 가곤 했다(그때만큼은 아니지만 지금도 그렇기는 하다). 다른 나라는 그냥 고려하지도 않았다. 특히 사양길에 접어들었다는 이미지가 강하고, 역사적으로 한국과 별 인연이 없었던(내 조국은 식민지 수집 취향이 강한 걸로 유명한 영국조차 수집 가치가 별로라 생각했던 모양이다) 영국으로 유학을 하겠다니.

내가 영국에서 공부하기를 원했던 건 한국에서 학부 교육을 받으며 배운 신고전학파 경제학의 편협하고도 기술적이기만 한 내용에 실망했기 때문이었다. 당시(안타깝게도 지

금은 아니지만) 영국 대학의 경제학과들은 미국보다 더 다원
주의적 접근 방식을 포함한 커리큘럼을 가지고 있어서 케인
스주의, 마르크스주의를 비롯한 다른 경제학파들을 배울 수
있었으므로 경제학을 넓게 접하기에 더 좋은 곳으로 보였다.

경제학 교수님들과 선배들, 친구들에게 내가 영국을 선
택한 이유를 말하면 하나같이 아직 시작조차 하지 않은 내 미
래의 커리어를 미리 죽이는 자살행위라고 했다. 경제학과 관
련 없는 사람들에게는 그마저 설명하기가 너무 복잡해서 이
유를 물으면 '추리 소설'을 좋아하는데 영국이야말로 최고의
추리 소설이 태어난 곳이기 때문이라고 답하곤 했다. 그렇게
말하면 대부분은 더 이상 추궁하려 들지 않았다. 물론 나를
이상한 사람이라 생각하는 눈치가 역력했지만.

어릴 적 처음으로 추리 소설을 접한 건 아서 코난 도일
Arthur Conan Doyle의 셜록 홈스Sherlock Holmes를 통해서였다.
〈빨간 머리 클럽The Red-Headed League〉 같은 단편들은 기발
한 플롯으로 탄성을 지르지 않을 수 없었고,《네 사람의 서
명The Sign of Four》《바스커빌 가문의 사냥개The Hound of the
Baskervilles》 같은 소설에 나오는 무서운 장면에 오래도록 악
몽에 시달리기도 했다. 중고등학생 시절에는 모리스 르블랑
Maurice LeBlanc(그의 아르센 뤼팽Arsène Lupin 이야기들을 기초로
해서 기발하게 부활시킨 새로운 드라마 〈뤼팽Lupin〉 시리즈는 넷플

릭스에서 큰 인기를 끌고 있다). 엘러리 퀸Ellery Queen, 조르주 심
농Georges Simenon, 레이먼드 챈들러Raymond Chandler, G. K. 체
스터턴Gilbert Keith Chesterton 등이 쓴 추리 소설계의 고전들을
100여 권이 넘게 읽었다.

　그러나 나는 이 분야에서 이론의 여지가 없는 제왕은 단
연코 애거사 크리스티Agatha Christie라고 생각하는데, 200억
권이란 책 판매 부수가 그것이 내 생각만은 아니라는 사실을
증명한다. 세월이 흐르면서 나는 고전적인 퍼즐 풀기와 같은
탐정 소설에서 범죄, 첩보 등을 포함한 좀 더 넓은 분야로 영
역을 넓혀 나가 존 르 카레John Le Carré, 요 네스뵈Jo Nesbø, 안드
레아 카밀레리Andrea Camilleri, 프레드 바르가스Fred Vargas 등
의 팬이 되었다. 그러나 반세기가 흐르는 동안 여러 번을 다
시 읽어도《ABC 살인 사건The ABC Murders》《오리엔트 특급
살인Murder on the Orient Express》《패딩턴발 4시 50분4:50 from
Paddington》《그리고 아무도 없었다And Then There Were None》
《다섯 마리 아기 돼지Five Little Pigs》* 등 크리스티의 고전에서
만나는, 판을 뒤집는 플롯 장치와 이야기를 풀어 나가는 솜씨
에 늘 깜짝 놀라곤 한다.

---

*　크리스티의 걸작들 중 유명한 작품으로 꼽히지는 않지만 내가 제일 좋
아하는 작품 중 하나다. 불공평하게 저평가되었다고 주장하는 바다.

　　내가 아끼는 애거사 크리스티 작품 중 미스 마플Miss Marple이 등장하는 《주머니 속의 호밀A Pocket Full of Rye》이라는 작품이 있다. 겉으로는 평범해 보이는 외양을 지닌 할머니 미스 마플은 기민한 관찰력과 날카로운 재치, 인간 심리에 대한 심오한 이해를 무기로 천하무적의 탐정 역할을 해내곤 한다(멋진 콧수염에 거만하고 무자비할 정도로 이성적이면서도 인간에 대한 깊은 연민이 있는 벨기에인 탐정 에르퀼 푸아로Hercule Poirot가 내 최애 탐정이긴 하지만 말이다). 이야기 자체도 기발하지만 제목 또한 인상 깊은 작품이었다(《주머니 속의 죽음》으로 번역된 한국어판도 있지만 영어 제목은 '주머니에 가득한 호밀'로 해석된다-옮긴이). 크리스티의 작품 중에는 영어권의 전래 동요에서 따온 제목들이 꽤 있는데 이 작품 역시 〈6펜스의 노래Sing a Song of Sixpence〉라는 동요 가사의 일부다.(동요 가사는 다음과 같다. "Sing a song of Six pence / a pocket full of rye / four and twenty blackbirds / baked in a pie / when the pie was opened / the birds began to sing / wasn't that a dainty dish / to set before the king?: 6펜스의 노래를 불러 / 주머니에 가득한 호밀 / 지빠귀 스물네 마리를 넣어 / 파이를 구웠지 / 파이를 열자 / 새들이 노래를 부르기 시작했지 / 왕에게 바칠 만한 근사한 요리 아냐?-옮긴이) 제목의 기상천외함은 상관없었지만 한국에서 호밀이라고 부르는 이 '라이rye'란 대체 뭔지 난 궁금했다.

철혈 재상 비스마르크, 철과 호밀의 결혼을 성사시키다

'호밀'을 글자 그대로 해석하면 '북쪽 오랑캐'의 '밀'이다. 한국에서는 뭔가가 대체로 유라시아 대륙의 중부와 북부에서 온 것 같으면(가끔은 잘못된 추측으로) 무조건 '호胡'라는 접두어를 붙이는 습관이 있다. 이 '호'라는 접두어가 상징하는 지역은 만주에서 몽골과 티베트를 거쳐 우즈베키스탄과 튀르키예까지 펼쳐진 넓은 지역을 말한다. 하지만 호밀로 만든 음식을 한 번도 먹어 본 적이 없었던 나는 그 곡물이 실제로 어떤 건지 알 수가 없었다.

영국에 온 다음 나는 호밀을 꼭 먹어 봐야겠다고 결심했다. 내가 제일 좋아하는 탐정 소설 중 하나에서 플롯 전개에 중요한 역할을 하는 호밀을 맛보지 않는다는 건 있을 수 없는 일이었다. 그래서 나는 영국제 호밀 크리스프브래드crispbread(스웨덴어로는 크네케브뢰드knäckebröd라고 하며 호밀 가루로 만든 납작한 크래커로 북유럽의 전통 빵이다-옮긴이)인 라이비타Ryvita부터 맛보았다. 고소하면서도 살짝 시큼한 호밀의 맛이 참 좋았고, 그때부터 라이비타는 밤늦게까지 공부해야 하는 이 대학원생이 한밤중에 찾는 간식이 되었다. 그러다가 나는 다양한 호밀빵의 세계에 발을 들였다. 독일의 호밀 흑빵 펌퍼니클pumpernickel(독일어로는 품퍼니켈-옮긴이)은 너무 밀도가 높아서 친해지기 힘들었지만 더 폭신한 호밀빵들, 특히 캐러웨이caraway 씨를 곁들여 구운 호밀빵은 참 좋았다. 나중에 핀란드를 방문했다가 만난 핀란드식 호밀 크리스프브레드, 특히 소나무 껍질을 갈아 넣은 것들과 사랑에 빠졌다. 그 크리스프브레드를 먹으면 마치 약간 쌀쌀한 북구의 숲 한가운데 서 있는 느낌이 들었다.(소나무 껍질을 넣은 호밀 크리스프브레드는 원래 구황 식품이었다. 핀란드는 1866년부터 1868년까지 대기근이 들어 유럽에서 가장 마지막까지 기근을 경험한 나라라는 기록을 보유하고 있다.)

　　호밀은 원래 현재의 튀르키예가 자리한 지역에서 유래했지만 북유럽 국가들의 식생활을 대표하는 음식으로 꼽힌다. 사촌인데 더 섬약한 작물인 밀은 자랄 수 없는 척박한 북쪽 기후에서도 잘 자라는 강인한 곡물이기 때문이다. 호밀을 가장 많이 소비하는 나라는 러시아고, 폴란드는 1인당 호밀 소비량 면에서 1위인 동시에 이 곡물의 세계 1위 수출국이다. 하지만 호밀 부문의 명실상부 세계 챔피언은 독일이다. 호밀 생산량 1위인 독일은 2위 폴란드보다 33퍼센트나 더 많은 호밀을 매년 길러 낸다.[1] 독일 문화에서 호밀은 너무나 중요한 역할을 하기 때문에 역사적 기록에서도 늘 큰 부분을 차지한다.

　　독일 역사에 등장하는 '철과 호밀의 결혼Marriage of Iron and Rye'은 통일 독일의 첫 총리 오토 폰 비스마르크Otto von Bismarck의 주도로 주로 프로이센을 기반으로 하는 융커Junker

라 부르는 귀족 지주들과 서쪽 라인 지방에서 새롭게 부상한
'중공업' 자본가들 사이에 맺은 정치적 동맹을 가리키는 별칭
이다.

비스마르크는 독일이 통일되기까지(1871년) 그 과정을
지지했던 국민자유당Nationalliberale Partei, NLP과의 오랜 협력
관계를 1879년에 단절했다. 자유 무역을 지지했던 국민자유
당을 버린 비스마르크는 호밀을 생산하면서 정치 권력을 쥐
고 있던 융커들을 설득해 그들의 지지를 확보하고 새로운 보
호주의적 정치 세력을 형성했다. 당시 라인 지방의 산업은 철
강을 비롯한 중공업 제품들을 생산하고 있었지만 우위에 있
던 영국 제품들에 밀려 고전을 면치 못했다. 이런 산업을 보
호하기 위해 관세를 부과하는 정책을 융커들이 받아들이는
대신, 값싼 미국 곡물에 관세를 부과해 그들이 생산하는 독
일 농산물을 보호해 주겠다는 약속을 했다. 이즈음 북아메리
카 초원 지역에 정착민이 늘어나고(1970년대에 인기를 끌었던
미국 드라마 〈초원의 집Little House on the Prairie〉을 떠올리면 된다.
'2장 오크라' 참조) 거기서 생산된 곡물을 미국 동부의 주요 항
구까지 운송할 수 있는 철도가 건설된 덕분에 미국 곡물이 유
럽 시장을 뒤덮기 시작했기 때문이다.

'철혈 재상' 비스마르크가 중재해 형성된 호밀 생산자들
과 철 생산자들 사이의 연합 덕분에 독일 경제는 전례 없는

발전을 거듭했다. 철강, 기계, 화학 등의 새로운 중공업 산업이 보호벽에 의지해 성장했고, 결국 당시 세계 1위였던 영국을 따라잡을 수 있었다. 그 과정에서 농업 부문의 자유 무역이 허락되지 않아 독일인은 식료품을 더 비싼 값에 구입해야 했지만 말이다(하지만 독일이 산업화에 성공함으로써 대부분의 독일인이 소득이 높아졌기 때문에 높은 식료품 가격은 큰 문제가 되지 않았다).

보수주의자 비스마르크가 복지 국가를 처음 만들었다고?

비스마르크의 유산은 독일 중공업의 발전에만 그치지 않는다. 그는 심지어 그보다 더 중요한, 독일을 훨씬 넘어서는 영향을 끼친 업적을 이루었다. 복지 국가의 확립이 바로 그것이다.

복지 국가가 '진보' 정치 세력의 산물이라고 생각하는 사람들이 많다. 미국의 뉴딜 민주당과 영국의 노동당 또는 스칸디나비아의 사회민주당들 같은. 그러나 복지 국가를 처음으로 발명한 사람은 극보수arch-conservative의 대명사인 비스마르크였다.

1871년 이전까지 수십 개의 정치체political entity로 갈라져 있던 독일(18세기까지 거슬러 올라가면 거의 300개 정도 된다)을 통일한 직후 비스마르크는 노동자를 산업 재해에서 보호하는 보험 제도를 도입했다. 비록 모든 노동자를 보호하는 보편적인 보험이 아니라 일부 노동자만 보호하는 것이었지만 이 보험은 노동자를 위한 세계 최초의 공공 보험이었다.

일단 1879년 '철과 호밀의 결혼'을 통해 권력을 공고히 한 비스마르크는 복지 정책의 도입에 속도를 내서 1883년에는 공공 의료 보험을, 1889년에는 공공 연금을 제정했다. 두 제도 모두 세계적으로 전례가 없는 일이었다. 1884년 그는 이전에 확립했던 산업 재해 보험을 확장해서 모든 노동자가 혜택을 보도록 했다. 현대적 복지 국가를 이루는 또 하나의 초석이라 여겨지는 실업 보험을 최초로 도입한 나라는 독일이 아니지만(그 영광은 프랑스에 돌아갔다)* 인류 역사상 최초의 복지 국가를 확립한 주인공은 비스마르크라고 해도 과언이 아닐 것이다.

요즈음 복지 국가를 지지하는 사람은 곧잘 '사회주의자'라고 불린다. 그러나 비스마르크가 복지 국가를 도입한 건 그가 '사회주의자'여서가 아니었다. 그는 이름난 반사회주의자였다. 독일 사회민주당은 활동 자체를 금지당한 정도까지는

---

* 독일이 실업 보험을 도입한 1927년에는 이미 여러 나라가 이 제도를 도입한 후였다. 최초의 실업 보험은 프랑스에서 1905년에 시작되었다.

아니어도 1878년부터 1888년 사이 비스마르크가 유지한 이른바 반사회주의자법Anti-Socialist Laws 때문에 활동을 크게 제한당했다. 그러나 그는 노동자들을 인생의 큰 충격들(산업 재해, 질병, 노령, 실업 등)에서 보호하지 못하면 그들이 사회주의에 경도되리란 사실을 아주 잘 알고 있었다. 이제는 많은 사람이 '사회주의적'이라고 여기는 복지 정책을 비스마르크가 도입한 것은 사회주의의 확산을 방지하기 위해서였다.

　　바로 이런 이유로 많은 사회주의자들, 특히 독일의 사회주의자들은 처음에는 복지 국가에 반대했다. 그들은 복지 제도가 노동자들을 '매수해서' 노동자들이 혁명을 통해 자본주의를 전복하고 사회주의 국가를 확립하는 것을 방해한다고 여겼다. 그러나 시간이 흐르면서 좌파 내에서 개혁적 성향이 혁명적 성향을 압도하면서 좌파 성향을 지닌 정당들도 복지 국가를 받아들이게 되었고, 특히 대공황 이후 적극적으로 이 제도의 확장을 요구하기 시작했다. 2차 세계대전 후 유럽에서는 심지어 중도우파 성향의 정당들마저 복지 국가의 필요성을 받아들인 경우가 많았다. 특히 소련을 비롯한 공산주의 국가들과 체제 경쟁을 벌이는 환경에서 일반 시민이 안심하고 살 수 있게 해 주는 것은 정치적 안정을 이루는 데 매우 중요한 요소임을 깨달았기 때문이다.

복지 국가에 대한 흔한 오해와 진실

복지 국가는 탄생 비화만 오해받는 게 아니다. 본질 자체에 관해서도 오해가 많다.

복지 국가에 대한 가장 흔한 오해 중 하나는 이 제도가 소득 지원, 연금, 주택 보조금, 의료 보험, 실업 급여 등으로 가난한 사람들에게 '무료로' 혜택을 베푸는 것이라는 인식이다. 그리고 이런 '무료' 혜택이 더 잘사는 사람들이 낸 세금에서 나가기 때문에 가난한 사람들이 부자들의 노력에 무임승차를 한다고들 생각한다. 요즘 영국에서 복지 수당 수령자들을 비난할 때 쓰이는 '복지에 빌붙어 먹고 사는 자들welfare scroungers'이란 표현이 점점 더 자주 들리는 것도 이런 이유에서일 것이다.

그러나 복지 혜택은 무료가 아니다. 모두가 비용을 부담한다. 사람들이 받는 복지 혜택의 많은 수가 '사회 보장 분담금social security contribution'에서 지출된다. 다시 말해 대부분의 납세자가 부담하는 노령이나 실업과 같은 특정 분담금과 연결된 지급이라는 의미다. 이에 더해 대부분의 사람은 소득세를 낸다. 물론 '일률 과세flat tax' 제도를 가진 나라에 살지 않는 이상 가난한 사람들이 부자들보다 세금을 덜 내기는 하지만 말이다. 그리고 소득세가 면제되는 극빈층에 속하는 사람들마저 물건을 살 때 부가가치세, 일반 판매세, 수입 관세

등의 '간접세'를 낸다.[2] 사실 비율로 따지면 가난한 사람들이 느끼는 간접세 부담이 훨씬 크다. 예를 들어 2018년 영국에서는 소득 최하위 20퍼센트 가구가 낸 간접세는 소득의 27퍼센트인 데 반해 최상위 20퍼센트가 부담한 간접세는 소득의 14퍼센트에 불과했다.[3]

이렇게 이해하면 복지 국가를 통해 '무료로' 혜택을 입는 사람은 아무도 없다는 것이 분명해진다.* 뭔가가 '무료'인 것처럼 보이면 그것은 '받는 순간 무료'처럼 보이기 때문이다. 예를 들어 영국에서는 국민 보건 서비스National Health Service, NHS를 통해 의료 서비스를 공공화한 덕분에 병원에 갈 때마다 돈을 내지 않아도 된다. 그러나 영국 거주자라면 세금과 사회 보장 분담금을 통해 병원비는 이미 지급한 셈이고 앞으로도 계속 지급할 것이다.

복지 국가는 누구에게나 일어날 수 있는 일을 대비해 시민 모두가 공동 구매하는 사회 보장 상품으로 이해하는 것이 좋다. 복지 국가가 소득의 하향 재분배 요소를 가지고 있을 수 있지만(세금 제도와 복지 제도가 어떤 식으로 고안되어 운용되는지에 따라 그렇지 않을 수도 있다) 그것은 심지어 복지 제도의

---

* 노동자에게 생계 급여 이하의 임금을 지급해 그들이 생존을 위해 복지 국가에 의존하도록 만들면서 정작 기업 등록을 조세 도피처에 해서 탈세를 하는 기업이야말로 '무료로' 혜택을 입는다고 할 수 있겠다.

핵심 역할조차 아니다.

복지 국가의 가장 중요한 점은 그 나라의 시민(그리고 장기 거주자) 모두가 동일한 보험 패키지를 대량 구매를 통해 싼 값에 구입한다는 사실이다. 이 부분을 가장 쉽게 이해하려면 바로 부자 나라 중 보편적 공공 의료 보험 제도가 없는 유일한 나라인 미국과 다른 부자 나라들의 의료 비용을 비교해 보면 된다.

GDP에 대한 비율로 볼 때 미국인은 비슷한 경제 수준의 다른 부자 나라 시민에 비해 적어도 40퍼센트 이상, 많으면 2.5배 정도를 의료비에 더 쓴다(미국은 GDP 대비 17퍼센트인데 반해 아일랜드는 6.8퍼센트, 스위스는 12퍼센트다).[4] 그럼에도 불구하고 미국인의 건강 지표는 선진국 중 최악이어서 다른 부자 나라들에 비해 미국에서는 '건강한 상태'를 유지하는 비용이 훨씬 비싸다는 것을 알 수 있다. 이런 현상을 설명하는 다양한 시각이 있을 수 있지만,* 중요한 이유 한 가지는 미국의 의료 시스템이 조각조각 분산되어 있어서 의료 제도가 더 잘 통합되어 있는 다른 나라들에 비해 공동 구매를 통해 얻는 혜택을 보지 못한다는 점일 것이다. 예를 들어 국가 전체 시스템을 통한 '대량 구입' 디스카운트를 받는 대신 모든 병원(또는 병원 그룹)은 개별적으로 약과 의료 장비를 구입해야 하며, 의료 보험 회사들은 (이윤 추구 기업이므로 더 높은 보험료를 부과하는 데 더해) '규모의 경제' 혜택을 볼 수 있는 통합된 시스템 대신 각각 자체 시스템을 운영하는 비용을 들여야 한다. '집단 구매를 통한 비용 절감' 논리에 설득되지 않는 사람들도 있을 것이다. 그러나 그루폰Groupon 같은 곳을 통해 공동 구매로 할인된 물건을 사 본 경험이 있다면 이미 복지 국가의 논리를 받아들인 것이나 마찬가지다.

*　　*　　*

복지 국가는 자본주의 체제가 경제적 역동성을 추구하는 과정에서 불가피하게 초래하는 개인들의 불안을 해결할 수 있는 가장 효과적인 방법으로 부상했다. 거기에 더해 잘 설계된 복지 국가는 새로운 테크놀로지와 새로운 노동 관행에 대한 사람들의 저항을 줄여서 자본주의 경제를 더 역동적

✤　　예를 들어 소득 불평등이 더 큰 미국에서는 비율적으로 더 많은 사람이 더 심한 스트레스에 시달리고 건강하지 못한 식생활을 하고 있다. 리처드 윌킨슨Richard Wilkinson과 케이트 피킷Kate Pickett의 유명한 저서 《평등이 답이다 The Spirit Level: Why Equality Is Better for Everyone》에 따르면 불평등이 심하면 '사회적 위상에 대한 불안감'이 더 크고, 이는 건강에 악영향을 준다고 한다. 가공 식품 산업이 힘이 세기 때문에 미국인은 건강에 좋지 않은 음식을 더 많이 섭취한다. 미국의 도시 구조상 값싸고 영양가 높은 식자재와 음식을 손에 넣기가 힘든 '음식 사막'이 더 많이 존재한다.

으로 만드는 데 기여할 수 있다. 이를 증명하는 가장 좋은 예
는 북유럽 국가들일 것이다('16장 딸기' 참조).[5] 이렇게 본다면
1980년대 이후 신자유주의 이데올로기에 의해 끝없이 공격
을 당해 왔음에도 복지 국가가 계속 확산되고 있는 건 놀라운
일이 아니다.*

　현재 부자 나라 사람들이 누리는 안전—그리고 번영—
은 더 유명한 사촌 곡물인 밀보다 훨씬 열등하다고 여겨지는
수수하고 강인한 곡물 호밀 덕분이라고 할 수 있다. 프로이센
의 지주들이 생산하던 호밀을 보호하겠다고 약속하지 않았
으면, 제아무리 비스마르크라 한들 세계 최초의 복지 국가 건
설을 가능케 한 정치적 동맹을 이루어 내지 못했을 것이기 때
문이다.

---

*　　1930년대만 해도 현재의 부자 나라들의 복지 국가 예산(더 기술적으로 말
하자면 가난한 계층에 대한 소득 지원, 실업 급여, 연금, 의료 및 주택 보조금을 포함한
사회적 지출)은 보통 GDP의 1~2퍼센트에 지나지 않았고, 가장 비율이 높았
던 독일마저 4.8퍼센트에 불과했다. 1980년대에 접어들 무렵 선진국들의 평
균 사회적 지출은 GDP의 15.4퍼센트였다. 현재(2010~2016년)는 이 수치가
20.8퍼센트까지 늘었다.

12장

닭고기
Chicken

하리사 소스에 재운 채소와 닭 요리

닭고기와 가지, 애호박, 양파를
한 입 크기로 자른 후 하리사 소스, 올리브유,
소금에 재워 두었다가 구운 요리

저자 레시피

왜 러시아 항공사는 기내식으로 닭 요리만 내놓았을까

불쌍한 닭. 닭을 심각하게 대하는 사람은 아무도 없다. 힌두교에서 소를 숭배하듯 닭을 숭배하는 문화도 없고, 이슬람교나 유대교에서 돼지를 금기시하듯 닭을 폄하하는 문화도 없다. 심지어 닭은 정식으로 미움받지조차 못한다. 종교적·문화적 이유가 아니라 단순히 개인적인 취향 때문에 특정 육류를 피하는 사람들이 있다. 돼지고기를 먹지 않는 힌두교도가 많고, 양고기를 먹지 않는 한국인도 많다. 돼지고기나 양고기가 금기 사항이 아닌데도 말이다. 하지만 육류를 먹을 의향이 있는 사람이라면 대부분 닭고기는 마다하지 않는다.

이렇게 닭고기가 보편적으로 받아들여지는 건 닭이라는 동물 자체가 상대적으로 존재감이 약하기 때문일지 모른다. 작은 몸집에 비교적 유순한 조류인 닭은 소, 말, 돼지처럼 덩

치가 크지도 않고, 양이나 염소처럼 강인한 생명력을 가진 고
집스러운 동물도 아니다. 하지만 더 중요한 이유는 닭이 다양
한 방법으로 단백질을 섭취할 수 있도록 해 주고, 맛도 중립
적인 데다 조리도 비교적 쉽기 때문일 것이다. 닭을 조리하는
방법은 그야말로 다양하지 않은가. 튀김(미국 남부식 프라이드
치킨, 일본식 도리노가라아게鶏のから揚げ, 한국식 양념치킨 등), 볶
음(중국, 태국을 비롯한 수많은 나라에서 사용하는 조리법으로 너
무 다양해서 열거하기조차 힘들다), 스튜(프랑스식 코코뱅coq au
vin, 북아프리카식 닭고기 타진tagine), 구이(유럽식 다양한 닭구이
요리, 남아시아의 탄두리 치킨tandoori chicken), 직화 구이(말레이
지아식 또는 태국식 닭고기 사테satay, 아프리카-포르투갈식 피리-
피리piri-piri 닭 요리), 훈제(자메이카식 저크jerk 치킨), 삶기(찹쌀
과 인삼 뿌리를 넣고 닭을 통째로 삶는 한국식 삼계탕 요리, 유대식
치킨 수프) 등 상상할 수 있는 모든 조리법이 존재한다. 심지
어 나는 메뉴의 모든 음식을 닭고기로만 만드는 일본의 한 식
당에서 닭고기 사시미까지 먹어 본 적 있다.

　　보편적으로 모두가 먹는 육류라는 면에서 항공사들이 닭
고기를 애용하는 건 놀라운 일이 아니다. 제한된 공간에서 엄
청나게 다양한 음식 취향과 금기 사항을 모두 만족시켜야 하
기 때문이다. 러시아 국영 항공사인 아에로플로트Aeroflot는
소련이 붕괴하기 전 이 원칙에 극도로 충실했던 듯하다.

1980년대 말 케임브리지대학교 대학원에서 함께 공부하던 내 인도인 친구 하나는 고국을 방문할 때 늘 모스크바를 경유하는 아에로플로트를 이용했다. 아에로플로트는 생각할 수 있는 모든 면(편안함, 시간 엄수, 승무원 친절도 등)에서 최악이었지만 항공료가 월등히 쌌기 때문에 여러 불편을 의연히 참으면서 이 항공사를 이용하는 인도인 친구들이 많았다. 그 친구에 따르면 거의 아무 맛도 나지 않는 창백하고 식어 빠진 닭고기 요리가 유일한 기내 식사였다고 한다. 그런 비행 중 한번은 내 친구가 같은 비행기를 탄 다른 인도인 승객이 자기가 채식주의자라면서 승무원에게 닭고기 말고 다른 식사를 줄 수 없는지 묻는 것을 들었다. 하지만 승무원은 곧바로 쏘아붙였다. "안 돼요, 손님, 아에로플로트에서는 모두가 평등해요. 사회주의 항공사잖아요. 특별 대우란 건 없습니다."

모두를 똑같이 대하는 건 불공평이다

그 아에로플로트 승무원의 반응은 사람은 누구나 동등한 가치를 지닌 소중한 존재이기 때문에 모두 평등하게 대해야 한다는 소련의 원칙을 극단까지 몰고 간 것이었다. 장관이든, 의사든, 탄광에서 일하는 광부든, 청소부든 누구나 같은 양의 빵, 설탕, 소시지, 신발(1년에 한 켤레) 등 모든 것을 배급 또는 집단을 통해 공급받았다.*

평등과 공평성에 대해 이런 식으로 접근하는 방식에는 심각한 문제가 있다.

인간이면 누구나 동일한 '기본적 필요'가 충족되어야 한다는 것은 사실이다. 깨끗한 물, 안전한 주거지, 영양가 있는 음식 등은 우리 모두에게 필요한 것들이다. 그런 의미에서 사회주의 원칙은 한쪽에서는 굶어 죽어 가는데 다른 한쪽에서는 사치와 향락을 누리는 일이 비일비재한 봉건 사회와 자본주의 사회의 관행에 대해 매우 중요한 비판을 한다고 할 수 있다. 그러나 그렇게 일단 기본적인 필요를 충족시키고 난 후에 인간이 필요로 하는 것은 너무나 각양각색이어서 모든 사람을 똑같이 대우하는 원칙은 금세 문제가 되고 만다.

많은 사회에서 주식으로 먹는 빵을 예로 들어 보자. 심각한 식량난이 벌어진 상황(소련이 농업 집단화를 감행한 이후 1928~1935년 사이 겪었던 기근, 또는 2차 세계대전 후

---

* 적어도 이론은 그랬다. 그러나 현실은 달랐다. 사람마다 받는 급여가 상당히 차이 났을 뿐 아니라(자본주의 국가만큼 그 차이가 크지는 않았지만) 정치 엘리트들은 특별 대우를 받았다―더 좋은 집에 살고, 더 좋은 질의 물건(수입품인 경우가 많았다)을 파는 특수한 상점들에 출입이 가능했고, 자본주의 국가를 여행하는 기회(무엇보다 자국의 보통 사람들은 구할 수 없는 사치품을 구입하는 기회)도 누렸다.

1946~1948년 사이 영국이 경험했던 식량 부족 사태 등)이라면 모든 사람에게 하루에 한 번씩 같은 양의 빵을 나누어 주는 것이 공평하다고 생각할 수 있다. 그러나 그 빵이 효모를 써서 만든 밀가루 빵이라면 공평하지 않다. 밀가루 단백질인 글루텐gluten을 소화시키지 못하는 복강병coeliac disease, celiac disease을 겪는 사람처럼 그런 빵을 먹지 못할 수도 있고, 유월절 관습을 지키고 있는 유대교인일 수도 있기 때문이다(유대교인은 유월절 기간에는 발효한 빵을 먹지 않는다-옮긴이). 또 다른 예를 들어 보자. 공공건물에 화장실을 지을 때 남자 화장실과 여자 화장실을 같은 크기로 짓는다고 하면 공평하게 들릴지 모른다. 인구의 절반이 남성, 다른 절반은 여성이기 때문이다. 그러나 여성들은 화장실에서 시간이 더 오래 걸리고 공간도 더 필요하기 때문에 남녀 화장실 크기가 같은 것은 매우 불공평하다. 영화관이나 음악회장에서 여자 화장실 앞에만 줄이 길게 늘어서는 건 바로 이런 이유에서다.

요컨대 서로 다른 필요를 가진 사람들을 모두 똑같이 대하는 것 — 채식주의자에게 닭고기 요리를 준다든지, 복강병을 가진 사람에게 밀가루 빵을 준다든지, 남녀 화장실을 같은 크기로 만든다든지 하는 것 — 은 근본적으로 불공평한 일이다. 아에로플로트 승무원이 생각했던 것과는 달리 서로 다른 필요를 가진 사람을 다르게 대하는 것은 특별 대우가 아니다.

그것은 공평함의 가장 중요한 조건 중 하나다. 기내식 메뉴에 채식 요리를 포함시키는 것, 글루텐이 들지 않은 빵을 준비하는 것, 여자 화장실을 더 크게 더 많이 짓는 것은 채식주의자나 만성 소화 장애를 가진 사람이나 여성을 특별 대우하는 것이 아니다. 그저 그들의 기본적인 필요를 충족시키는 데서 다른 사람들과 동등한 위치를 보장해 주는 일일 뿐이다.

가장 중요한 전제 조건, 기회의 평등

흥미롭게도 사회주의와는 정치적으로 정반대의 극단에 선 사람들, 다시 말해 자유 시장 경제학자들도 방식은 완전히 다르지만 평등과 공평함에 관해서는 사회주의자들 못지않게 편협한 시각을 가지고 있다.

자유 시장 경제학자들은 사회주의 체제가 실패한 건 경제에 공헌하는 정도가 각자 엄청나게 다른데 모든 사람에게 비슷한 보상을 함으로써 불평등을 줄이려 했기 때문이라 주장한다(사실 마오쩌둥毛澤東 치하의 중국, 크메르 루주Khmer Rouge 정권 당시의 캄보디아 같은 극단적인 경우를 제외하고는 보상이 '동일'했던 적은 한 번도 없다). 자유시장주의자들은 발명가, 투자 은행가, 신경과 전문의, 연예인 등은 경제에 막대한 공헌을 하는 사람들이라고 지적한다. 그런 소수를 제외한 대부분의 사람들은 자기가 하는 일을 그럭저럭 잘하는 수준이고, 심지어 매우 기초적인 일밖에 하지 못하는 사람들도 있다는 것이다. 상황이 이런데 모든 사람에 대한 보수 격차를 매우 좁게 유지해서 불평등을 줄이는 건 재난을 부르는 일이라는 것이 그들의 주장이다. 더 능력 있는 사람들이 사회에 공헌한 것에 비해 보상이 적으면(경우에 따라 매우 적으면) 열심히 일하고, 투자하고, 혁신하려는 의욕을 잃게 되기 때문에 사회적으로 역효과를 낳고 비생산적인 결과로 이어진다는 것이다.

따라서 이 부류의 경제학자들은 각 개인이 자기 능력을 모두 발휘해서 경쟁하도록 하고, 그 경쟁의 결과를 받아들여야 한다고 생각한다. 비록 그것이 어떤 시각에서 볼 때는 지나친 소득 불평등을 낳는다 해도 말이다. 그들은 이것이야말로 가장 생산적이고 공평한 체제라고 말한다. 각 개인이 자신의 능력을 최대한으로 발휘할 수 있도록 최대한의 동기 부여를 할 수 있으므로 가장 생산적이며, 경제에 대한 공헌도에 따라 보상이 결정되므로 가장 공평하다는 것이다.

공헌도에 따라 보상을 결정해야 한다는 원칙이 타당성을 획득하려면 한 가지 중요한 조건이 충족되어야만 한다. 바로 모든 사람에게 자신의 잠재력을 최대한으로 발휘할 수 있는 직업을 가질 수 있는 기회가 주어져야 한다는 조건이다. 다시 말해 '기회의 평등equality of opportunity'이 이루어져야 한다는 이야기다.

이것은 쉽거나 가볍게 충족시킬 수 있는 조건이 아니다. 역사적으로 계층, 성별, 인종, 종교 등을 이유로 사람들의 교육과 직업 선택의 권리에 공식적인 제한을 둔 사회가 매우 많았다. 옥스퍼드대학교와 케임브리지대학교는 영국 성공회 신자가 아닌 사람들(가톨릭교도, 유대교도, 퀘이커교도 등)을 1871년까지 받지 않았다. 또한 옥스퍼드는 1920년, 케임브리지는 1948년까지 여성에게 학위를 수여하지 않았다.* 남아프리카공화국에서 아파르트헤이트Apartheid가 실시되던 동안 흑인과 유색인coloured(아파르트헤이트 체제에서 혼혈인 사람들을 이렇게 불렀다)은 심각한 재정난에 시달릴 뿐 아니라 학생 수도 너무 많은 비백인 대상 대학들에만 입학이 허용되어서 대학 졸업 후에도 괜찮은 직장을 얻기가 거의 불가능했다.

이제는 이런 공식적인 차별은 거의 모두 사라졌지만 지구상의 어느 나라도 진정한 의미의 기회 평등을 이루어 내지 못하고 있다. 예를 들어 일터에서 여성은 남성과 동등한 기회를 누리지 못한다. 여성이 가족보다 커리어를 더 중요시하지

---

* 영국 성공회교도가 아닌 학생에게 옥스퍼드, 케임브리지, 더럼 같은 대학교에 입학이 허가된 것은 1871년부터다. 여성은 19세기 말부터 옥스퍼드와 케임브리지에서 공부하는 것은 허락되었지만 옥스퍼드는 1920년까지, 케임브리지는 1948년까지 학위를 주지 않았다.

않을 것이라는 편견, 심지어 선천적으로 남성보다 열등한 존재라는 잘못되고 역겨운 성차별적 시각 탓이다. 또한 여러 인종이 혼재하는 모든 사회에서는 교육, 고용 시장, 일터에 인종적 편견이 난무한다. 그에 따라 더 능력 있는 소수 인종 출신보다 상대적으로 능력이 떨어지는 다수 인종 출신에게 기회가 돌아가는 경우가 허다하다.

'자기 검열' 때문에 당하는 차별도 있다. 많은 문화권에서 과학, 공학, 경제학 등을 비롯한 일부 과목은 '남성적'인 것으로 간주되어서 총명한 어린 여성들이 자기 적성에 맞는데도 불구하고 '자진해서' 그 분야를 선택하지 않는 사례가 많다.◆ 1980년대 초 한국에서 경제학과 학부 공부를 하던 시절 우리 과 정원 360명 중 여성은 6명에 지나지 않았고, 1200명이 넘는 공대 학생 중 여성은 단 11명뿐이었다.◆◆ 여성은 공학이나 경제학을 공부할 수 없다는 규칙이 공식적으로 존재했던 것

◆　그러나 나라에 따라 상당히 다른 양상을 관찰할 수 있다. 가장 남성적이라 간주되는 과목인 공학에서도 키프로스에서는 공학 전공 졸업생의 50퍼센트가 여성이고, 덴마크와 러시아도 그 숫자가 각각 36퍼센트, 38퍼센트에 달한다. 반면 일본과 한국은 5~10퍼센트에 그치고 있다. 유네스코 데이터를 참조했다.

◆◆　다행히 이제는 내 모교 경제학과 학부는 여성이 30퍼센트를 넘어서 40퍼센트에 육박하고 있고, 공대도 여성 비율이 점점 늘어서 15퍼센트 정도가 되었다. 아직 갈 길이 멀지만 40여 년 전보다 훨씬 나아진 것은 사실이다.

은 아니지만 수많은 명석한 여성들이 영문학이나 심리학 같은 '여성적인' 과목을 선택했다. 그 과목들이 자기에게 더 어울린다고 생각하도록 사회화가 되었기 때문이다.***

다시 말해 공식적으로든 비공식적으로든 사회 구성원의 일부가 어떤 직종에서 필요한 역량과 상관없는 성별, 종교, 인종 등의 요소 때문에 최고의 교육 기회나 일자리를 놓고 하는 경쟁에 애초부터 참여하지도 못하게 되어 있다면 그 경쟁의 결과를 가장 생산적이거나 가장 공평하다고 할 수 없을 것이다. 기회의 평등은 없어서는 안 될 핵심 요소다.

기회의 평등에 더해 결과의 평등이 필요하다

자, 어떤 미래의 사회가(너무 먼 미래는 아니기를 바란다) 모든 사람이 같은 조건에서 경쟁할 수 있는 기회의 평등을 이루었다고 가정해 보자. 거기에 더해 모든 사람이 같은 규칙 아래 경쟁한다고 가정하자(실생활에서 규칙이 왜곡되어 적용되는

*** 자기 검열을 강조하고 있기는 하지만 대학에 진학하는 여성들이 하는 선택이 모두 또는 주로 성 역할에 대한 사회 규범을 내면화한 결과라고 말하려는 것은 아니다. '남성적'인 과목을 선택하지 않은 것이 부모의 반대 때문이었을 수도 있고, 친인척과 친구들의 거부 반응을 두려워해서였을 수도 있다. 이 점을 지적해 준 페드루 멘데스 루레이루Pedro Mendes Loureiro에게 감사한다.

경우는 매우 흔하다. 미국에서 부모나 조부모가 다녔던 대학교에 지원하면 가산점을 받는 동문 자녀 특혜 입학, 즉 '레거시legacy' 입학 제도가 좋은 예다). 이런 사회에 불평등이 존재한다면 우리는 그것을 받아들여야 할까? 모든 사람에게 같은 규칙에 따라 공정하게 경쟁할 기회가 주어졌기 때문에 결과를 순순히 받아들여야 할까?

유감스럽게도 그런 사회에서마저 불평등이 정당하다고 받아들일 수는 없다.

모든 사람에게 똑같은 규칙 아래서 경쟁할 수 있는 동등한 기회가 주어졌다고 그 경쟁이 진정으로 공평한 것이라 할 수는 없다. 달리기를 할 때 어떤 사람은 한쪽 눈이 보이지 않거나 다리가 하나밖에 없다면 모두가 출발하는 지점이 같다고 해서 그것을 공평한 경주라고 할 사람은 없을 것이다.* 이와 마찬가지로 실생활에서 이론적으로 모든 사람에게 원하는 일자리를 놓고 경쟁할 수 있는 동등한 기회가 주어졌다고 한들 일부 성원이 그 경쟁에 참여하는 데 최소한으로 필요한 능력을 갖추지 못했다면 그 경쟁은 공평한 것이 아니다. 어릴 때 영양 부족으로 두뇌 발달이 제대로 되지 않은 사람도 있을 것이고, 교육에 대한 재정적 지원이 부족한 가난한 지역에서 자라 제대로 된 교육을 받지 못한 사람도 있을 것이다. 다시 말해 사회의 모든 성원이 주어진 기회를 활용하는 데 최소한으로 필요한 능력을 갖추지 못했다면 기회의 평등 또한 의미를 잃고 만다.

따라서 인생의 경주를 진정으로 공정하게 하려면 그 경주에 참여하기 전 모든 어린이가 경주에 필요한 최소한의 능력을 기를 수 있도록 해 주어야 한다. 그러기 위해서는 모든 어린이가 균형 잡힌 영양, 의료, 교육, 놀이 시간(어린이 성장에 놀이가 중요한 역할을 한다는 사실이 점점 더 크게 부각되고 있다)을 누리며 자랄 수 있어야 한다. 그리고 이것이 가능하려면 자녀를 기르는 사람들(부모, 친척, 보호자 등)이 처한 환경과 상황의 차이가 너무 크지 않아야 한다. 아이들을 올더스 헉슬리Aldous Huxley의 《멋진 신세계Brave New World》나 현재의 북한처럼 아이들을 공동 양육하지 않는 한 말이다(그러나 북한에서도 정치

❋   사실 현실에서 벌어지는 스포츠 경기에서 우리는 선수들의 능력에 따라 공정한 조건을 부여하는 문제를 매우 심각하게 받아들이고, 그에 따라 진정으로 공평한 경쟁을 할 수 있도록 하기 위해 온갖 종류의 장치를 마련한다. 장애인 올림픽이 따로 있을 뿐 아니라 성별, 나이, 체중별로 세분해서 경기를 치른다. 특히 권투, 레슬링, 태권도, 역도처럼 체중에 따른 체급이 정해진 경기에서는 무엇이 공정한 경쟁인지에 대한 매우 엄격한 기준이 존재한다. 예를 들어 권투의 경량급은 3~4파운드, 즉 1.5~2킬로그램 차이로 체급이 달라진다. 이 말은 어떤 선수가 자기보다 2킬로그램 정도 가벼운 선수를 후려치는 것이 너무나 불공평하다고 간주되어서 그 정도 차이가 나면 아예 같은 링에 서지조차 못하게 한다는 의미다.

엘리트 계급의 자녀들이 가는 시설은 더 좋다는 이야기를 들었다).
결국 기회의 평등만으로는 충분하지 않고, 비교적 높은 수준
의 '결과의 평등equality of outcome'이 필요하다는 의미다.

　　결과의 평등을 어느 정도 보장하는 것은 시장 규제로 성
취할 수도 있다. 어떤 규제는 경제적 강자로부터 약자를 보호
하는 역할을 한다. 가령 스위스와 한국은 영세 농민(농산물 수
입을 제한하는 방법으로)과 영세 소매업자(대형 소매업체를 규제
하는 방법으로)를 보호함으로써 소득 불평등을 낮춘다. 금융
규제(높은 이윤을 낼 가능성이 있지만 위험 또한 높은 투기성 금융
행위 제한 등)나 노동 시장 규제(적절한 최저 임금제 시행, 병가
수당 인상 등)를 통해서도 불평등도를 낮출 수 있다. 그러나 평
등도가 높은 유럽 복지 국가들의 예에서 볼 수 있듯이 결과의
평등은 직접적인 소득 재분배가 되었든 교육, 의료, 식수 같은
양질의 '기초 서비스'를 누구나 받을 수 있도록 보장하는 방
법이 되었든 복지 정책을 통해 부를 재분배하는 방법이 더 효
과적인 경우가 많다('11장 호밀' 참조).

＊　　＊　　＊

　　불평등에 대한 논의는 너무나 오래도록 잘못된 방향으로
진행되어 왔다. 개인의 필요와 역량은 무시한 채 결과와 기회

에만 초점을 맞추어 왔기 때문이다. 좌파는 모든 사람에게 결과의 평등을 보장하는 것이 공평한 일이라 생각한다. 그래서 개인마다 다른 필요와 역량을 가지고 있다는 사실을 무시한다. 반면에 우파는 기회의 평등으로 충분하다고 생각한다. 그래서 진정으로 공정한 경쟁이 되려면 개인 간의 역량이 어느 정도는 균등해야만 한다는 사실을 간과한다. 이것은 부모 세대가 상당한 정도로 결과의 평등을 누려야 가능한데, 그렇게 되려면 소득을 (하향) 재분배하고, 모든 사람에게 양질의 기초 서비스를 제공하고, 시장을 규제해야 한다.

채식주의자에게 닭고기 기내식을 주는 것이 공평한 일이라 생각하는 항공사를 원하는 사람은 없을 것이다. 그러나 우리는 승객들의 여러 가지 취향과 필요를 모두 맞추어 주는 다양한 기내식(아마 닭고기 요리만 해도 한 가지만 있지 않을 것이다)을 제공하지만 표가 너무 비싸서 극소수만 이용할 수 있는 항공사 또한 원치 않는다.

13장

고추
Chilli

고추김치	한국
고춧가루, 다진 마늘, 멸치 액젓으로 양념을 한 풋고추 김치	저자 장모님 레시피

고추 벨트와 스코빌 척도

매운맛 때문에 고추를 두려워하는 사람이 많은 건 당연히 이해가 간다. 익숙하지 않은 사람이 매운 고추를 먹으면 입이 타들어 가고, 눈물이 줄줄 흐르는가 하면, 통증 때문에 땀이 나고, 심지어 장이 꼬이는 듯 배가 아플 수 있다. 하지만 멕시코(고추의 영어 이름 '칠리chilli'가 유래한 나라)에서 시작해 페루, 카리브해 연안국, 북아프리카, 남아시아, 동남아시아를 거쳐 중국, 한국으로 이어지는 지역, 내가 '고추 벨트Chilli Belt'라고 이름 붙인 이 지역 사람들에게 매운 고추의 후끈한 맛이 없는 음식은 상상할 수 없다.

고추의 매운맛은 사실 미각이 아니라 통감이다. 이 매운'맛'이란 건 알고 보면 고추 '베리'(그렇다, 고추도 변장한 '베리'다. '16장 딸기' 참조)가 엄청나게 정교한 화학적 눈속임을 동원해 연출한 마법 같은 현상이다. 타는 듯한 느낌, 특히 점막을 태우는 듯한 느낌을 주지만 매운맛의 주역인 캡사이신 capsaicin은 실제로는 직접적으로 조직을 손상하지 않는다. 그냥 몸이 그런 손상을 입고 있다고 뇌를 속이는 것이다. 캡사이신은 '몸이 극단적인 온도나 산 또는 부식성 물질과 접촉하거나 찰과상, 마찰상을 입었다는 것을 감지'하는 감각 수용체와 결합해서 이런 효과를 낸다.[1]

고추의 매운맛은 매우 중요한 이슈여서 매운 정도를 측정하는 기준까지 따로 마련되어 있을 정도다. '스코빌 척도 Scoville Scale'라 부르는 이 기준은 미국의 약사 윌버 스코빌 Wilbur Scoville이 1912년 만들었다.* 그는 마른 고추를 알코올에 담가 매운맛을 내는 요소인 캡사이시노이드capsaicinoid를 녹여 낸 다음 설탕물로 희석해서 5명으로 이루어진 시식단에게 맛을 보게 해 매운맛이 느껴지는지 판별하도록 했다.[2] 특정 고추 1용량을 1만 배의 물로 희석했을 때 시식단의 과반수

---

* 피망의 스코빌 매움 단위SHU는 100 이하고, 한국 고추 중 가장 매운 종류인 청양고추는 1만에서 2만 5000 사이를 보인다. 태국의 새눈고추bird's-eye chilli는 5만에서 10만, 종류에 따라 다르지만 아바네로 고추Habanero chilli는 10만에서 75만 정도 된다. 캐롤라이나 리퍼 고추Carolina Reaper chilli 중에 제일 매운 표본은 스코빌 매움 단위 2200만을 기록해 세계에서 가장 매운 고추로 기네스북에 올랐다.

(5명 중 3명 이상)가 매운맛을 느끼지 못하면 1만 스코빌 매움 단위Scoville Heat Unit, SHU가 주어진다.

스코빌 척도만큼 정교하지는 않지만 '고추 벨트' 국가의 음식을 전문으로 하는 식당이 고추를 많이 먹지 않는 나라에서 영업할 때는 흔히들 '고추 척도'를 사용해서 고객들이 고추로 인한 고통을 피할 수 있도록 배려한다. 보통 메뉴에 고추를 0개부터 2~3개 정도까지 그려 넣어 매운맛의 정도를 알려 준다.

쓰촨 요리는 고추 표시가 없어도 고추가 들어 있다

경제사회 개발 운동가로 명성을 쌓은 내 친구 덩컨 그린 Duncan Green*과 2000년대 초 함께 간 런던에 있는 쓰촨 요리 四川料理 전문점도 메뉴에 고추 표시가 되어 있었다. 하지만 그 식당의 고추 표시는 다른 곳과 달리 0개에서 5개로 더 범위가 넓었다. 대부분의 쓰촨 요리는 고추가 어떤 형태로든(생고추,

---

＊   덩컨은 현재 부상하고 있는 '사회변화학science of social change'의 개척자 이기도 하다. 그의 저서《빈곤에서 권력까지: 활동하는 시민과 효과적인 정부가 어떻게 세상을 변화시키는지, 변화는 어떻게 일어나는지에 관하여From Poverty to Power: How Active Citizens and Effective States Can Change the World and How Change Happen》참조.

마른 고추, 고춧가루, 절인 고추뿐 아니라 고추가 들어간 발효 콩장인 두반장豆瓣醬, 고추기름 등) 조금은 들어가기 마련이고,[3] 그래서 보통 다른 식당에서 사용하는 2~3개 정도의 고추 표시로는 매운맛의 다양성을 제대로 구분하기 힘들다고 판단한 듯했다.

한국인답게 나는 고추가 5개 그려진 가장 매운맛을 시도해 보고 싶었지만 함께 간 덩컨이 매운 음식을 잘 먹지 못한다는 것을 고려해 자제하고 고추 숫자가 한두 개 적은 요리를 주문했다. 덩컨은 매운 음식에 도전하고 싶어 하긴 했지만 고추 표시가 전혀 없는 음식을 보험으로 하나 주문했다. 다른 요리가 너무 매워서 전혀 못 먹는 최악의 상황이 벌어지더라도 최소한 한 가지는 즐길 수 있으리란 전략이었고, 나도 매우 현명한 생각이라는 데 동의했다.

그러나 도착한 음식을 본 덩컨은 하얗게 질리고 말았다. 고추 표시가 되어 있지 않아 '고추가 들어가지 않았을 것'이라고 추측하고 주문한 음식에 새끼손가락만 한 마른 고추가 5~6개 올라가 있었기 때문이다. 영문을 알 수 없었던 덩컨은 음식을 가져온 직원에게 무슨 실수가 있었던 것 아니냐고 물었다. 그 직원은 그렇지 않다고 답했고, 고추 표시가 전혀 없는 음식을 주문했다고 항변하는 덩컨에게 돌아온 설명은 '고추 표시가 안 되어 있다고 해서 고추가 전혀 안 들어간다는 의미는 아니다'라는 답변이었다. 그 직원은 이해력이 좀 떨어지는 아이에게 되풀이해 설명하는 초등학교 선생님을 연상시키는 인내심을 보이면서 고추 표시는 음식에 들어 있는 고추 양이 아니라 상대적으로 매운 정도를 표시하는 것일 뿐이라고 말했다.

불쌍한 덩컨은 자신의 운명을 받아들이고 고추를 빼고 먹는 쪽으로 방향을 선회했지만 캡사이시노이드가 이미 얼마간 퍼진 후라 그마저도 조금 너무 매웠다. 다른 요리들까지 용감하게 전부 맛보았고, 모두 맛있다는 결론을 내렸지만 상당한 양의 땀과 눈물이 함께한 과정이었다.

이 이야기는 해피 엔딩으로 끝난다. 덩컨은 고추 맛을 좋아하게 되었고, 그 식당을 계속 찾아간 끝에 결국 그가 제일 좋아하는 식당 중 하나가 되었다.

GDP가 무시하는 중요한 경제 활동, 무보수 돌봄 노동

우리는 우리 주변에 널리 퍼져 있는 것은 당연시하는 경향이 있다. 그리고 뭔가를 당연시하면 그것의 중요성을 더 이상 생각하지 않게 된다. 쓰촨 요리 음식점의 고추 척도 속 고추 표시처럼 말이다. 경제학에서 일어나는 비슷한 현상의 대표적인 예가 바로 우리 가정과 공동체에서 행해지는 무보수 돌봄 노동unpaid care work이다.

가장 널리 쓰이는 경제 척도인 GDP(국내총생산)는 시장에서 교환되는 것만 포함한다.[4] 경제학에서 사용되는 모든 측정법과 마찬가지로 GDP도 여러 문제점이 있지만 가장 큰 문제는 이것이 극도의 '자본주의적' 관점을 기초로 하고 있다는 점이다. 다양한 사람들이 서로 다른 다양한 가치관을 갖고 있기 때문에 뭔가가 사회에서 어떤 가치를 지니는지를 결정할 때 시장에서 어떤 가격에 거래가 되는지를 기준으로 삼을 수밖에 없다는 관점이다.

시장 활동만을 계산하는 관행은 경제 활동의 엄청나게 큰 부분을 보지 못하는 단점이 있다. 개발도상국에서는 농업 생산물의 큰 부분이 계산되지 않는 경우가 많다. 많은 농민이 자기가 기른 작물을 팔지 않고 일정량을 소비하는데 농산물 생산량에서 이 부분은 시장에서 교환되지 않으므로 GDP 통계에 포착되지 않는다. 가정과 공동체에서 임금을 받지 않고 행해지는 돌봄 노동 역시 이런 식으로 시장에 기초해 생산량을 측정하면 부자 나라와 개발도상국 모두에서 GDP에 포함되지 않는다. 아이를 낳아서 기르고 그들의 학습을 도와주고, 노인과 장애인을 돌보며, 음식을 만들고, 청소와 빨래를 하고, 그에 더해 가정을 꾸려 나가는 일(미국의 사회학자 앨리슨 대민저Allison Daminger가 '인지 노동cognitive labour'이라고 부르는 활동) 말이다.[5] 이런 활동을 시장 가격으로 환산하면 GDP의 30~40퍼센트를 차지함에도 불구하고 현재는 GDP에 전혀 포함되지 않고 있다.[6]

간단한 사고 실험*으로도 시장 밖에서 벌어지는 돌봄 노동을 경제 활동으로 치지 않는 관행이 얼마나 말이 안 되는지를 실감할 수 있다. 2명의 엄마가 자녀를 교환해서 상대방의 아이를 돌봐 준 다음 베이비시터에게 지불하는 금액을 서로에게 지불한다면(같은 금액을 주고받는다면) 두 사람의 재정 상태와 아이 돌보는 시간에는 아무 변화가 없지만 GDP는 올라갈 것이다.** 개념적으로 생각해도 돌봄 노동 없이는 (사회 안에 자리 잡은) 경제는 말할 것도 없고 애초에 인간 사회 자체가 존재 불가능하다는 사실을 고려하면 이 문제가 얼마나 심각한 것인지 실감할 수 있을 것이다.

무보수 돌봄 노동을 담당하는 사람 중에는 여성이 큰 비율을 차지한다. 따라서 돌봄 노동을 경제 활동으로 계산하지 않으면 여성이 우리 경제 ─ 그리고 사회 ─ 에 하는 공헌이 과소평가될 수밖에 없다. 가사 노동의 존재 자체를 '보지 않으려는' 경향은 '직장맘' 또는 '워킹맘'이라는 표현에도 드러난

---

* 이 사고 실험은 내가 발명한 것이 아니긴 하지만 어디서 처음 보았는지 기억이 나지 않는다.

** 심지어 두 엄마가 주고받는 금액 자체를 올리기만 해도 GDP는 더 증가할 것이다.

다. 마치 집에 있는 엄마들은 '일'을 하지 않는다는 생각을 기본으로 깔고 있는 말 아닌가. 이런 잘못된 표현 때문에 집에서 여성이 감당하는 돌봄 노동의 양이 밖에서 남성 배우자가 하는 임금 노동의 양보다 더 많은 경우가 빈번함에도 집에 있는 여성은 아무것도 하지 않는다는 성차별적 편견이 강화된다.

'워킹맘'을 '보수를 받는 직장에 다니는 엄마들'이라고 표현하는 것은 무보수 돌봄 노동을 사회적으로 충분히 인식하고 인정하는 첫걸음이 될 것이다.

돌봄 노동이 저평가되는 문제는 사회적으로 인정을 받고 못 받고에 그치는 것이 아니라 여성에게 물질적인 불이익을 가져오기까지 한다. 여성은 아이를 낳고 기르는 일부터 병들고 나이 든 가족과 친척을 돌보는 일에 이르기까지 돌봄 노동을 더 많이 감당하기 때문에 남성보다 보수를 받는 일을 할 시간이 줄어든다. 국민 기초 연금 수준을 넘어선 연금은 평생 받은 보수와 연동되기 때문에 다른 조건이 동일할 경우 여성은 남성보다 받을 수 있는 연금액이 적은 경우가 많다. 일부 유럽 국가에서 '돌봄 크레디트' 정책을 써서 육아와 노인 돌봄에 들인 시간을 인정해 주는 정책을 쓰고 있지만 이는 매우 부분적인 해결책일 뿐이다.[7] 그 결과 무보수 돌봄 노동에 시간을 많이 할애한 여성일수록 노년 빈곤에 시달릴 확률이 높아진다.

무보수 돌봄 노동뿐 아니라 보수를 받고 하는 돌봄 노동도 사회에 하는 공헌에 비해 저평가되고 있다. 코로나19 팬데믹이 기승을 부리는 동안 우리 모두는 이 점을 매우 명확하고도 비극적인 방식으로 목격했다.*

팬데믹이 기승을 부리는 동안 많은 나라에서 가정, 공동체, 그리고 사회가 돌아가는 데 없어서는 안 되는 사람들이 있다는 사실이 분명해졌다. 그중에는 무보수 돌봄 노동을 맡아 하는 사람들도 있지만 보수를 받고 일하는 사람들도 있었다─의사, 간호사, 구급차 운전사 등을 비롯한 의료계 종사자, 탁아 시설 종사자, 양로 시설 종사자, 교사 등이 그들이다. 또 돌봄 노동이라고 할 수는 없지만 사회가 생존하고 회복하는 데(기술적 용어로는 '사회적 재생산social reproduction') 없어서는 안 되는 사람들, 다시 말해 식료품과 필수품을 생산하고 운송하고 유통하는 사람들(마트, 택배업 종사자 등), 대중교통 관련 종사자들, 건물과 사회 기반 시설을 청소하고 보수하는 사람들의 중요성에도 눈을 뜨게 되었다. 이런 직종에서 일하는 사람들을 영국에서는 '핵심 일꾼key workers', 미국에서는 '필수 직원essential employees'이라 부르면서 필수품 구매와 자녀

---

*   세계보건기구WHO는 2020년 1월 30일 코로나19가 국제적 공중 보건 비상사태라고 선언했고, 2020년 3월 팬데믹을 선언했다.

교육에 '특혜'를 주었다.** 심지어 '영웅'이라는 칭송까지 쏟아졌다.

이런 경험을 한 뒤 우리가 깨달은 것은 최고 수준의 의사들을 제외하고는 '핵심 일꾼' 대부분의 보수가 형편없다는 사실이었다. 상당한 역설이 아닐 수 없다. 어떤 일이 '핵심'임을 인정한다면 그 일을 하는 사람들은 당연히 제일 좋은 보수를 받아야 하는 것 아닐까?

돌봄 노동이 저평가되는 이유: 1원 1표의 시장 논리

시장화된 돌봄 노동마저 저평가를 받는 이유 중 하나는 뿌리 깊은 성차별적 고정 관념이다. 바로 무보수 돌봄 노동을 제대로 인정해 주지 않는 것과 같은 이유다. 한 챕터로만 다루기에는 너무나 많은 다양한 이유에서 여성, 특히 비백인 여성과 이민자 출신 여성은 불균형적으로 저임금 돌봄 노동 부문에 몰려 있다. 간호, 보육, 노인 요양 시설, 가사 도우미 등이 그 예다.[8] 이 여성 노동자들은 비슷한 일을 하는 남성 노동자

** 영국의 경우 '핵심 일꾼'은 마트 영업 시간 전에 입장할 수 있도록 하고, 공급이 부족해진 기초 식료품과 일용품 구입에 우선권을 주었다. 자녀 교육 면에서는 학교가 대부분 문을 닫은 상황에서도 자녀를 학교에 보내는 것이 허락되었다.

들보다 보수를 더 적게 받을 뿐 아니라, 둘 다 비슷한 능력이 필요한 직군이지만 여성이 지배적인 직군은 남성이 지배적인 직군보다 임금 자체가 훨씬 낮게 책정되어 있다. 다시 말해 여성의 노동은 보수를 받고 GDP에 포함될 때조차 저평가되고 있다.

이런 역설적인 상황의 또 다른, 그리고 더 중요한 이유는 우리 사회가 자본주의 경제 체제를 유지하고 있고, 이 체제 안에서는 재화와 서비스의 가치를 시장이 결정한다는 점이다. 문제의 핵심은 의사 결정을 할 때 시장은 '1인 1표'가 아니라 '1원 1표'의 원칙으로 움직인다는 사실이다('머리말: 마늘' '14장 라임' 참조). 이런 체제에서는 어떤 재화나 서비스의 가격이 얼마나 많은 사람이 그것을 필요로 하는지보다 사람들이 그것을 손에 넣기 위해 얼마를 지불할 용의가 있는지에 따라 결정된다. 사람들이 거기에 돈을 지불하지 않는다면 그것이 사람들의 생존에 얼마나 핵심적인지와 상관없이 시장에서 중요성이 사라지고, 결국 큰 의미를 발휘하지 못한다. 이 말은 이 '핵심' 재화와 서비스에 대한 심각한 저평가가 이루어질 수 있다는 의미다. 기초적인 식료품, 의료 서비스, 교육, 노인 돌봄 서비스 모두에 적용되는 이야기다.

그렇다면 동시에 상식적으로 볼 때 기초적이지도 핵심적이지도 않지만 누군가가 돈을 지불할 용의가 있다면 공급이 이루어질 것이라는 의미이기도 하다. 그 결과 팬데믹이 벌어지고 있는 와중에 한쪽에서는 적절한 보호 장구가 부족해 의료진이 병에 걸리고, 의료진과 의료 장비가 부족해 코로나19에 감염된 환자들이 죽어 가는가 하면, 돌봄 인력 부족으로 요양 시설 입주자 사이에서 코로나19가 확산되는데, 다른 한쪽에서는 억만장자들이 '우주 탐험 경쟁'을 하는 말도 안 되는 상황이 벌어졌다.*

무엇을 어떻게 바꿀 것인가

내 이야기에 등장하는 쓰촨 요리 전문점에서 고추를 대하는 태도와 마찬가지로 우리는 대부분 여성이 감당하고 있는 무보수 돌봄 노동을 당연시하게 되었다. 그런 노동이 없이

---

* 시장에 대해 너무 부정적인 시각을 갖게 될까 하는 마음에서 시장의 장점도 언급하고 싶다. 시장의 여러 장점 중 가장 뚜렷한 2가지를 짚어 보자. 첫째, 시장 체제는 복잡한 경제 체제를 운영하는 데 필요한 막대한 양의 정보를 취합하고 처리하는 것을 가능하게 해 준다. 사회주의적 중앙 계획 경제가 실패한 것 자체가 시장이 가진 이 장점의 효력을 증명해 준다고 하겠다. 둘째, 소비자의 필요를 충족시킬 수 있는 아이디어를 내는 사람에게 보상을 함으로써 생산성 향상을 위한 동기를 부여한다. 그러나 이런 큰 장점들에도 불구하고 시장의 한계를 규정하는 것은 필수적이며, 이 문제는 이 책의 여러 군데에서 다양하게 다루고 있다.

는 경제와 사회가 존재할 수 없음에도 말이다. 성적 편견과 이를 동반한 성차별 관행이 재화와 서비스의 가치를 시장에서 평가하는 방식과 결합하면, 보수를 받는 돌봄 노동까지 심각하게 저평가하는 결과로 이어진다. 이 2가지 면이 복합적으로 작용해서 우리는 가장 핵심적인 인간 활동을 점잖게 말하면 엄청나게 저평가해 왔고, 나쁘게 말하면 완전히 무시해왔다. 결국 인간 복지에 중요한 것이 무엇인가에 대해 매우 왜곡된 시각이 만들어지고 말았다.

이 상황을 바로잡기 위해서 우리는 돌봄 노동에 대한 관점과 관행과 제도를 바꿔야 한다.[9]

첫째, 관점에 관해서 이야기해 보자. 우리는 돌봄 노동이, 그것이 무보수가 되었든 보수를 받고 하는 일이 되었든, 인간 생존과 복지에 얼마나 중요하고 핵심적인 활동인지를 인식할 필요가 있다. 그리고 뭔가의 가치가 시장에서 결정되어야 한다는 시각을 버려야 한다. 또한 돌봄 노동이 여성의 일이라는 생각과도 이별해야 한다.

둘째, 이러한 관점의 변화는 관행의 변화를 통해 현실에 적용이 되어야 한다. 남녀 임금 격차*를 좁히고, 전통적으로 남성이 지배적이었던 직군에 여성이 더 접근하기 쉽게 만들고, 인종 차별과 싸우는 것(소수 인종 출신 여성이 할 수 있는 일이 임금이 매우 낮은 돌봄 노동에 국한되지 않도록) 등이 몇 가지 예다.

셋째, 관점과 관행의 변화는 제도 변화를 통해 공고히 해야 한다.** 무보수 돌봄 노동에 대한 인정과 인식 변화는 복지 체제의 변화로 공식화되어야 한다. 양성 모두에게 유급 돌봄 휴가(어린이 양육하기, 노인 돌보기, 병든 친척과 친구 돌보기 등을 위한)를 더 길게 허용해야 하며, 집에서 풀타임으로 아이를 돌보는 부모나 보수를 받는 일을 하는 부모 모두에게 값싼 보육

---

* 남녀 임금 격차는 세계 평균 20퍼센트지만 파키스탄, 시에라리온 등에서는 45퍼센트까지 차이가 나고, 태국처럼 격차가 전혀 없거나 필리핀, 파나마처럼 여성이 더 높은 임금을 받는 경우도 있다. 국제노동기구ILO가 2020년 6월 발표한 '남녀 임금 격차에 대한 이해Understanding the Gender Pay Gap' 자료 참조.

** 제도적 변화가 얼마나 중요한지를 이해하려면 영국의 국민 보건 서비스 NHS 직원들에 대한 처우를 살펴보면 된다. 2020년 팬데믹 초기에 수백만 명의 영국인은 국민 보건 서비스 직원들을 '영웅'이라 칭송하면서 매주 정해진 시간에 마당과 거리로 나와 박수를 치는 것으로 그들에게 감사의 마음을 표했다. 이 '돌보는 이들에게 감사의 박수를Clap for Carers' 퍼포먼스는 약 10주간 이어졌다. 그러나 2021년 3월 국민 보건 서비스 직원들과의 임금 협상 과정에서 영국 정부는 1퍼센트의 임금 인상 안을 제시했고, 국민 보건 서비스 직원들 중 많은 수는 이를 '뺨을 맞은 듯한 경험'이라 묘사했다. 진부한 말이지만 감정과 개별적인 관행의 변화만으로는 이 변화를 영구적으로 지속시킬 수 없다. 국민 보건 서비스 직원들의 임금 인상을 위해 운동을 한 여러 단체 중 하나에서 내건 슬로건 '박수가 밥 먹여 주지 않는다Claps don't pay bills'는 이 원리를 잘 요약해서 보여 준다. 제도적 변화 없이는 어떤 변화도 지속될 수 없다.

기회를 제공해야 한다. 그리고 (그런 제도가 아직 마련되지 않은 나라라면) 연금 계산에 '돌봄 노동 크레디트'을 도입하거나 더 강화하는 것도 절실하다. 보수를 받는 돌봄 노동의 중요성을 인식하는 데서 그치지 않고 최저 임금을 올리고, 이 부문의 노동 환경을 개선하는 법적 장치를 마련하는 것도 중요하다. 더 광범위하게는 돌봄 행위를 시장화하는 데 제한을 두고 신중한 규제 조치를 마련해서 소득과 상관없이 모두가 기본적 돌봄 서비스를 받을 수 있도록 해야 할 것이다.

*   *   *

전 세계 수십억 명의 사람에게 고추가 없는 음식은 상상도 할 수 없는 일이다. 마찬가지로 무보수든 유급이든 상관없이 돌봄 노동이 없는 삶은 인류 모두에게 상상도 할 수 없는 일이다. 그러나 꼭 필요해서 어디에나 존재하고 그래서 점점 보이지 않게 된 쓰촨 요리 전문점의 고추와 마찬가지로 돌봄 행위도 필수적이어서 도리어 당연시되고 그에 따라 저평가되거나 심지어 가치가 전혀 부여되지 않게 되었다. 내 친구 덩컨은 쓰촨 요리 음식점이 고추에 대해 가진 철학을 받아들이고 매운맛에 대한 관점을 점점 바꾸면서 그 전에는 접하지 못했던 새로운 음식 문화의 지평이 열리고 더 맛있는 식생활을 영위하게 되었다. 이와 마찬가지로 더 균형 잡히고, 더 공평하며, 서로 더 잘 보살피는 사회, 한마디로 더 나은 사회를 만들기 위해서는 우리도 돌봄 노동에 대한 관점과 관행과 제도를 변화시켜야 할 것이다.

5부

미래에 대해 생각하기

EDIBLE ECONOMIC$

A HUNGRY ECONOMIST EXPLAINS THE WORLD

14장

라임

Lime

카이피리냐 칵테일 | 브라질

카샤사(사탕수수로 만든 술) 또는 보드카, 라임 주스,
설탕을 섞어 만든 칵테일

영국이 거대한 제국을 건설할 수 있었던 이유

대영제국의 성공(물론 영국 입장에서 볼 때만 성공이지만)을 한 가지 요소로만 설명할 수는 없다—인구(1938년 5억 3100만 명)[1]로 보나 면적(1922년 3400만 제곱킬로미터)[2]으로 보나 대영제국은 역사상 가장 큰 제국이었다. 이 성공의 중심에는 물론 세계 최강을 자랑하던 영국의 제조업이 자리하고 있다. 또 유명한 '분할 통치divide and rule' 기술을 발휘해서 적은 수의 군대로(그것도 대부분 그 지역의 용병으로 이루어진 군대로) 식민지를 통치할 수 있었기 때문에 본토 인구의 10배가 넘는 식민지인들을 통치하는 것이 가능했다.[3] 그러나 가장 직접적인 면을 따지자면 우수한 해군으로 대양의 바닷길을 확보한 것이 그토록 거대하고 세계 방방곡곡에 흩어진 영토로 이루어진 제국 건설을 가능케 했을 것이다. 영국민들의 애국

심을 고취하는 노래 〈룰 브리태니아Rule Britannia〉에는 "브리태니아*는 파도를 호령한다Britannia rules the waves"라는 구절이 나온다.

영국은 16세기부터 스페인, 네덜란드, 그 후에는 프랑스와 차례로 유럽의 바다, 그리고 종국에 가서는 세계의 바다에 대한 패권을 두고 경쟁을 벌였다. 이후 100~200년에 걸쳐 영국은 좋은 무기로 무장하고, 보급품을 넉넉히 확보하고, 뛰어난 조직력을 갖춘 우수한 해군을 기르는 데 공격적으로 투자해 경쟁국들을 하나둘씩 차례로 따돌렸다.[4] 1805년 트라팔가르해전Battle of Trafalgar에서 허레이쇼 넬슨Horatio Nelson 제독의 지휘 아래 프랑스와 스페인 연합 해군을 무찌르고 패권을 차지한 영국 해군은 이후 1세기 동안 전 세계 바다를 호령했다.

섬나라 영국이 이렇게 강력한 해군을 확보했으니 이 나라를 침략하기란 거의 불가능했다. 외침으로부터 안전해지면서 상대적으로 작은(따라서 경제적인) 육군은 국내 질서를 확보하는 데 전력을 쏟을 수 있게 되었고, 불평등으로 악명 높았던 사회경제적 질서에 대한 (상당히 자주 벌어진) 저항 운동을 억누르는 데 효과적으로 동원되었다.[5] 무엇보다 강한 해군 덕분에 멀리 떨어진 영토를 확보해 제국을 확장하고, 경쟁국

＊   투구를 쓰고 삼지창을 든 여전사로 영국을 상징한다.

들이 점령지를 빼앗지 못하도록 견제하고, 식민지와의 교역을 담당한 상선들을 해적들로부터 보호할 수 있었다.[6]

이렇게 중요한 영국 해군의 발전에 소박하고 저렴한 라임lime이라는 과일이 없어서는 안 될 혁혁한 공로를 세웠다.

영국 해군의 발전을 이끈 과일, 라임

유럽인이 범선을 타고 바다를 가로질러 항해를 하기 시작한 15세기 말부터 선원들의 목숨을 가장 많이 앗아간 적은 적군의 배나 해적도 아니고, 심지어 폭풍우도 아니었다. 그 주범은 바로 괴혈병scurvy으로, 무기력증과 함께 잇몸이 부어오르고 피가 나면서 치아가 흔들리다가 빠지고, 극심한 관절 통증을 앓다가 사망에까지 이르는 끔찍한 질병이었다.

이제 우리는 몸에 비타민 C가 부족하면 괴혈병에 걸린다는 사실을 알고 있지만 20세기 이전까지 괴혈병의 원인은 수수께끼로 남아 있었다. 다른 대부분의 동물과 달리 인체는 비타민 C를 합성할 수 없기 때문에 음식을 통해 섭취해야 한다.[7] 바다를 항해하는 몇 달 내내 소금에 절인 신선하지 못한 고기와 바구미가 들끓는 비스킷(건빵 종류)에 김빠진 맥주로 연명해야만 했던 선원들은 괴혈병에 걸려 파리목숨처럼 죽어 나갔다.* 괴혈병이 너무나 흔해서 선주들과 정부는 장거리 항해를 떠나는 배에 탄 선원의 50퍼센트는 사망할 것이라고 추정했다는 설도 있다.[8] 크리스토퍼 콜럼버스Christopher Columbus(이탈리아어로는 크리스토포로 콜롬보Cristoforo Colombo)가 항해를 한 시점인 15세기 후반부터 19세기 중반까지 사이에 괴혈병으로 목숨을 잃은 선원은 200만 명이 넘는다고 추산된다.[9]

당연히 다들 미친 듯이 괴혈병 치료제를 찾아 헤맸다. 식초와 황산을 포함한 온갖 종류의 치료제가 시도되었다. 그리고 서서히 시트러스(귤속. 학명 키트루스Citrus) 과일의 과즙이 효과적인 치료제라는 사실이 알려지기 시작했지만, 20세기 전까지는 효과를 발휘하는 주인공이 비타민 C라는 것을 사람들은 알지 못했다. 괴혈병 치료제 연구는 비타민 C를 발견하는 데 가장 큰 역할을 했기 때문에 비타민 C의 학명이 '아스코르브산ascorbic acid', 즉 문자 그대로 '괴혈병을 방지하는 산anti-scurvy acid'이라고 붙을 정도였다.

괴혈병을 예방하는 데 시트러스 과즙이 효과적이라는 사실은 경쟁국들의 해군도 알고 있었지만 이 해결책을 체계적으로 이용한 것은 영국 해군이 처음이었다.[10] 1795년 영국 해

◆ 인체는 비타민 C를 적어도 1개월, 보통 3개월까지 저장할 수 있어서 대양을 건너는 항해가 시작되기 전까지는 선원들 사이에서 괴혈병이 문제가 되지 않았다.

군 사령부는 레몬 주스가 선원들의 배급품 목록에 필수적으로 포함되도록 했고 물로 희석한 럼주에 레몬 주스를 섞은 '그로그grog'라고 부르는 음료를 배급해서 선원들이 레몬 주스를 섭취하지 않을 수 없도록 하는 영리한 방법을 사용했다. 얼마 가지 않아 레몬 대신 라임이 사용되기 시작했다. 라임이 값이 더 저렴했고, 레몬과는 달리 영국이 식민지화한 카리브 해 연안에서 자라는 과일이었기 때문이다. 그러나 또 다른 이유는 라임이 레몬보다 더 효과적일 것이라는 잘못된 믿음, 즉 괴혈병을 치료하는 것이 비타민 C가 아니라 신맛이라는 오해에서 비롯된 믿음 때문이었다(라임이 레몬보다 산도는 높지만 비타민 C 함량은 절반 정도밖에 되지 않는다).

처음에는 레몬 주스, 이어서 라임 주스를 선원들에게 먹게 한 지 10년이 조금 넘으면서 영국 해군 사이에서 괴혈병은 거의 자취를 감추었다.[11] 라임을 먹는 습관이 영국 해군의 큰 특징으로 부각되면서 미국인은 영국 선원들을 '라이미limey'라고 불렀고, 결국 미국에서 영국인 전체를 가리키는 표현이 되었다.

바이오 연료의 본고장 브라질

라임이 국가적 정체성을 상징하는 또 다른 나라는 브

라질이다. 라임은 브라질의 대표적 칵테일인 카이피리냐 caipirinha의 주원료다. 이 칵테일은 라임 주스(패션프루트 같은 다른 과일의 주스가 사용되기도 한다), 설탕, 그리고 브라질 대표 술 카샤사cachaça를 섞어 만든다.*

카샤사는 사탕수수 즙 발효액을 증류해서 만든다.(그러고 보면 카이피리냐는 설탕, 설탕, 라임을 섞어서 만든 칵테일이다!) 사탕수수 즙을 높은 수준으로 증류하면 자동차 연료로 사용할 수 있는 에탄올이 된다. 세계 최대 사탕수수 생산국인 브라질은 20세기 초부터 에탄올을 자동차 연료로 사용하기 위한 실험을 진행해 왔다.** 그러다가 대공황이 닥치고 이어서 2차 세계대전이 발발하면서 국제 교역 길이 막혀 석유 수입이 어려워지자 브라질 정부는 휘발유에 에탄올을 5퍼센트 혼합하는 것을 의무화하고, 에탄올 산업에 보조금을 지급하는 등 에탄올 연료 사용을 더욱 장려하기 시작했다. 2차 세계대전이 끝난 후 원유 가격이 떨어지자 에탄올 사용이 줄어들었지만 1973년 1차 오일 쇼크가 터지자 브라질 정부는 석유를

---

* 카이피리냐는 보드카로 만들기도 하는데 보드카를 사용하면 카이피로스카caipiroska라고 부른다. 개인적으로 나는 내 입맛에는 너무 단 카이피리냐보다 카이피로스카를 선호한다.

** 최초로 대량 생산된 자동차인 포드의 모델 T Model T는 1908년에 출시되었는데 휘발유, 등유, 에탄올을 연료로 사용했다.

에탄올로 대체하는 야심 찬 계획을 도입했다.

브라질이 1975년 시작한 국책 에탄올 프로그램National Alcohol Program, 프로알코올Proálcool은 설탕 생산업자들의 에탄올 생산 설비 투자뿐 아니라 에탄올의 낮은 소비자 가격 유지에도 보조금을 지급했다.[12] 1970년대 말 브라질에서 자동차를 생산하는 업체들(피아트, 폭스바겐 등)은 에탄올 연료만으로 돌아가는 자동차 엔진을 개발하기까지 했다. 1985년에 접어들 무렵 브라질에서 팔리는 자동차 중 95퍼센트가 에탄올 연료만을 사용하는 엔진을 장착하고 있었다. 그 후 이 프로그램은 원유 가격과 사탕수수 생산, 정부 보조금 등의 변동에 따라 여러 차례 부침을 겪었다. 그러나 2003년 폭스바겐이 휘발유와 에탄올을 어떤 식으로든 혼합 가능한 '플렉시 연료flexi-fuel' 자동차를 출시하고, 다른 업체들도 그 뒤를 따르면서 에탄올은 브라질에서 가장 중요한 에너지원으로서의 위치를 확고히 다졌다. 현재 에탄올은 브라질의 연간 에너지 생산량 중 15퍼센트를 차지하고 있다. 그러니 미국의 역사학자 제니퍼 이글린Jennifer Eaglin이 브라질의 에탄올 연료 역사에 관해 발표한 매우 중요한 논문의 제목을 〈카샤사보다 더 브라질스러운More Brazilian than Cachaça〉이라고 붙인 건 놀라운 일이 아니다.[13]

기후 변화 대처에 필요한 새로운 기술

브라질을 제외한 다른 나라들에서 에탄올과 기타 현대적 바이오 연료들(유채유, 대두유 같은 식물성 기름이나 동물성 기름으로 만드는 바이오디젤 등)이 진지하게 고려되기 시작한 것은 불과 10~20년이 되지 않는다.＊ 기후 변화에 대한 위기감이 고조되면서 에탄올을 휘발유와 혼합하고, 바이오디젤을 디젤유와 혼합해 사용할 것을 의무화해서 화석 연료 사용량을 줄이고자 하는 나라가 수십 개국에 달한다.

우리는 이미 극지방의 얼음이 녹고, 해수면이 상승하고, 갈수록 정도가 심해지는 극단적 기후 현상들(이상 고온, 태풍, 홍수, 산불 등)을 더 자주 경험하고, 수많은 생물 종이 멸종하는 것을 목격하고 있다. 온실가스(이산화탄소, 메탄, 아산화질소 등) 배출을 대폭 줄여서 온도 상승을 당장 막지 않으면 향후 몇십 년 사이에 인류 생존이 심각하게 위협받으리란 것이 과학계의 일치된 의견이다.

이를 위해서는 우선 새로운 기술, 아주 다양하고 많은 새로운 기술이 필요하다.

무엇보다 온실가스를 배출하지 않고 에너지를 얻을 수

＊ '현대적 바이오 연료'라고 한 것은 원칙적으로는 나무를 땔감으로 사용하는 것, 동물의 대변을 말려서 태우는 것 또한 바이오 연료에 해당하기 때문이다.

있는 대체 연료 기술이 필요하다—바이오 연료, 태양 발전, 풍력 발전, 조력 발전, 수력 발전, 수소 연료, 심지어 상황에 따라 한시적인 원자력 발전을 사용하는 등의 다각적 연구가 시급하다.[14] 배출된 탄소를 재사용하거나 매장하는 등의 탄소 포집 및 저장 또한 적지만 어느 정도 효과를 발휘할 수 있다.* 전기를 더 효율적으로 저장할 수 있는 기술을 개발해서 태양과 바람으로 불규칙하게 만들어지는 에너지를 더 안정적으로 사용할 수 있도록 해야 한다.

우리에게 필요한 것은 새로운 에너지 기술만이 아니다. 화석 연료는 에너지원뿐 아니라 우리가 현대적이고 산업화된 라이프 스타일을 누리는 데 핵심적 원료로도 사용된다. 철강, 비료, 시멘트, 플라스틱 등의 제조에 화석 연료는 없어서는 안 되는 재료다.[15] 따라서 화석 연료를 최소한으로 사용하면서 이런 물질들을 만들어 낼 수 있는 기술과 더 효율적인 재활용 기술, 그리고 생산할 때 화석 연료가 덜 필요한(이상적으로는 전혀 필요 없는) 대체 물질이 나와야 한다.

여기에 더해 기후 변화의 여파를 헤쳐 나갈 수 있는 '적응을 위한 기술' 또한 필요하다. 더 자주 더 심한 가뭄이 닥치고

＊   이산화탄소 포집 활용 저장 기술carbon capture, utilization and storage 또는 CCUS라고 부른다.

있다는 것을 감안하면 관개 시설, 수자원 재활용, 바닷물 담수화 기술을 발전시키고 극단적 기후에 더 강한 작물이 나와야 한다. 일기 예보와 홍수 제어 기술을 개선하는 것도 더 잦고 더 심해지는 태풍과 사이클론 등에 대처하는 데 도움이 될 것이다.

기후 변화 대처에 필요한 새로운 생활 방식

기술 향상은 매우 필요한 것이지만 그것만으로는 충분치가 않다. 우리가 사는 방식 또한 변화시켜야 한다 — 주로 부자 나라에 사는 사람들과 개발도상국에 사는 부자들에게 해당하는 이야기다.

바이오 연료와 전지, (바라건대) 수소 연료 전지 등의 대체 연료를 사용한다 하더라도 자가용 사용을 줄여야 한다. 물론 말이 행동보다 쉽기는 하다. 특히 넓은 지역에 퍼져서 살고, 대중교통 시설이 제대로 갖춰지지 않아서 장거리 운전을 피할 수 없는 미국과 같은 나라에서는 이를 실천하기가 더 힘들다. 이런 나라에서 자가용 자동차의 사용을 줄이려면 대중교통에 대규모 투자가 이루어져야 하고, 장기적으로는 도시 계획에 대한 규제를 획기적으로 바꾸어서 삶의 공간을 재구성하는 것이 필요하다(이 문제는 뒤에서 더 자세히 다루기로 하자).

또한 집과 일터에서 더 효과적으로 에너지를 사용하려는 노력도 기울여야 한다. 더 효과적인 건물 단열(이중벽 사이를 채우는 외벽 단열, 이중 또는 삼중으로 유리를 끼우는 창문 단열 등), 열펌프 등의 사용으로 집의 온도 유지에 사용하는 연료를 상당량 줄일 수 있다. 사용하지 않는 전등을 더 부지런히 끄는 습관도 사소하지만 전기 사용량을 줄이는 데 도움이 된다. 일터에도 같은 원리를 적용할 수 있다―사무실 건물의 단열을 더 잘 하고, 근무 시간이 끝난 후 켜 두는 전등 숫자를 줄이는 등의 노력이 필요하다.

셋째, 식습관을 바꾸는 것 또한 큰 영향을 줄 수 있다. 농업은 온실가스 배출의 큰 부분을 차지하는 부문이다(추산에 따라 15퍼센트에서 35퍼센트까지 다양하다).[16] 육류 섭취를 줄이면 상당량의 온실가스 배출을 줄일 수 있다. 이 면에서 소고기가 가장 큰 몫을 차지하는데, 농업 부문에서 배출하는 온실가스의 25퍼센트가 소고기 생산으로 인한 것이라는 추산이 최근 나왔다('5장 새우' '8장 소고기' 참조).[17] 계절 음식을 더 선택하는 것도 도움이 된다. '로컬' 작물이라도 온실에서 재배한다거나 먼 곳에서 계절에 맞지 않는 음식을 운송해 온다면 엄청난 탄소 발자국을 남기게 된다. 다양한 음식 즐기기를 완전히 포기하자는 말이 아니다. 다만 부자 나라 사람들이 '원하는 음식은 언제든 구할 수 있다'는 기대를 조금 줄이면 좋겠다는 뜻이다.

시장이나 개인에게 맡겨 두어서는 안 된다

그러나 이 모든 기술적 가능성과 모든 생활 방식 변화를 실현하더라도 지방 정부, 중앙 정부, 국제기구가 지역적·전국적인 대규모 공공사업을 벌이는 동시에 세계적으로 국가 간 협력을 도모하지 않으면 별 소용이 없을 것이다. 시장을 통한 우대나 장려책, 개인적인 선택 등으로는 충분하지 않다.

기술 개발의 경우 정부가 적극 개입해서 그린 테크놀로지green technology(녹색 기술)를 장려하는 정책을 시행해야 한다. 그냥 시장에 맡겨 두면 기후 변화와 싸우고 대처하는 데 필요한 수많은 기술이 개발되지 않고 말 것이다. 이는 민간 기업들이 '사악해서'가 아니라 단기적 성과를 내야 한다는 끊임없는 압박에 시달리고 있기 때문이고, 설상가상으로 이 압박은 금융 규제 완화로 더욱 심해지고 있다('15장 향신료' 참조). 그린 테크놀로지를 개발하고 사용해도 그 혜택이 가시화되기까지는 몇십 년이 걸리는 경우가 태반이며 심지어 그보다 더 장기전이 될 수도 있다. 그러나 민간 부문의 기업들은 몇 년은 고사하고 분기마다 가시화된 실적을 증명해야 하는 경우가 많아서 그런 기술 개발을 주저하는 것도 이해가 가는 일이다.

　민간 부문이 이렇게 근시안적으로 경영하는 경향이 심하기 때문에 신기술 개발을 위한 대규모 투자나 그렇게 개발된 신기술을 채용하는 과정에서 전통적으로 항상 정부가 강력한 역할을 수행해야만 했다. 이 방면의 가장 대표적인 예는 IT와 바이오테크놀로지 개발로, 둘 다 초기에는 미국 정부가 거의 전액을 지원했다(각각 연방 정부의 '국방' 연구와 '건강' 연구 프로그램을 통해 이루어졌다. '6장 국수' 참조). 실패할 위험이 매우 크고 수익을 내기까지 오래 — 매우 오래 — 기다려야 하는 부문들이었기 때문이다. 미국을 비롯해 유럽의 다수 국가, 중국, 브라질 등에서 태양 발전, 조력 발전 같은 저탄소 에너지 기술이 상당한 규모로 개발되어 사용되어 온 것은 정부 개입 없이는 불가능했을 것이다.[18]

　가난한 나라들이 온실가스를 최소한으로 배출하고 기후 변화로 인한 부작용에 대처하면서 경제를 발전시킬 수 있는 기술을 개발하게 하는 공적 조치도 중요하다. 시장은 1인 1표가 아니라 1원 1표를 원칙으로 움직이기 때문에('머리말: 마늘' '13장 고추' 참조) 내버려 두면 돈을 더 많이 가진 사람들이 원하는 쪽으로 투자가 몰리기 마련이다. 이 말은 가난한 나라들이 가장 필요로 하는 기술들 — 농산물과 공산품 생산에 효율적으로 에너지를 사용할 수 있는 기술이나 '기후 변화 적응' 기술 등—에는 상대적으로 적은 돈이 투자될 것이라는 뜻이다. 이런 기술의 개발과 개발도상국으로의 이전(부유한 국가의 연구자와 기업이 개발했다면)을 보조금을 주거나 심지어 무료로 지원하기 위한 공적 조치가 필요하다. 개발도상국들은 기후 변화를 초래한 장본인이 아닌데도 기후 변화의 여파로 훨씬 더 큰 고통을 받고 있다는 사실을 고려하면 이러한 모든 조치는 '기후 정의climate justice'를 이루는 데 반드시 필요하다. 일부 개발도상국은 글자 그대로 해수면 아래로 사라질 위기에까지 처해 있지 않은가.

각 개인이 진정으로 환경을 보호하는 생활 방식을 유지할 수 있으려면 그 선택을 실현 가능하게 만드는 정부 정책의 뒷받침이 있어야 한다.

어떨 때는 개인적으로 행동을 바꾸고 싶어도 대부분의 사람이 감당할 수 없는 규모의 선행 투자가 없으면 불가능한 경우가 있다. 외벽 단열, 이중 창문, 열펌프 설치 등은 오랜 시간이 지나면 결국 투자 비용을 회수하고도 남겠지만 당장 그 비용을 감당할 수 없는 사람들이 많다. 이런 투자를 하는 데 정부의 보조금과 대출 정책은 큰 도움이 될 것이다.

기후 변화와 같은 시스템의 문제를 시장 환경에서 개인이 '올바른' 선택을 해야 한다고 맡겨 두는 것은 불공평할 뿐 아니라 효과적이지 못하기 때문에 때로는 공적 조치가 필요하다. '친환경 식생활greener eating' 운동이 아주 좋은 예다. 식품 판매업자에게 각 상품의 탄소 발자국을 완전히 공개하도록 요구해서 소비자가 '올바른 식료품 쇼핑'을 하도록 유도하고, 공해를 많이 발생시키는 식품을 시장에서 축출하는 것이 이론상으로는 가능하다. 그러나 현실적으로 이 방법은 아무것도 하지 않는 것과 진배없다. 우선 그런 정보가 완전 공개가 된다 해도 소비자는 구매하는 식품 하나하나의 탄소 발자국 정보를 모두 이해하고 거기에 맞는 선택을 할 만한 시간이나 정신적 여유가 없다.[19] 어찌 보면 아무것도 하지 않는 것보다 더 나쁠 수도 있다. 정부가 최소한의 환경 기준을 정립해놓지 않으면 더 심한 오염을 유발하는 판매업자가 더 값싼 식품을 제공해서 경쟁 업체들을 시장에서 몰아내는 식의 '바닥치기 경쟁race to the bottom'이 벌어질 수 있기 때문이다.

*   *   *

라임이 괴혈병 치료와 예방에 효과적이란 사실은 비밀이 아니었다. 하지만 당시 세계에서 가장 강력한 조직 중 하나였던 영국 해군이 단호한 결정을 내려 이 방법을 효과적으로 실천하겠다는 의지를 발휘하지 않았다면 선원들의 생명을 구할 수 없었을 것이다. 영국 해군은 항해를 떠나기 전에 선원

들이 개인적으로 라임을 챙기도록 맡겨 두는 대신 배급품에
의무적으로 포함시키고, 선원들이 제일 좋아하는 음료(럼)에
이를 섞어서 모두가 반드시 비타민 C를 섭취하게 조치했다.

　　기후 변화 역시 마찬가지다. 우리 모두 해결책을 알고는
있다. 그러나 영국 해군과 라임 사례에서 보았듯이 그 해결
책의 실천 과정을 시장에서 각 개인이 내리는 선택에 맡겨 둘
수는 없다. 범사회적 행동을 가능케 하는 모든 메커니즘, 즉
지방 정부, 중앙 정부, 국제적 협력, 국제 협약 등을 총동원해
서 해결책들─식품에 대한 규제, 대중교통 확충, 도시 계획 정
책의 개선, 주택 단열 향상을 위한 정부 보조금, 에너지 효율 향
상을 위한 기술 개발에 대한 공적 자금 지원, 그리고 개발도상
국들로의 그린 테크놀로지 이전 등─이 실천에 옮겨질 수 있
도록 만들어야 한다. 개인 행동의 변화가 단호한 대규모 공적
조치와 함께 이루어질 때 사회 변화는 가장 효과적으로 발현
된다.

15장

향신료
Spices

커리 조개 육수 아귀 요리

아귀 또는 살이 단단한 다른 흰 살 생선을 데친 후
커리와 조개로 맛을 낸 육수를
생선이 반쯤 잠길 정도로 부어 낸 요리

저자 레시피

향신료에 길들여지다

이미 눈치챘을지 모르지만 나는 특정 음식에 대한 집착이 없다. 심지어 한국 음식도 꼭 먹어야겠다는 욕구를 느끼지 않는다. 6개월쯤 한국 음식을 먹지 않고도 행복하게 지낼 수 있다(대학원생 시절에 실제로 그런 적이 많았다). 이탈리아나 멕시코, 일본 음식을 제일 좋아하긴 하지만 늘 먹는 건 아니다.

하지만 한 가지 예외가 있으니 바로 '인도' 음식, 아니 남아시아 음식이다.* 남아시아 음식은 몇 주 먹지 않으면 먹고 싶어진다. 역설적인 현상이긴 하다. 처음 남아시아 음식을 먹고는 좋아하지 않았기 때문이다. 대부분의 다른 음식은 먹자마자 바로 사랑에 빠지곤 하는 내가 아닌가. 1980년대 런던의 소호에서 처음 태국 음식을 맛보고는 그 자리에서 홀딱 반했다. 그리스 음식은 무사카moussaka, 타라마살라타taramasalata,

루카니코loukaniko(소시지) 할 것 없이 바로 팬이 되었다. 1987년 처음 이탈리아에 가서 음식을 먹었을 때도 심지어 '외국' 음식을 먹는다는 생각조차 들지 않을 정도였다. 하지만 '인도' 음식은? 아니었다.

나는 (그곳 출신이 아닌) 친구들에게 남아시아 음식이 '풍미'가 부족하다고 불평을 하곤 했다. 솔직히 무슨 말을 하려고 했는지 나도 잘 모르지만 아마 간장과 마늘이 별로 들어가지 않아 감칠맛이 부족한 게 불만이었던 듯하다. 하지만 이제 곰곰이 생각해 보면 진짜 이유는 남아시아 음식의 다양한 향신료spice가 주는 복잡하고도 낯선 감각을 제대로 소화하지 못해서였지 싶다.

영국에 오기 전까지 내가 아는 향신료는 후추black pepper, 겨자mustard, 계피cinnamon, 생강ginger, 고추, 이렇게 5가지 정도였다. 그중 가공되지 않은 상태로 본 적 있는 건 계피, 생강, 고추뿐이었다. 후추는 후추 열매가 아니라 회색 먼지 같은 가

❖　작은따옴표를 써서 '인도' 음식이라고 한 것은 영국에서 영업하는 '인도' 음식점 10곳 중 8곳을 방글라데시 사람들이 운영하고 있기 때문이다. 그들 중 95퍼센트가 방글라데시 실렛주Sylhet 출신이다.(오드리 길런Audrey Gillan의 〈방글라데시에서 브릭레인까지From Bangladesh to Brick Lane〉[《가디언The Guardian》, 2002년 6월 21일] 참조) 그래서 이곳과 이 책의 다른 곳에서 '인도' 음식 대신 '남아시아' 음식이란 표현을 자주 썼다.

루로만 접했고, 겨자는 잉글리시 머스터드English mustard와 비슷한 상태로 만들어진 것만 보았다(한국 겨자는 잉글리시 머스터드보다 더 순하고 달콤한 맛이 난다).

물론 중국 요리 '오향장육五香醬肉'을 몇 번 먹어 보기는 했다. 하지만 그다지 입맛에 맞지 않아서 '오향'을 이루는 5가지 향신료가 어떤 건지 알아볼 생각도 하지 않았기에 먹어 보지 않은 셈이나 마찬가지였다(혹시 궁금해할까 봐 말해 두면 오향은 팔각star anise, 정향clove, 계피, 산초[화초]Sichuan pepper, 회향씨fennel seed다).

그러나 시간이 흐르면서 남아시아 음식에 들어가는 실로 다양한 향신료가 주는 복합적인 맛, 향, 감각의 진가를 서서히 깨달아 가면서 나는 이 음식과 점점 사랑에 빠지게 되었다. 남아시아 음식에 들어가는 향료는 고수 씨coriander seed, 겨자씨, 쿠민cumin, 정향, 육두구nutmeg, 육두구 껍질mace, 팔각, 회향 씨, 캐러웨이, 사프란saffron, 카다멈cardamom, 타마린드tamarind, 아위asafoetida 등 그 종류가 무궁무진했다.

이제 나는 향신료 중독자가 되었다. 집에서는 원래 들어가야 하는 다양한 향신료를 모두 갖추어 두는 게 살짝 감당이 안 되기도 하고, (훌륭한 남아시아 음식점이 많고, 전자레인지에 데워 먹을 수 있는 즉석 식품ready-made meal을 마트에서 살 수 있는 마당에) 꼭 필요하다고 생각지도 않아서 고수 씨와 회향 씨,

쿠민 등을 갈아서 약식으로 남아시아 요리를 흉내 내곤 한다. 홍차 잎과 생강, 카다멈을 비롯한 여러 향신료를 넣고 우유와 함께 끓이는 남아시아식 홍차인 마살라 차이masala chai도 내가 제일 좋아하는 음료 중 하나다.

남아시아 요리를 할 때만 향신료를 사용하는 건 아니다. 내가 요리하는 대부분의 스튜와 파스타 요리에는 늘 넉넉한 양의 통후추나 후춧가루를 사용하곤 한다. 크럼블을 구울 때는 터무니없는 양의 정향, 카다멈, 계피(통계피나 계핏가루)를 넣는다(우리 식구가 제일 좋아하는 크럼블은 사과와 루바브rhubarb[식용 대황]를 섞어서 졸인 필링filling이 들어간 것이지만 사과와 루바브를 단독으로 사용한 필링을 넣어서도 자주 만든다). 간혹 알싸한 맛을 더하기 위해 후추 열매를 넣기도 한다. 리소토를 만들 때는 사프란을 조금만 넣고 다른 향신료는 전혀 쓰지 않는다. 육수가 맛있으면 그 이상 아무것도 필요치 않다.＊ 최근 들어서는 남아시아식 '치즈 토스티'(영국인이 아닌 사람에게는 치즈를 끼운 식빵을 눌러 구운 샌드위치라고 설명하면 적당하겠다)에 완전히 설득당하고 말았다. 전직 법조인 출신의 인도계 영국인 셰프 니샤 카토나Nisha Katona의 레시피로 간 고

＊ 내가 제일 좋아하는 육수는 닭 뼈, 셀러리, 양파를 넣고 끓이다가 스위스 마리골드 베지테리언 육수용 파우더Swiss Marigold vegetarian stock powder와 멸치 액젓으로 간을 맞춘 것이다('4장 멸치' 참조).

수 씨와 고춧가루, 다진 양파, 마늘, 고수 잎을 듬뿍 넣어서 만
드는 치즈 토스트다.

향신료 무역과 주식회사의 탄생

향신료에 한번 눈을 뜬 후부터는 그때까지 향신료를 모
르고 살아온 30여 년의 내 삶이 아깝기 그지없었다. 조상이
원망스러웠다. 우리 조상은 왜 정향(내 최애 향신료)이나 고수
씨를 넣은 음식을 만들지 않았을까? 한국 음식에 팔각이나
회향 씨를 넣으면 더 섬세하고 재미난 맛이 나지 않았을까?

그러다가 나는 내 바람이 무리한 것이라는 사실을 깨달
았다. 우리 조상이 살아온 유라시아 대륙의 북동쪽 지역은 그
런 향신료들을 키우기에는 너무 추웠을 것이다. 게다가 유럽
인과는 달리 우리 조상은 향신료가 나는 지역을 침공해서 점
령할 의향도(또는 능력도) 없었다.

유럽에서 가장 귀하게 여겼던 향신료―후추, 정향, 계피,
육두구―는 유럽인이 '동인도'라고 부르던 지역, 다시 말해
남아시아(특히 스리랑카, 인도 남부)와 동남아시아(특히 인도네
시아)에서만 자랐다.*

향신료를 구하겠다는 열망이 유럽과 아시아 사이의 항
로를 개척하는 데 중요한 동기였다는 사실은 잘 알려져 있다.

그보다 잘 알려지지 않은 것은 그 과정이 자본주의 발달에 가장 중요한 역할을 한 제도가 탄생하는 계기가 되었다는 사실이다. 주식회사joint stock company 또는 유한 책임 회사limited liability company가 바로 그것이다.

처음 시작할 때만 해도 '동인도'와 향신료 무역을 하는 것은 유럽인에게 엄청나게 위험 부담이 높은 일이었다. 2개 또는 3개의 대양(대서양과 인도양, 그리고 인도네시아에 가려면 태평양까지)을 범선에 의지해서 건너는 것은 약간 과장을 하면 요즘 화성에 탐사선을 보냈다가 성공적으로 지구로 다시 귀환시키는 것과 맞먹는 어려운 일이었다.[1]

물론 성공하기만 하면 대가는 엄청났다. 그러나 감당해야 하는 리스크가 너무 높아서 투자자들은 향신료 수입 경쟁에 돈을 처박고 싶어 하지 않았다. 게다가 사업이 실패하면 투자자들은 모든 것을 잃고 말았다. 사업에 투자한 돈뿐 아니라 재산(집, 가구, 심지어 가재도구까지)을 모두 압수당했다. 빌린 돈을 모두 갚는 것을 당연시했기 때문이다. 더 기술적인 용어를 쓰자면 무한 책임을 져야만 했다. 사업을 하다 실패한 사업가는 개인적 자유까지 박탈당할 수 있었다. 소유한 모든

❖　콜럼버스를 비롯해 아메리카 대륙을 침략했던 초기 유럽인이 모두 그곳을 인도라고 생각했던 점을 고려하면 유럽인은 유럽과 아프리카, 중동, 중국을 제외한 온 세상이 인도라고 생각했던 듯하다.

것을 팔아도 진 빚을 다 갚지 못하면 빚을 진 사업가는 채무자 감옥에 수감되었다.

투자할 돈이 있는 사람도 당연히 향신료 무역처럼 위험 부담이 높은 사업에는 투자하기를 꺼려했다. 이 문제를 해결한 것이 바로 유한 책임제였다. 투자자는 투자를 하더라도 소유한 모든 것을 다 바치는 것이 아니라 투자한 금액, 즉 '지분 share(주식)'만큼만 책임을 진다는 원칙을 세운 것이다. 이로 인해 투자자들이 감당해야 하는 위험 부담이 엄청나게 줄었고, 따라서 리스크가 높은 사업을 벌이는 사업가가 다수의 투자자에게 큰 액수의 투자금을 모으는 것이 가능해졌다.

영국 동인도 회사English East India Company(1600년)와 네덜란드 동인도 회사Dutch East India Company(1602년)가 이렇게 해서 세워졌다. 이 두 회사는 최초의 유한 책임 회사는 아니었지만 동인도에서 성공적으로 향료를 수입해 오고, 결국 각각 인도와 인도네시아에서 식민지를 경영하면서(그렇다, 초기에는 국가가 아니라 기업이 식민 통치를 했다) 유한 책임이라는 제도에 대한 신뢰가 높아졌다.

자본주의 발달의 정점, 유한 책임 제도

이제는 유한 책임제가 일반적 표준이 되었지만 19세기 말까지만 해도 왕—절대 왕정이 끝난 다음에는 정부—이 허락하는 특권이었고, 오직 국가적 차원에서 매우 중요한 일이지만 위험 부담이 높은 장거리 교역이나 식민지 확장 같은 사업만 이런 지위를 누릴 수 있었다.

그런 예외적인 경우에만 적용하는데도 유한 책임제에 대해 비판적인 태도를 가진 사람들이 많았다. 대표적인 비판자 중 한 사람이었던 이른바 '경제학의 아버지' 애덤 스미스 Adam Smith는 유한 책임 회사 제도가 경영자들이 "다른 사람의 돈"(그는 실제로 이런 표현을 썼다)을 가지고 도박을 하도록 허용한다고 비난했다. 이런 식으로 자금을 모은 기업의 경영자들은 기업을 100퍼센트 소유하지 않고, 따라서 실패 비용을 100퍼센트 감당하지 않아도 되기 때문에 과도한 모험을 하려는 성향이 강해질 수밖에 없다는 것이 그의 논리였다.

흠잡을 데가 없이 완벽한 사실이다. 그러나 중요한 것은 유한 책임제 덕분에 무한 책임을 져야 할 때보다 훨씬 더 큰 규모의 자본을 모으는 것이 가능해졌다는 사실이다. 바로 이 점 때문에 자본주의의 패망을 예상했던 카를 마르크스 Karl Marx가 유한 책임 회사야말로 '자본주의의 발달이 정점을 찍어서 나온 제도'라고 칭송했던 것이다. 물론 이 발언에는 자본주의가 더 빨리 발전할수록 사회주의의 도래를 앞당길 수 있으리라는 저의가 깔려 있었다(그의 이론에 따르면 자본주의가 완전히 발달한 다음에야 사회주의가 도래할 수 있다).

19세기 중반 마르크스가 이런 선언을 한 직후, 대규모 투자 없이는 성장이 불가능한 '중화학 공업'—제철 및 철강, 기계, 화학 공업, 제약 등—이 출현하면서 유한 책임 회사가 더욱 절실해졌다. 장거리 항해나 식민지 사업뿐 아니라 주요 산업의 대부분에 대규모 투자가 필요해지면서 유한 책임제를 사례별로 심사해서 허용해 주는 것은 더 이상 불가능해졌다. 그 결과 19세기 말 대부분의 나라에서는 유한 책임 회사 설립이 특혜가 아닌 (최소한의 기준만 충족시키면 누릴 수 있는) 권리로 인정받게 되었다. 그때 이후 유한 책임 회사(또는 법인 corporation)는 자본주의 발달의 주요 수단으로 자리 잡았다.

성장의 원동력에서 성장의 장애물로

그러나 한때 경제 성장의 강력한 도구였던 이 제도가 최근에는 성장의 장애물로 변했다. 지난 수십 년에 걸친 금융 규제 완화로 인해 주주들은 자기네가 법적으로 소유한 기업에 장기 투자를 할 필요가 없어졌다. 다른 방식으로 투자해서 수익을 창출할 기회가 너무나 다양해졌기 때문이다. 영국을 예로 들자면 주주들의 주식 보유 기간이 1960년대에 5년이었던 것이 요즘은 1년이 채 되지 않는다. 투자한 돈을 1년도 되기 전에 거둬들이는 사람이 진정으로 그 기업을 공동으로 (지분) 소유한다고 할 수 있을까?

가만히 있지를 못하는 주주들의 요구에 부응하기 위해 전문 경영인들은 배당금과 주식 환매share buyback(자사주 매입. 기업들이 자사 주식을 매입해 주가를 올려서 주주들이 원하는 경우 자기 보유 주식을 매도해 이득을 챙길 수 있도록 하는 관행) 등을 통해 기업 이윤 중 극도로 높은 비율을 주주들이 가져갈 수 있도록 했다. 미국과 영국에서 주주들에게 돌아간 기업 이윤 비율은 1980년대에는 절반 이하였지만 지난 10~20년 사이 이 수치가 90~95퍼센트로 치솟았다. 기업의 유보 이윤이 기업 투자의 주된 원천이라는 사실을 감안하면 이 변화는 기업의 투자 능력, 특히 장기간을 기다려야 수익을 낼 수 있는 프로젝트에 대한 투자 능력을 심각하게 약화시켰다고 할 수 있다('14장 라임' 참조).

이제는 유한 책임제라는 제도를 개선해서 해로운 부작용은 제한하면서 혜택을 누릴 수 있는 방법을 강구할 때가 되었다.

무엇보다 유한 책임 제도는 장기간 주식 보유를 장려하는 방향으로 개선되어야 한다. 예를 들어 투표권을 주식 보유 기간과 연동해서 장기 투자를 한 주주들이 더 큰 목소리를 낼 수 있도록 하는 방법이 있는데, 이를 '테뉴어 보팅tenure voting' 이라 부른다. 프랑스, 이탈리아 같은 일부 국가에서는 이미 이 제도를 시행하고 있지만 매우 희석된 형태에 그치고 있다(예를 들어 2년 이상 주식을 보유한 주주는 1표를 더 얻는다든지 하는 방식). 이 테뉴어 보팅 제도를 훨씬 더 강화해서 주식을 보유한 햇수마다 1표씩 더 주는 방법(1주마다 20표로 제한하는 식의 상한선을 둘 수도 있다) 등을 강구할 필요가 있다. 장기 투자를 하는 투자자들이 어떤 식으로든 혜택을 볼 수 있어야 한다.

둘째, 주주들의 권한을 제한해야 한다. 여기에는 주식 장기 보유자들까지 포함된다. 대신 기업의 운명으로부터 큰 영향을 받는 다른 '이해관계자stakeholder'들이 기업 경영에 목소리를 낼 수 있는 제도적 장치를 마련해야 한다. 노동자, 부품 조달 업체, 기업이 위치한 지역의 지방 정부 등이 모두 해당한다. 주주들의 문제(와 힘)는 장기 투자자라 할지라도 언제든 주식을 팔고 기업을 떠날 수 있다는 데 있다. 주주들보다 움직임이 훨씬 자유롭지 못한 주주 이외의 '이해관계자'들에게 일정 부분 권한을 부여한다는 것은 이른바 기업의 '소유주'들보다 기업의 장기적 미래에 더 큰 관심과 이해관계를 가진 사람들에게 힘을 실어 준다는 의미다.

마지막이자 앞의 내용 못지않게 중요한 것은, 주주들이 자기가 지분을 보유하고 있는 기업의 장기적 미래에 더 관심을 가질 수 있도록 유도하기 위해 그들에게 주어진 선택지를 제한해야 한다는 점이다. 투기 성향이 강한 일부 금융 상품에 대한 규제를 강화해서 '치고 빠지는 식의 투자quick buck' 기회를 줄이고 장기 투자를 할 동기 부여를 하는 것도 좋은 방법이다.[2]

*　*　*

유한 책임제는 자본주의 체제가 낳은 가장 중요한 제도 중 하나다. 그러나 금융 규제 철폐와 참을성 없는 주주들이 판치는 환경(더 기술적인 용어를 쓰면 '금융화 시대age of financialization')에서는 이 제도가 경제 발전에 동력이 되기보다는 장애물로 작용하고 있다. 유한 책임 제도 자체, 그리고 금융 규제, 이해관계자들의 의견을 반영하는 메커니즘 등 관련 제도를 개선해야 할 필요가 있다.

같은 향신료지만 넣는 음식에 따라 요리를 놀라울 정도로 향상시키기도 하고, 완전히 망치기도 하는 것처럼 같은 제도라도 맥락에 따라 매우 유용할 수도 있고, 큰 문제가 될 수도 있다.

16장

딸기
Strawberry

딸기 우유

으깬 딸기를 넣고 연유를 첨가한 우유

저자 아내의
레시피

딸기는 베리가 아니다

딸기는 영어로 스트로베리strawberry라고 부르지만 과학적 분류 기준에 따르면 베리berry가 아니다.* 블랙베리도 라즈베리(산딸기)도 베리가 아니다. 식물학적으로는 포도, 블랙커런트blackcurrant, 바나나, 오이, 토마토, 가지, 수박, 고추가 베리에 속한다. 하지만 너무 당황하지 말자. 베리라는 이름을 가진 것 중에는 과학적으로 베리로 분류되는 것도 있어서 크랜베리, 블루베리, 구스베리 등은 명실상부 베리들이다. 하지

---

*   식물학적으로 베리 또는 장과漿果는 씨를 감싼 단단한 핵stone, pit이 없고 씨방이 1개인 꽃 하나에서 맺히는 다육질 과일로 정의된다. 장미과 딸기속으로 분류되는 딸기는 씨방이 아니라 씨방을 지지하는 꽃받기receptacle가 발달한 것으로 여러 열매가 밀집해 한 열매처럼 보이는 집합과aggregate fruit에 속한다.

만 식물의 한 범주를 부르는 이름을 찾기 위해 식물학계의 명석하기 짝이 없는 권위자들이 모여 앉아 활발한 논쟁을 거치고 머리를 짜낸 끝에 찾은 이름이 왜 '베리'여야만 했을까 궁금하지 않을 수 없다. 베리라 부르지만 베리가 아닌 것들이 엄청나게 많고, 베리라 부르지 않지만 베리인 것들도 엄청나게 많은 마당에 굳이 '베리'라고 이름 붙인 범주를 만들어 내다니 말이다.

식물학적으로 진짜 베리든 아니든 간에 전 세계적으로 거의 모든 사람이 '베리' 하면 떠올리는 과일이 바로 스트로베리, 즉 딸기다. 제철 딸기는 달콤하고 향미가 풍부해서 그대로 먹어도 충분히 맛있다. 하지만 철이 아닌 때 먹는 딸기는 살짝 너무 시어서 많은 사람이 설탕이나 연유(내 입맛에는 설탕보다 더 낫다)를 곁들여 먹는다. 좀 더 대담한 사람들은 발사믹 식초나 후추, 또는 그 둘 모두를 뿌려 먹기도 한다. 영국에서 여름에 열리는 가든파티에 초대받으면 크림을 부은 딸기가 틀림없이 나온다고 보면 된다(영국 친구 몇을 잃을 위험을 감수하고 고백하자면 나는 크림과 딸기 조합을 별로 좋아하지 않는다).

딸기로 만들 수 있는 디저트 종류는 케이크, 치즈케이크, 타르트(나는 프랑스식 타르트 오 프레즈tarte aux fraises가 특히 좋다) 등 무궁무진하다. 바닐라 맛, 초콜릿 맛과 더불어 딸기 맛

아이스크림은 전 세계적으로 아이스크림계의 삼위일체를 이루는 멤버다(대부분의 딸기 맛 아이스크림에는 딸기가 한 조각도 들어가지 않는 경우가 많지만). 영국인은 특히 딸기를 사용한 디저트를 만들 때 풍부한 상상력을 발휘해서 이튼 메스Eton mess(딸기, 잘게 부순 머랭meringue, 크림을 섞어서 만드는 디저트로, 수많은 영국 정치인을 배출한 것으로 유명한 사립 학교 이튼칼리지Eton College에서 발명되었다는 설이 있다), 딸기 트라이플trifle(딸기, 커스터드, 셰리sherry 와인에 절인 스펀지 핑거스 비스킷 sponge-fingers biscuit, 그리고 딸기 맛을 가미한 젤리를 켜켜이 쌓은 다음 크림으로 덮는다. 젤리를 포함시키는 것에 관해서는 논란이 많다[1]) 등을 발명했다.

요즘은 전 세계의 다양한 기후대에서 수입이 가능하고 온실에서도 기를 수 있어서 딸기 철이 따로 없을 지경이 되었다. 그러나 몇십 년 전만 해도 철이 아닌 시기에 나오는 딸기는 매우 비쌌기 때문에 딸기 철이 아닐 때 딸기를 맛보려면 대부분의 사람은 잼을 만드는 방법밖에 없었다. 다른 과일로도 잼을 만들지만(산딸기잼, 복숭아잼, 살구잼 등) 보통은 '잼' 하면 딸기잼을 떠올리는 사람이 많을 것이다.

딸기잼을 먹는 가장 흔한 방법은 구운 식빵에 버터와 함께 발라 먹는 것이다. 그러나 빵 비슷한 것 사이에 끼우거나 속에 넣어 먹을 수도 있어서, 영국 사람들이 즐기는 잼 치즈 샌드위치나 프랑스식으로 잼을 발라 접어서 먹는 팬케이크의 일종인 크레프crêpe, 또는 우리 가족이 좋아하는 땅콩버터와 딸기잼 샌드위치(미국식 땅콩버터와 젤리 샌드위치peanut butter and jelly sandwich, PB&J의 변형이다. 잼과 젤리의 차이에 관해서는 '9장 바나나' 참조) 등 다양한 방법이 있다. 내가 보기에 딸기잼을 가장 잘 먹는 방법은 영국식 스콘scone에 뻑뻑한 클로티드 크림clotted cream과 함께 발라 먹는 것이다(좀 다른 이야기지만 잼과 크림을 바르는 순서를 두고 영국의 데번주와 콘월주가 오랫동안 벌여 온 전쟁에서 나는 중립을 선언한다 — 무엇을 먼저 바른들 내 입에는 맛 차이가 느껴지지 않는다).* 러시아에서는 차에 딸기잼을(그리고 다른 잼도) 넣어 달콤한 맛을 더하고 차의 떫은맛을 중화시킨다. 참 좋은 아이디어이긴 하지만 우유를 넣어 마시는 영국식 차 문화를 상당히 좋아하게 된 나로서는 가끔 기분 전환용으로는 모를까 잼 넣은 차를 자주 마시지는 않는다.

◆   데번주에서는 크림을, 콘월주에서는 잼을 먼저 바른다.

노동 집약적 딸기 산업의 해결책, 이민 노동자

딸기는 매우 노동 집약적인 방법으로 재배된다. 특히 수확할 때는 일손이 많이 필요하다. 사과나 포도 같은 과일과 달리 딸기는 잎 사이에 싸인 채 자라고, 때로는 찾기 힘들 정도로 깊이 숨어 있어서 찾으려면 시간이 걸린다. 단단하지 않아 따는 과정에서 멍이 잘 들기 때문에 조심스럽게 따야 해서 수확하는 데 시간이 더 걸린다.

인건비가 높은 부자 나라에서 딸기를 재배하는 농민에게는 이런 노동 집약적 수확 방법이 큰 문제다. 딸기 가격이 굉장히 높아지기 때문이다. 도로와 가까운 곳에 자리한 소규모 농장들에서는 '딸기 수확 체험 이벤트' 같은 방법으로 이 문제를 부분적으로 해결하기도 하지만 대부분의 농장에서는 실현 가능한 해결책이 아니다. 그래서 값싼 이민 노동자를 고용하는 방법으로 높은 임금 문제를 해결하려는 경우가 많다.

미국 최대의 농산물 생산을 자랑하고, 미국 딸기 생산량의 80퍼센트가 나오는 캘리포니아주의 값싼 노동력 대부분은 멕시코에서 공급된다. 캘리포니아 농업 부문에서 일하는 노동자의 70퍼센트가량이 멕시코에서 태어났고 그중 적어도 절반은 '등록 서류가 없는undocumented' 사람, 다시 말해 불법 이민자다.[2]

이 멕시코 이민 노동자들 사이에서 딸기는 '악마의 과일'

이라는 뜻의 '라 프루타 델 디아블로la fruta del diablo'라고 불린
다. 딸기 수확은 캘리포니아 농장 일 중에서 제일 임금이 낮
고 제일 힘들어서 가장 피하고 싶은 노동이기 때문이다.[3] 낮
은 높이에 맺힌 열매를 따야 해서(딸기나무 높이는 10~12센
티미터 정도고, 딸기를 심기 위해 흙을 돋아서 만든 두렁 높이도
20~30센티미터에 불과하다) 계속 허리를 굽히고 일해야 하는
데 매일 이런 일을 10시간에서 12시간 동안 몇 주에 걸쳐 쉬
지 않고 계속하고 나면 '엄청난 통증과 평생 가는 장애'가 생
길 수 있다.[4] 딸기 농장에서 일하는 노동자 대부분은 낮은 임
금과 혹독한 작업 환경에 시달린다.[5] 불법 이민 노동자는 '합
법' 노동자가 받는 임금의 절반 정도밖에 받지 못하고, 많은
수가 학대에 가까운 처우를 받는다. 이들이 경찰에 신고하지
못하리란 걸 고용주들도 알고 있기 때문이다.

로봇이 우리의 일자리를 빼앗을까

지난 1~2세기 사이 농업, 특히 임금이 비싼 부자 나라의
농업은 아주 많은 부분 기계화되었다—소나 말이 끄는 쟁기
나 괭이, 낫 등을 사용하는 대신 트랙터와 콤바인이 쓰이고,
심지어 드론까지 동원된다. 그러나 판단력(과일이 어디에 숨어
있는지, 잘 익었는지)과 섬세함(멍들기 쉬운 과육)이 필요한 딸

기 수확은 아직까지는 기계화 대열에 합류하지 못했다.*

그러나 변화는 일어나고 있다. 딸기를 비롯해 산딸기, 토마토, 상추와 같은 따기 힘든 작물을 수확하는 로봇이 곧 상용화될 것이라고 한다. 현재 다수의 기업에서 잎 사이에서 딸기를 찾아내고 익은 정도를 판단해서 멍들지 않게 수확할 수 있는 수확용 로봇을 개발하고 있다.[6] 이 로봇들은 아직 인간만큼 유능하지는 않지만 계속 개선되고 있기 때문에 딸기 수확의 자동화라는 농업 기계화 최후의 장벽을 정복할 날도 멀지 않았다.

자동화로 일자리를 위협받는 건 딸기 수확 노동자만이 아니다. 요즘은 신문, 라디오, TV 어디서든 인간이 하는 일을 로봇이 대체하고, 그 결과 대부분의 사람이 일자리를 잃을 것이라는 보도를 피할 수가 없다. 일자리를 얻을 수 없는 미래에 대한 공포는 인공 지능AI 기술의 발달로 더 고조되고 있다. 기계가 인간의 손과 근육뿐 아니라 두뇌마저 대체할 것이라는 두려움까지 갖게 되었기 때문이다. 전 세계를 휩쓸고 있는 이 불안감을 잘 보여 주고 있는 예 중 하나가《파이낸셜타임

---

*   말을 이용하는 것으로 시작한 농업용 기계는 19세기 초에 등장했다. 콤바인(수확과 탈곡 기능을 합친 기계)은 1880년대에 발명되었다. 내연 기관을 장착한 현대식 트랙터는 20세기 초에 등장했다. 요즘은 작물 상태와 가축, 관개 시설을 모니터링하는 데 드론이 사용된다.

스》가 2017년 공개한 '로봇이 당신의 일을 할 수 있을까?Can a robot do your job?'라는 앱이다.

　　자동화로 일자리가 없어지는 것은 자본주의 체제에 늘, 적어도 지난 2세기 반 동안은 항상 존재해 왔던 현상이다 ('17장 초콜릿' 참조).** 그리고《파이낸셜타임스》같은 지면에 글을 기고하는 저널리스트, 경제학자, 경영 전문가 등은 줄곧 블루칼라 노동자들이 노동력을 절약하는 기술 도입에 저항 하는 것은 경제 발전을 방해하는 짓이라 꾸짖어 왔다. 그랬던 기자들과 논평가들이 왜 이제 와서 갑자기 일자리 자동화의 영향에 대해 걱정을 늘어놓는 걸까?

　　계급적 위선의 냄새가 진하게 풍겨 오지 않는가? 전문 가 계급에 속한 이들은 자기네 일이 자동화의 물결에서 안전 하다고 확신할 때는 새 기술의 도입에 거부감을 보이는 블루 칼라 노동자들을 '러다이트Luddite'라 쉽게 비난할 수 있었다 (19세기 초 영국의 섬유 산업 노동자 중 섬유 기계를 때려 부수면 일 자리를 잃지 않을 것이라 믿었던 사람들을 러다이트라 부른다). 그

**　　영국의 발명가 리처드 아크라이트Richard Arkwright가 1771년 물을 동력 으로 사용하는 '워터 프레임' 수력 방적기를 개발해 완전히 자동화된 (면) 방 적 공장을 짓고, 1785년 미국의 엔지니어인 올리버 에번스Oliver Evans가 제분 기를 발명해 최초로 완전히 자동화된 산업 공정을 구축하면서 인간의 일손을 대체하는 자동화가 시작되었다.

러나 이제 자동화가 그들과 그들의 친구들—의사, 법조인, 회계사, 금융인, 교사, 심지어 저널리스트*까지—이 속한 화이트칼라 일자리를 위협하기 시작하자 기술 발전으로 인한 실업, 심지어 로봇이 자기네 분야 전체를 완전히 대체해 버릴 수도 있는 미래에 대한 두려움을 뒤늦게 맛보고 있는 것이다.

자동화는 새로운 일자리를 창출한다

하지만 우리는 전문가 계층에서 퍼지고 있는 자동화에 대한 이 새로운 패닉 심리에 휩쓸려서는 안 된다. 자동화는 지난 250년간 계속되어 왔고, 그 과정에서 사람들이 우려하고 위협받는 것처럼 일자리가 대량으로 사라진 일은 한 번도 일어나지 않았다. 이는 자동화로 인해 기존의 일자리가 사라지기도 하지만 새로운 일자리가 만들어지기도 하기 때문이다.

무엇보다 새 일자리 창출이 자동화 과정 자체에서 직접적으로 일어난다. 예를 들어 로봇이 딸기를 수확하는 일자리

---

* 단순한 기사 작성이나 스포츠 경기 하이라이트 편집 등의 일에 인공 지능을 사용하는 뉴스 매체들이 이미 있다. 예를 보고 싶다면 영국 일간지 《가디언》 2020년 9월 8일 자에 실린 GPT-3(인공 지능 프로그램 이름)가 쓴 다음 기사를 참조하라. 〈로봇이 이 기사 전체를 썼다, 인간들이여, 아직도 두렵지 않은가? A robot wrote this entire article. Are you scared yet, human?〉.

를 없애겠지만 그 로봇을 설계하는 엔지니어, 로봇을 제작하는 노동자, 로봇 제작에 필요한 부품을 생산하는 노동자에 대한 수요가 생길 것이다. 게다가 자동화로 인해 생산에 들어가는 생산량 단위당 필요한 노동력이 줄어들지 모르지만, 제품 가격이 낮아지고 그에 따라 수요가 늘어나면 더 많은 노동자가 필요해질 수도 있다. 제임스 베슨James Bessen에 따르면 19세기 미국 섬유 산업 자동화로 인해 옷감 1야드를 생산하는 데 필요한 직조 노동력의 98퍼센트가 사라졌지만, 면직물 가격이 낮아지자 수요가 폭발적으로 증가하면서 실제 방적 노동자의 숫자는 4배로 늘어났다.[7]

그리고 자동화로 인한 간접적인 일자리 창출 효과도 있다. 컴퓨터와 인터넷 시대가 도래하면서 여행사의 일자리가 많이 사라졌지만(사람들이 대개 온라인으로 직접 예약하기 때문에) 여행 산업 부문에서 새로운 일자리도 많이 생겨났다. 예약 사이트 운영, 에어비앤비와 같은 서비스를 통한 숙소 대여, 인터넷에 광고를 할 수 있게 된 덕분에 고객을 확보할 수 있어서 생겨난 특화된 소규모 투어 가이드 등이 그 예들이다. 그와 더불어 자동화는 생산성을 향상시키기 때문에 1인당 소득이 증가하고, 따라서 더 다양하고 '특화된' 필요를 충족시킬 새로운 재화와 서비스에 대한 수요가 높아지고, 그 결과 새로운 일자리가 생겨난다—고등 교육, 오락, 패션, 그래픽 디자인, 갤러리 등이 대표적인 예들이다.

거기에 더해 우리는 언제든 정책을 동원해 새로운 일자리를 만들어 내는 집단적 합의를 할 수 있다. 적어도 1930년대 이후부터는 경제가 침체기에 접어들어 민간 부문의 기업들이 (투자와 고용을 줄이는 방법으로) 지출을 줄일 때면 정부가 지출을 늘리는 방법으로 수요 수준을 높여서 민간 기업들이 직원을 해고하지 않고 심지어 새로 직원을 고용하도록 유도하는 정책을 쓰는 관행이 일반화되어 왔다. 코로나19 팬데믹이 기승을 부릴 때 다수의 부자 나라 정부는 '할 일이 없어진' 노동자들의 해고를 막기 위해 임금의 일정 비율을 직접 지급하기까지 했다(영국의 경우 '임시 휴직furlough'이란 이름으로 임금의 80퍼센트까지 정부가 지급했다). 거기에 더해 정부는 규제를 통해 새 일자리를 창출할 수 있고, 그렇게 해 왔다. 교육 현장에서 필요한 인력의 비율을 높이거나(학교에서는 교사 1명이 교육하는 학생 수, 유치원에서는 교사 1명이 돌보는 아동 수), 의료 기관(병원에서 환자 1명당 의사와 간호사의 숫자), 또는 노인 요양 시설(요양 시설 기거 노인 1인당 돌보는 사람의 비율) 등의 인력을 조정하면 이 산업 부문에 더 많은 일자리가 생겨날 것이다. 코로나19 팬데믹을 통해 우리는 이 부문에서 더 양질의 서비스를 제공하기 위해서는 더 많은 사람을 고용할 필요가 있음을 절실히 깨닫지 않았는가('13장 고추' 참조).

　　이 모든 다양한 요소가 서로 다른 방향으로 장기간에 걸쳐서 예측 불가능한 형태로 작용하기 때문에 특정 분야—딸기 수확이든 면직물 방적 또는 저널리즘이든—의 자동화가 전체 고용 규모를 감소시킬지 여부에 대해 확실한 결론을 내리기는 불가능하다. 그러나 250여 년 동안 끊임없이 자동화가 계속되었음에도 대부분의 사람이 일을 하며 살 수 있었다는 사실(이상적인 고용 상태가 아닐뿐더러 위험하고 억압적인 환경에서 일해야 하는 사람이 많았지만)은 현재까지는 자동화가 일자리에 미치는 전반적인 영향이 부정적이지 않다는 추측을 가능하게 한다.

　　지금까지 자동화가 불가능했던 일을 로봇이 대체하기 시작했기에 이번은 다르다고 말하는 사람들이 있을 수도 있다. 그러나 대부분의 사람이 직접 눈으로 볼 수 있을 때까지는 상상조차 하지 못했던 일이 현실화하는 것은 기술 발전의 특징 중 하나다. 1900년에 영국의 중상류층 여성에게 한두 세대가 지나면 하녀가 하던 일 대부분을 기계가 할 거라고 했으면 말도 안 되는 소리라며 웃어넘겼을 것이다. 하지만 세탁기, 진공청소기, 전자레인지, 냉장고가 출현했고 인스턴트 식품이 나왔다. 1950년 일본의 선반 기술자에게 몇십 년 후면 그가 하는 일 대부분을 기계가 할 것이고, 그 기계는 또 다른 기계(컴퓨터)의 제어를 받을 거라고 했으면 미친 소리 하지 말라고 했을 것이다. 그러나 이제 부자 나라의 공장에서는 컴퓨터 수치 제어computer numerical control, CNC가 표준적인 시설의 일부로 받아들여지고 있다.* 지금부터 50년이 흐른 후면 21세기 초에 화이트칼라 일자리를 자동화하는 것이 불가능하다고 믿었던 이들이 왜 그렇게 많았는지 이해할 수 없다고 여기는 사람들이 대부분이 될지도 모른다.

그렇다고 해서 일자리에 끼치는 자동화의 영향을 무시하자는 말은 아니다. 자동화는 새로운 일자리를 만드는 동시에 특정 일자리를 파괴하고, 그로 인해 직장을 잃는 사람들에게 엄청나게 큰 해를 끼친다. 전반적인 고용 상황에 대한 전반적인 영향이 장기적으로 볼 때 긍정적이라 하더라도 당장 일자리를 잃은 사람들에게 그 사실은 아무런 위로가 되지 않는다.

기계로 인해 가지고 있던 기술이 더 이상 쓸모없게 된 사람들도 이론상으로는 재훈련을 받고 다른 일자리를 찾을 수 있다. 일자리를 구하지 못하는 사람은 시장에서 제시하는 가

＊　미국의 SF 작가 커트 보네거트Kurt Vonnegut가 1951년 발표한 예언적인 소설《자동 피아노Player Piano》는 매우 효율적인 컴퓨터 수치 제어 기계 덕분에 더 이상 인간이 육체노동을 할 필요가 없고, 역사상 전례 없는 번영을 누리는 세상을 배경으로 하고 있다. 그러나 그 세상에서는 물질적으로 안락하고 쉬는 시간이 충분한데도 소수의 경영자, 엔지니어, 과학자를 제외한 대부분의 사람이 불행하다. 유용한 일을 할 기회가 거의 없어서, 다시 말해 자기가 사회에 불필요한 사람이라는 느낌에 시달리게 되었기 때문이다.

격에 일할 의사가 없기 때문이라고 믿는 자유 시장 경제학자들이 일반적으로 하는 주장이 바로 이것이다. 그러나 현실에서는 일자리를 잃은 사람이 기술이 별로 필요 없는 직업 — 마트에서 물건을 매대에 정리하는 일, 사무실 청소, 건물 경비 등 — 을 받아들이지 않는 한 정부의 지원 없이는 다시 취업할 수 있도록 재훈련을 받기란 불가능에 가깝다. 직업을 잃은 노동자가 재훈련을 받는 동안 견뎌 낼 수 있도록 실업 수당과 소득 지원을 해 줄 필요가 있다. 감당 가능한 비용으로 받을 수 있는 재훈련 과정이 제공되어야 하고, 이는 정부가 훈련 기관과 훈련받는 사람들 둘 중 하나 또는 둘 다에 보조금을 지급해야 한다는 의미다. 새 직장을 찾는 과정에서도 스웨덴과 핀란드 같은 나라처럼 '적극적 노동 시장 정책Active Labour Market Policy'을 시행해서 (피상적인 데 그치지 않는) 효과적인 도움을 제공해야 한다.[8]

* * *

딸기가 '베리'의 대명사로 알려져 왔지만 사실은 그렇지 않은 것처럼, 자동화도 일자리를 파괴하는 가장 큰 적으로 여겨져 왔지만 사실은 그렇지 않다. 우리는 자동화의 본질을 제대로 이해해야 한다. 자동화는 일자리를 파괴하는 장본인이 아니다. 거기에 더해 기술이 홀로 일자리 숫자를 정하는 것이 아니다. 우리는 재정 정책, 노동 시장 정책, 특정 산업 부문에 대한 규제 등을 통해 원하면 새로운 일자리를 만들어 낼 수 있다.

자동화의 본질을 제대로 이해해야 우리는 전 세계적으로 확산되기 시작한 과학 기술 공포증('자동화는 무조건 나쁘다') 과 젊은 세대의 절망감('우리는 필요 없게 될 거야')을 극복할 수 있을 것이다.

17장

초콜릿
Chocolate

페르난다의 브라우니

설탕, 밀가루, 달걀, 베이킹파우더,
그리고 엄청난 양의 코코아 가루로 만든
세상에서 제일 쫀득한 브라우니

노르웨이인 친구
페르난다
레이네르트의
레시피

나는 중독자다

고백할 일이 하나 있다. 나는 중독자다.

내 중독의 시작은 1960년 중반으로 거슬러 올라간다(맞다, 나는 조숙한 아이였다). 나를 처음 중독의 세계에 발 들이게 한 불법 물질은 어린 시절 한국에 주둔하던 미군 부대에서 흘러나와 암시장에서 팔렸다.

사람들은 그것을 M&M's라 불렀다.

M&M's 초콜릿이 암시장에서 팔린다고? 지어낸 이야기가 아니다. 당시 한국에서는 산업화에 직접 필요한 기계류와 원자재를 제외한 모든 물건의 수입이 금지되어 있어서 승용차, TV, 비스킷, 초콜릿, 심지어 바나나에 이르기까지 상상할 수 있는 거의 모든 것의 수입이 불가능했다. 해외에서 자동차나 TV를 밀수해 들여오는 것은 쉬운 일이 아니었다. 그러나

사업 수완이 좋은 한국인은 당시 전국 방방곡곡에 자리하고 있던 미군 기지(지금도 몇 군데 남아 있다)에서 크기가 작은 소비재들을 대량 밀반출해서 팔곤 했다. 통조림(돌Dole의 프루트 칵테일과 스팸이 인기를 누렸던 기억이 난다), 분말주스('탱Tang' 분말주스가 크게 유행했다!), 비스킷, 껌, 초콜릿 등이 든 꾸러미를 들고 중산층 가정을 방문해 팔아서 얼마간의 돈을 버는 '보따리 장사'가 많았다.

M&M's나 허쉬 밀크 초콜릿 등은 그중에서도 제일 인기가 높은 상품들이었다. 1967년까지 한국에서는 초콜릿이 생산되지 않았고, 가나에서 수입한 카카오 콩cacao bean(코코아 콩cocoa bean)으로 롯데 제과에서 '가나 초콜릿'을 만들어 팔기 시작한 1975년 전까지는 품질이 형편없었다—가나 초콜릿은 여전히 생산되고 있고, 한국에서 가장 오래된 초콜릿 브랜드로 자리잡았다(한국의 가나 초콜릿은 가나에서 카카오 콩을 직수입한다는 이유로 영문 표기를 나라 이름 Ghana로 쓴다).

M&M's 이후 거의 60년에 가까운 세월을 나는 카카오 콩과 관련 있는 모든 것을 보이는 대로 먹고 싶은 유혹과 싸워왔고, 대부분 그 싸움에서 지는 일을 반복해 왔다. 고급 제품들로는 호텔 쇼콜라Hotel Chocolat(영국), 린트 운트 스프륑글리Lindt & Sprüngli(스위스), 피에르 마르콜리니Pierre Marcolini(벨기에), 리푸블리카 델 카카오Republica del Cacao(에콰도르), 발로

나Valrhona(프랑스) 등—편애를 하지 않기 위해 영어 알파벳 순으로 언급했다—에서 나오는 초콜릿 바, 트러플truffle, 플로렌틴florentine을 비롯해 천상의 맛을 내는 모든 초콜릿을 사랑한다. 나는 초콜릿 제작자들이 강조하는 싱글 에스테이트 single estate(단일 농장 생산) 카카오 콩의 진가를 알아볼 정도로 수준 높은 미감을 갖고 있지도, 베네수엘라 카카오 콩과 트리니다드 카카오 콩의 차이를 구분할 정도로 까다롭지도 않지만 이 초콜릿들에 담긴 진하고도 복잡한 맛의 향연이 주는 유혹을 거부하는 건 오래전에 포기했다.

하지만 최고급 초콜릿을 좋아한다고 해서 내가 콧대가 높다는 말은 전혀 아니다. 나는 초콜릿이라면 뭐든 다 좋아한다.

나는 카카오 함량 70퍼센트 이상의 비싼 초콜릿이나 고급 초콜릿 제작사에서 나오는 이국적인 트러플보다 늘 믿을 수 있는 캐드버리 데어리 밀크Cadbury Dairy Milk나 가나 초콜릿을 고르는 경우가 많다. 내 동료 중독자들 중 많은 수, 특히 많은 유럽 출신 중독자들은 초콜릿 함량이 낮다는 이유로 허쉬 초콜릿에 대해 모욕적인 발언을 서슴지 않는다. BBC는 허쉬 초콜릿에는 초콜릿이 11퍼센트밖에 들어 있지 않아서, 초콜릿 함량이 너무 낮아서 '초콜릿'이라는 이름도 감히 붙이지 못하는 캐드버리 데어리 밀크의 23퍼센트의 절반에도 미치지 못한다고 보도했다.[1] 하지만 M&M's 시절에 만난 허쉬 초콜릿에 대해 나는 여전히 마음이 약해진다. 게다가 까놓고 말하자면 내게 초콜릿은 다 초콜릿이다. 함량이 70퍼센트인지 23퍼센트인지 11퍼센트인지는 두 번째 문제다.

초콜릿에 뭔가를 더해야 한다면 나는 단연 땅콩을 선택할 것이다. 땅콩 M&M's, 리스Reese의 다양한 제품들, 그리고 내가 제일 좋아하는 스니커즈Snickers를 떠올려 보라. 나는 또 초콜릿을 입힌 통아몬드는 없어서 못 먹고, 잘게 다진 견과류가 들어간 토블론Toblerone(토블레로네) 초콜릿 바의 뾰족한 정상을 행복한 마음으로 정복하고, 페레로 로셰Ferrero Rocher의 헤이즐넛 삼위일체(중앙에 볶은 통헤이즐넛, 표면에 헤이즐넛 조각, 헤이즐넛 초콜릿)도 즐긴다. 과일을 초콜릿에 넣는 문제에 대해서는 일괄적인 의사 표명을 하기 힘들지만 오렌지와 초콜릿의 조합은 대찬성이다. 다크 초콜릿으로 코팅한 설탕에 절인 오렌지 조각들, 테리스 초콜릿 오렌지Terry's Chocolate Orange뿐 아니라 자파 케이크스Jaffa Cakes도 눈에 보이는 대로 다 내 몫이다.

초콜릿에 밀가루(와 지방, 특히 버터 그리고 설탕)를 첨가하면 새로운 우주가 열린다. 초콜릿 브라우니, 초콜릿 퍼지 케이크chocolate fudge cake, 초콜릿 기네스 케이크chocolate and Guinness cake, 몰튼 '라바' 초콜릿 케이크molten 'lava' chocolate cake, 블랙 포리스트 케이크Black Forest cake…. 거기에 더해 수

많은 초콜릿 비스킷과 쿠키까지! 킷캣Kit Kat과 트윅스Twix 등의 초콜릿 비스킷도 좋아하지만 나는 초콜릿 다이제스티브digestive 쿠키를 제일 사랑한다. 초콜릿 칩 쿠키는 또 어떤가. 메릴랜드Maryland, 페퍼리지 팜Pepperidge Farm, 슈퍼마켓 자체 제작 상품, 집에서 직접 구운 것 등 이 분야도 무궁무진하다.

거기에 더해 과자 형태가 아닌 초콜릿이 있다. 차와 커피를 많이 마시는 요즘에는 덜 마시게 되었지만 어릴 때 나는 핫초콜릿(당시 한국에서는 코코아라고 불렸다) 마시는 것을 좋아했다. 심지어 아이스크림은 그다지 좋아하지 않지만 초콜릿이 들어 있는 아이스크림이라면 무조건 예스다. 가끔 시리얼이나 요구르트, 아이스크림에 카카오 닙스cacao nibs(카카오 콩에서 외피와 배아를 제거한 것-옮긴이)를 뿌려 먹기도 한다. 최근에 친구에게서 배워 칠리 콘 카르네chilli con carne(간 소고기에 강낭콩, 칠리파우더를 넣고 끓인 매운 스튜-옮긴이)에 다크 초콜릿을 넣어 보았더니 놀랍게 맛이 좋아졌다. 멕시코에 가면 초콜릿과 고추로 만든 소스인 몰레 포블라노mole poblano를 즐겨 먹는다.

계속할 수 있지만 아마 이쯤이면 내 중독의 심각성을 짐작하기에 충분할 것이다.

스위스인이 발전시킨 초콜릿 산업

초콜릿은 카카오나무Theobroma cacao의 씨로 만든다. 메소아메리카Mesoamerica(멕시코와 중앙아메리카 북서부 지역 - 옮긴이)가 원산지지만 요즘은 다른 지역에서 대량 생산되는데 코트디부아르, 가나, 인도네시아가 최대 생산국으로 꼽힌다. 논란의 여지가 있긴 하지만 카카오나무가 처음으로 재배되기 시작한 것은 현재의 에콰도르, 페루 지역이었다는 설이 유력하다. 그 후 현재 멕시코가 자리한 지역의 여러 민족— 올메크, 마야, 아스텍 —이 뜨겁게 환영하고 제 것으로 만들었다. 아스텍인은 카카오 '콩'(물론 콩이 아니라 카카오나무 열매의 씨지만)과 옥수수 퓌레purée를 섞고 고추와 올스파이스allspice, 바닐라로 풍미를 더한 차가운 초콜릿 음료를 즐겼다. 아스텍인이 살던 고산 지대에서는 카카오나무가 자라지 않았기 때문에 아스텍 문화에서는 카카오 콩이 특히 귀하게 여겨졌다. 마야와 아스텍에서는 카카오 콩을 화폐의 한 형태로 사용하기도 했다고 전한다.

스페인인은 16세기에 아스텍제국을 점령한 후 초콜릿을 자국으로 들여왔다. 현재 우리가 사용하는 초콜릿이라는 이름도 아스텍의 쇼콜라틀xocolātl에서 유래했다.

처음 유럽에 들어왔을 때만 해도 초콜릿은 원래 아스텍 사람들이 그랬듯 음료로 소비되었다. 그러나 유럽에서는 아스텍 레시피에서 고추를 빼고(겁쟁이들!) 설탕이나 꿀을 넣어 마셨다. (마시는) 초콜릿은 17세기에 유럽 전역으로 빠르게 퍼져 나갔다.

초콜릿이 고체 형태로 소비되기 시작한 것은 1847년의 일이다. 버밍엄의 캐드버리, 요크의 론트리스Rowntree's와 함께 영국 퀘이커Quaker교도들이 세운 제과업계의 삼두마차 중 하나인 브리스톨의 프라이스Fry's가 최초로 고체 형태의 초콜릿 바를 대량 생산하는 방법을 개발했다.

초콜릿 음료에 우유를 타는 것은 200여 년 전부터 있어 온 관습이었지만 처음 출시된 초콜릿 바는 밀크 초콜릿이 아니라 다크 초콜릿이었다. 다크 초콜릿이 밀크 초콜릿보다 더 인기 있어서가 아니라 초콜릿 바에 우유를 첨가하려는 시도가 모두 실패로 끝났기 때문이다. 우유를 넣으면 수분 함량이 너무 높아져서 곰팡이가 피곤 했다.

이 문제는 1875년 두 스위스인이 해결했다. 초콜릿 제작자 다니엘 페터Daniel Peter는 생우유를 사용하던 방식을 버리고, 유제품 관련 기술계의 천재 앙리 네슬레Henri Nestlé가 발명한 분유를 사용해서 최초로 밀크 초콜릿을 만드는 데 성공했다. 두 사람은 후에 다른 여러 사람과 합작해서 식품 제조업계의 거인 네슬레Nestlé를 창업했다. 1879년 또 다른 스위스 초콜릿 제작사인 린트 운트 스프륑글리가 초콜릿 제작 기법에 다시 한 번 도약을 가져왔다. 이들이 발명한 '콘칭conching' 기법은 재료를 기계에 넣고 오래 반죽해서 초콜릿의 식감과 맛을 향상시키는 과정이었다. 이로써 스위스와 고급 초콜릿은 동의어처럼 받아들여지게 되었다.

탈산업 시대의 상징으로 여겨지는 스위스

스위스가 만들 줄 아는 게 초콜릿뿐이라고 생각하는 사람들이 많다. 아, 거기에 더해 백만장자, 은행가, 스포츠 스타나 살 수 있는 말도 안 되게 비싼 손목시계도. 스위스는 물건을 거의 만들지 않고 서비스를 제공해서 먹고사는 나라라는 시각이 널리 퍼져 있다.

부정적으로 말하는 사람들은 스위스가 제3세계 독재자들이 빼돌린 돈을 은행에서 비밀리에 관리해 주고 뻐꾸기시계나 소 워낭(둘 다 요즘에는 어차피 중국에서 만들어지겠지만) 같은 조악한 물건을 순진한 일본인이나 미국인 관광객에게 팔아서 살아가는 나라라고 할 것이다. 이보다 긍정적이고 좀 더 널리 퍼진 견해는 이 나라가 탈산업 경제post-industrial economy의 모범으로 제조업보다는 금융과 고급 관광 상품 같은 서비스 산업을 통해 번영을 이룬 나라라는 것이다.

1970년대에 시작된 이 탈산업 시대post-industrial age 담론은 인간은 잘살게 될수록 더 세련된 것을 원할 수밖에 없다는 단순하면서도 강력한 개념에 기초한다. 일단 사람들이 배를 채우고 나면 농업이 사양길에 접어든다. 옷과 가구처럼 다른 필요가 충족된 후에는 더 높은 차원의 소비재, 예를 들어 전자 제품이나 자동차 등으로 눈을 돌린다. 대부분의 사람이 이런 물건들을 가진 후에는 소비자의 수요가 외식, 공연, 관광, 금융 서비스 등의 서비스 부문으로 향한다. 이 시점이 되면 산업 분야는 위축되기 시작하고 서비스 부문이 경제의 주인공이 되면서 인류 경제 발달 단계 중 하나인 탈산업 시대가 도래하는 것이다.

탈산업 시대에 대한 이런 식의 시각은 1990년대에 힘을 얻기 시작했다. 거의 모든 부자 나라 경제 체제에서 생산과 고용 어느 쪽으로 따져도 제조업의 중요성이 감소하고 서비스 부문의 역할이 커지는 현상이 목격되었기 때문이다. 이 과정을 '탈산업화deindustrialization'라고 한다. 중국이 세상에서 가장 큰 산업 국가로 부상하면서 탈산업 사회post-industrial society를 지지하는 사람들은 제조업은 중국과 같은 저기술, 저임금 국가가 담당하는 산업인 반면 금융, IT 서비스, 경영 컨설팅 같은 고급 서비스에 미래가 있고, 특히 부자 나라들은 이를 지향해야 한다고 주장했다.

그리고 이런 논의에서 스위스는 가끔 함께 등장하는 싱

가포르와 더불어 서비스 부문을 특화해서 높은 생활 수준을 유지하는 증거로 제시되곤 한다. 이런 논리에 설득당하고 스위스나 싱가포르에서 영감을 얻은 인도, 르완다와 같은 일부 개발도상국은 산업화 과정을 아예 건너뛰고 고부가가치 서비스에 특화해서 이를 수출하는 방법으로 경제를 개발하겠다는 시도를 해 오기까지 했다.

실제로는 제조업 최강국인 스위스와 싱가포르

탈산업 사회를 옹호하는 사람들에게는 안타까운 일이지만 스위스는 사실 세계에서 가장 산업화 정도가 높은 나라로, 1인당 제조업 생산량 세계 1위를 자랑한다.[2] '메이드 인 스위스'라고 적힌 상품이 많이 보이지 않는 건 부분적으로 스위스가 작은 나라여서이기도 하지만(인구가 약 900만 명밖에 되지 않는다) 경제학자들이 '생산재producer goods'라고 부르는 기계, 정밀 장비, 산업용 화학 물질 등 우리 같은 보통 소비자가 접할 수 없는 물건들을 주로 생산하기 때문이기도 하다. 이른바 탈산업 사회의 성공담으로 꼽히는 또 다른 나라인 싱가포르가 세계에서 두 번째로 산업화된 국가라는 사실은 흥미로운 일이 아닐 수 없다. 스위스와 싱가포르를 예로 들어 서비스 중심의 탈산업 경제의 장점을 선전하는 것은 뭐랄까, 해변

휴양지를 광고하면서 노르웨이와 핀란드를 모델로 사용하는
것과 비슷하다고 할 수 있겠다.

탈산업화를 옹호하는 사람들은 근래에 일어나는 경제 변
화의 본질을 근본적으로 잘못 이해하고 있다. 탈산업화가 되
는 주요 원인은 수요의 변화가 아니라 생산성의 변화다.

이 사실은 고용을 통해서 보면 이해하기가 더 쉽다. 제조
공정이 점점 더 기계화되면서 같은 양의 물건을 생산하는 데
같은 수의 노동자가 필요 없게 되었다('16장 딸기' 참조). 기계,
심지어 산업용 로봇의 도움을 받는 현대의 노동자는 부모 세
대보다 몇 배나 많은 양의 물건을 생산해 낸다. 반세기 전까
지만 해도 부자 나라에서 제조업에 종사하는 사람은 전체 노
동 인구의 40퍼센트 정도를 차지했지만 이제는 약 10~20퍼
센트의 인원만으로 비슷한 양 또는 더 많은 양의 생산이 가능
해졌다.

생산의 역학은 좀 더 복잡하다. 이 나라들의 경제에서 제
조업이 차지하는 중요성은 감소하고 서비스 부문의 중요성
이 증가했다는 것은 사실이다. 그러나 이것이 탈산업 사회를
주장하는 사람들이 설명하는 것처럼 공산품에 대한 수요보
다 서비스에 대한 수요가 절대적으로 늘어났기 때문은 아니
다. 이런 현상이 벌어진 것은 주로 서비스 부문보다 제조업
부문의 생산성이 훨씬 더 빨리 높아지면서 서비스의 가격이

상대적으로 더 비싸졌기 때문이다. 지난 10~20년 사이에 외
식 비용에 비해 컴퓨터와 휴대 전화가 얼마나 저렴해졌는지
를 생각해 보라. 이런 식의 상대적 가격 변화의 효과를 고려
하면 지난 몇십 년 사이 부자 나라(영국은 예외) 대부분의 국
가 생산량에서 공산품이 차지하는 비율은 약간만 감소했을
뿐이고 스위스, 스웨덴, 핀란드 같은 일부 국가에서는 오히려
증가했다.[3]

제조업 없이는 서비스업도 없다

　　탈산업화의 신화와는 달리 공산품을 경쟁적인 가격과 품
질로 생산해 낼 수 있는 능력은 여전히 한 나라의 생활 수준
을 결정하는 데서 가장 중요한 요인이다('4장 멸치' 참조).

　　금융, 운송, 경영 서비스(경영 컨설팅, 공학, 디자인 등)처럼
제조업을 대체할 것이라고 여겨지는 고생산성 서비스 중 많
은 부문은 제조업 부문 없이는 존재할 수 없다. 이런 서비스
의 주 고객이 제조업 부문이기 때문이다. 이런 서비스가 '새
로워' 보이는 건 이전에는 주로 제조업 회사들이 자체적으로
해결하던 서비스(따라서 제조업 부문의 생산량으로 계산되었다)
였지만 이제는 이런 서비스를 전문으로 하는 기업들이 공급
하게 되었기 때문이다(따라서 서비스 부문의 생산량으로 계산된

다).* 바로 이런 이유에서 강한 제조업 부문을 갖춘 스위스, 싱가포르 같은 나라들의 서비스 부문 또한 강해지는 것이다(하지만 그 반대는 성립하지 않을 수도 있다).

게다가 제조업은 아직까지도 기술 혁신의 가장 주된 근원지다. 제조업이 경제 생산량의 10퍼센트 정도밖에 되지 않는 미국과 영국에서마저 연구 개발의 60~70퍼센트가 제조업 부문에서 이루어지고 있다. 독일이나 한국처럼 제조업 부문이 더 강한 나라에서는 이 수치가 80~90퍼센트다.

우리가 이제 탈산업 사회 경제 체제에서 살고 있다는 믿음은 미국과 영국에 특히 해를 끼쳐 왔다. 1980년대 이후 이두 나라, 특히 영국은 제조업 부문을 방치해 왔다. 제조업의 위축이 산업 경제에서 탈산업 경제로 전환하는 과정에서 나타나는 긍정적인 신호라고 착각했기 때문인데, 이는 정책 입안자들에게 제조업 부문의 쇠퇴에 대한 대책을 전혀 세우지 않아도 되는 편리한 핑계가 되어 주었다.

지난 몇십 년 사이 영국과 미국의 경제는 과도하게 발달한 금융 부문이 주도하는 경제 체제로 변신했지만, 금융 경제는 결국 2008년 세계 금융 위기로 붕괴하고 말았다. 그 이후

---

* 일부에서는 바로 이 이유로 위에서 언급한 경제 활동들을 서비스업이 아니라 제조업으로 분류해야 한다고 주장한다. 이 점을 지적해 준 요슈타인 하우게Jostein Hauge에게 감사한다.

이 두 나라가 일구어 낸 미약한 회복은(경제학자들은 '장기 침체' 가능성을 거론해 왔다) 또 다른 금융 거품(과 부동산 거품)에 기반을 두고 있다—중앙은행 주도로 역사상 가장 낮은 이자율[**]과 이른바 '양적 완화quantitative easing' 프로그램이 이 회복을 떠받치고 있는 실정이다. 2020년부터 2022년까지 코로나19 팬데믹을 치러 내면서 미국과 영국이 보유한 금융 시장은 이제 실물 경제와는 아무 상관이 없어졌다는 사실이 극명하게 드러났다. 팬데믹이 기승을 부리는 동안 실물 경제는 바닥을 치고 보통 사람들은 실업과 소득 하락으로 고통을 겪었지만 주식 시작은 사상 최고의 고점을 찍었다. 미국식 표현을 빌리자면 월스트리트와 메인스트리트(도시의 가장 번화가. 보통 쇼핑 센터와 소매점이 늘어선 거리를 말한다-옮긴이)는 이제 더 이상 아무런 상관관계가 없게 된 것이다.

*   *   *

산 물건 중에 '메이드 인 스위스'라고 표시된 것은 초콜릿 밖에 없을지 모르지만(스위스에 사는 사람이 아닌 이상 그럴 확

[**]   이 책을 쓰는 현재 영국의 이자율은 1694년 영국 중앙은행인 뱅크 오브 잉글랜드Bank of England가 설립된 이후 가장 낮은 수준이다.

률이 매우 높다) 그렇다고 속아 넘어가서는 안 된다. 스위스 성공의 비밀은 우리가 흔히 생각하는 것처럼 은행이나 고급 관광 상품이 아니라 세계 최강의 제조업 부문이다. 사실 초콜릿 분야에서 쌓은 높은 명성마저 제조업 부문의 혁신(분유의 발명, 밀크 초콜릿의 탄생, 콘칭 기법의 개발 등)에서 기인한 것이지 초콜릿 바를 사는 데 은행이 복잡한 할부 구매법을 제시하거나 광고 회사가 멋진 광고를 하는 식의 서비스 산업 덕분이 아니다.

스위스가 뜻하지 않게 롤 모델로 제시되는 탈산업 사회 담론은 오해의 소지가 다분하고, 최악의 경우 실물 경제에 큰 해를 끼칠 수 있다. 그 주장을 믿는 것은 우리 자신을 위험에 빠트리는 일이다.

경제학을 더 잘 먹는 법

나도 안다. 이 책이 얼마나 괴상한 책인지.

수십 가지의 음식과 식재료를 거론했고, 그중에는 도토리, 번데기, 메뚜기, (사람에 따라 기피 대상인) 마늘, 고추 등 일부 독자가 먹을 수 있는 것이라 상상조차 못 했던 것들도 많았다. 이 식재료와 음식의 생물학적 특징, 계통, 지리학적 근원과 확산 경위, 그를 둘러싼 경제적·사회적 역사와 정치적 상징성, 그리고 그것들과 나의 개인적인 관계와 인연(어떨 때는 중독)에 대해 이야기했다. 식재료을 조리하는 수많은 방법 —튀기기, 끓이기, 직화 구이, 훈제, 오븐에 굽기, 뜨거운 열로 굽기, 삶기 —과 조리하지 않고 날것으로 내놓거나 소금이나 식초에 절이고 발효해서 먹는 방법을 들먹였다. 서로 다른 음식 문화에 대해 살펴보고 비교하면서 그들의 보편성이나 특별한 점을 떠올려 보고, 퓨전 음식도 거론했다.

그 과정에서 우리는 다양한 지역과 시대를 여행했다. '1장 도토리'에서 우리는 현대 한국의 산꼭대기에 갔다가 이단 심문이 한창이던 15세기 스페인의 뒷골목을 헤매기도 하고, 11세기 바그다드 과학자들의 연구를 들여다보는가 하면 20세기 초 일본의 공장으로 갔다가 마침내 현재 한국의 은행 지점에 도착한다. '2장 오크라'에서는 노예선을 타고 대서양을 건너서 생도맹그(오늘날의 아이티)에 자리한 노예를 부리는 사탕수수 플랜테이션으로 갔다가, 미국 대초원의 정착민 농부들을 만나고, 아메리카 원주민에 대한 참혹한 탄압을 목격하고, 피노체트 군부 독재 정권 치하의 산티아고 거리를 두려운 마음으로 거닐었다.

음식 이야기를 타고 경제학에 도착하는 과정이 어떨 때는 예측 가능한 여정일 때도 있었다. 멸치가 등장하면 1차 상품에 전적으로 의존하는 것이 경제적으로 위험하다는 이야기로 이어진다거나, 딸기가 자동화로 이어질 것이라는 상상은 그다지 어렵지 않게 할 수 있다. 그러나 어떤 경제학 주제에 도달하는 여정은 솔직히 말해서 괴상한 경우가 많았다.*

---

* 그리고 나 자신의 괴상한 의식의 흐름을 따라갔다는 것도 인정한다. 물론 앨런 베넷Alan Bennett과 W. G. 제발트W. G. Sebald가 거장으로 꼽히는 이 장르에 누가 되지는 않았으리라 믿고 싶다.

사람을 무는 습관이 있는 축구 선수에서 세계무역기구에 대한 고발로 넘어가고, 괴혈병으로 시작해서 어찌어찌 기후 변화의 경제학을 이야기하는 것은 어쩌면 괴상하기 짝이 없는 내 머리에서나 가능한 일인지도 모른다.

　동화《이상한 나라의 앨리스Alice in Wonderland》에 나오는 토끼 굴속으로 굴러떨어지는 듯한 이 '여행' 끝에 앞으로 경제학을 어떻게 더 잘 '먹을' 수 있는지에 대한 여러분 각자의 생각이 얼마간 정립되었기를 나는 희망한다. 음식에 관해서는 우리 모두 (많은 경우 빠듯한 예산으로) 식재료를 구해서, 그것들을 조합해 조리하고, 간혹 엄마의 레시피를 조금 수정하거나 인스타그램에서 본 음식을 응용하는 등의 방법으로 새로운 음식을 만들어 내기도 한다. 경제학에 대해서도 마찬가지 태도를 가져야 한다. 경제학에 대해 배우고, 비판적으로 사고하고, 그 지식을 사용하는 데 다른 사람이 이래라저래라 하는 대로 따를 필요 없다. 우리 모두는 스스로 이 모든 것을 해낼 충분한 능력을 가지고 있다.

　다만 40여 년간 경제학을 연구하고 이 분야에서 일해 온 사람으로서 경제학 섭취에 대한 몇 가지 조언을 하고 싶다.

　첫째, 골고루 먹는 것이 중요하다. 이 책에서 나는 경제학 내에 존재하는 다양한 관점을 소개하려고 시도했다. 관점에 따라 같은 현상을 다르게 보는 경우도 많다(예를 들어 '12장 닭고기'에서 살펴본 불평등). 또는 다른 관점으로는 보이지 않던 것을 보게 해 주는 관점도 있다('13장 고추'에서 살펴본 돌봄 노동에 대한 여성주의적 관점이 좋은 예다). 어떨 때는 서로 다른 관점이 상호 보완하기도 한다('9장 바나나'에 등장하는 다국적 기업을 보는 긍정적 관점과 부정적 관점). 경제학의 다양한 관점이 존재한다는 것을 인식하고 이해하는 일은 다양한 요리법으로 만든 다양한 음식을 골고루 먹는 것과 마찬가지로, 경제학 섭취를 더 풍요롭게 할 뿐 아니라 더 균형 잡히고 건강하게 만들 것이다.

둘째, 새로운 것을 시도할 때는 열린 마음을 유지해야 한다. 나도 당근이 짭짤한 음식에만 들어간다는 선입견을 넘어서고 나서야 당근 케이크를 좋아하게 되었다. 마찬가지로 토마토가 파스타 소스나 샐러드, 스튜 등에 들어가는 짭짤한 음식의 재료라고만 생각한 사람이라면 한국인이 하는 것처럼 설탕에 찍어서 '과일'(실제로 토마토는 과일이다)로 즐겨 볼 것을 권한다('7장 당근' 참조). 음식에 관해서 보수적인 걸로 치면 세계 최고였던 영국인이 세상에서 가장 열린 마음으로 음식을 대하는 사람들로 변할 수 있다면, 우리 모두 경제학에 관한 태도에 똑같은 변화를 가져오는 것도 충분히 가능할 것이다('머리말: 마늘' 참조). 심지어 자기가 제일 좋아하는 경제학 이론을 더 잘 알고, 그 이론의 장점과 단점을 충분히 이해하기 위해서라도 다른 경제학 이론에 대해 배우는 것이 필요하다.

셋째, 음식을 먹거나 조리할 때와 마찬가지로 경제학을 '요리'할 때 사용하는 '재료'의 출처와 기원을 확인하는 것이 필요하다. 대부분의 전문 경제학자들은 자신들이 하는 일을 물리학이나 화학처럼 객관적 사실과 반론의 여지가 없는 추정에 근거한 과학이라고 세상 사람들이 믿기를 바란다. 그러나 경제학적 분석은 신화(잘못된 믿음) 또는 기술적으로는 맞지만 왜곡된 방법으로 취합된 '사실' 또는 의문의 여지가 있거나 노골적으로 옳지 않은데 당연히 받아들여지는 가정을 바탕으로 이루어지는 경우가 많다. 이렇게 질 낮은 '재료'를 사용한 분석이라면 그 결과 나오는 경제학 '요리'는 잘해야 영양가 없는 음식이고, 잘못하면 몸에 해로운 음식일 수 있다.

이런 식의 경제학적 신화의 가장 좋은 예는 영국, 그 뒤를 이어 미국이 자유 무역, 자유 시장 정책들로 세계 경제의 주도권을 잡았다고 말하는 왜곡된 역사 서술이다. 사실 이 두 나라는 자국의 산업을 발전시키기 위해 역사상 가장 공격적인 보호 정책을 사용한 장본인들이 아닌가('5장 새우' '8장 소고기' 참조). 무보수 돌봄 노동을 제외하고 계산하는 GDP처럼 생산량 통계와 같은 '사실에 기반을 둔' 정보 또한 현실의 일부만

반영하거나 편향된 방식으로 수집되었다면('13장 고추' 참조) 그릇된 결론에 도달할 수 있음을 잘 보여 준다. 마지막 카테 고리의 좋은 예는 가난한 나라는 사람들이 열심히 일하지 않 아서 가난하다는 널리 퍼진 가정이다. 이런 식으로 가정하고 나면 사람들을 가난하게 만드는 구조적 요인을 분석해 개선 하기 위한 노력에서 주의를 분산시키는 결과를 낳는다('3장 코코넛' 참조).

따라서 '사실 확인'을 게을리하지 않아야 하고, 그보다 중요한 것은 이 '사실'이라는 것이 어떤 이론적 근거로 수집 되고 제시되었는지를 알아봐야 한다. 현실을 잘못된 또는 편 향된 방식으로 반영한 정보를 경제학적 분석의 근거로 사용 하면 적용하는 경제학 이론이 아무리 훌륭해도 좋은 결과를 얻을 수 없다. 미국인들이 흔히 말하듯 '쓰레기가 들어가면 나오는 건 쓰레기밖에 없다.'

넷째, 우리는 상상력을 동원해야 한다. 요리를 잘하는 사 람(유명 셰프들만 이야기하는 것이 아니다)은 상상력이 풍부하 다. 이들은 잘 알려진 요리의 맛을 향상시키거나 그 요리를 '재발명'하기 위해서라면 보통 신성불가침이라 여기는 재료 도 과감히 버릴 수 있는 사람들이다. 이 요리의 명인들은 잊 힌 재료를 부활시키기도 하고, 잘 알려진 재료를 다른 용도로 사용하기도 한다. 그들은 어떤 음식에 대한 열풍이 불어닥칠 때, 왜 그런 현상이 일어나는지 이해하지만 거기에 휩쓸리지 않고 거기서 무엇을 배워야 할지를 안다. 솜씨 좋은 요리사는 무엇보다 음식에 관한 통념에 굴복하지 않고, 서로 다양한 음식 문화를 조합해 스스로에게 맞는 요리를 만들어 낼 줄 아는 상상력을 지니고 있다.

이와 마찬가지로 좋은 경제학자(학계에서 일하는 경제학자만이 아니라 정책 입안자, 사회 운동가, 깨어 있는 시민을 모두 포함해서 가리키는 말이다)는 '상상력이 풍부한' 요리의 원리를 경제학의 이해에도 적용할 줄 아는 사람들이다. 그들은 신성불가침으로 여겨지는 재료(가령 경제적 자유. '2장 오크라' '8장 소고기' 참조)를 과감하게 버리고, 기존의 재료를 새로운 곳에 사용하고('반사회주의적'인 복지 국가를 사회민주주의자들이 어떻게 활용했는지를 생각해 보자. '11장 호밀' 참조), 잊힌 재료를 되살리는(발명에 대해 포상을 하는 제도 등. '7장 당근' 참조) 능력을 발휘하는 사람들이다. 그들은 유행에 휩쓸리지 않으면서도 그런 유행이 왜 그리고 어떻게 인기를 끌게 되었는지, 거기서 무엇을 배워야 할지를 아는 사람들이다(일자리가 없는 미래 또는 탈산업 지식 사회 경제. 각각 '16장 딸기' '17장 초콜릿' 참조). 게다가 최고의 경제학자는 최고의 요리사와 마찬가지로 더 균형 잡힌 시각을 갖추기 위해 다양한 이론을 조합할 수 있어야 한다. 그들은 시장의 위력과 한계 둘 다를 이해하는

(여러 예가 있지만 '14장 라임' '10장 코카콜라' 참조) 동시에 기업가들이 정부의 지원과 규제를 적절히 받을 때 가장 성공적으로 활동할 수 있다는 것도 알고 있다('6장 국수' '15장 향신료' 참조). 개인주의적 이론과 사회주의적 이론(더 광범위하게는 집단주의적 이론)을 조합할 용의가 있고, 그것을 인간 역량 접근법capabilities approach에 관한 이론으로 보강해서 불평등('12장 닭고기' 참조), 돌봄 노동('13장 고추' 참조), 복지 국가('11장 호밀' 참조) 등의 이슈에 대해 더 균형 잡힌 시각을 갖출 줄 알아야 한다.

우리 모두 더 나은 식생활을 하기 위한 자기 나름의 방법을 찾아야 한다. 돈도 아끼고, 건강도 생각하고, 음식을 생산하는 사람들도 고려하고, 충분히 먹지 못하는 사람들 또는 영양 균형을 제대로 맞춰 먹지 못하는 사람들과 상생하고, 동시에 지구를 지킬 수 있는 그런 식생활 말이다. 이와 마찬가지로 우리 모두 주체적으로 경제를, 더 나아가 세상을 이해할(그리고 변화시킬) 자기 나름의 방법을 찾아야 한다.

이 책은 길고도 복잡한 역사를 가지고 있다. 음식 이야기를 이용해서 경제학에 관한 이야기를 하겠다는 생각을 처음한 것은 내가 처음으로 쓴 비학술서 《나쁜 사마리아인들》을낸 직후인 2006년이었다. 경제학에 별로 관심이 없는 독자들의 흥미를 돋울 수 있을 뿐 아니라 내가 세상에서 제일 좋아하는 2가지 주제―경제학과 음식―에 관해 이야기할 수 있는 좋은 핑곗거리처럼 보였다. 정확히 언제인지는 기억이 나지 않지만 2007년 즈음에 이 책에 관한 아이디어를 대충 정리하고 샘플 챕터 2개―'도토리'와 '멸치'―를 썼다.

하지만 계속 일이 벌어졌다. 2008년에 세계 금융 위기가터지자 시사성이 있는 경제 문제를 더 직접적으로 논의하는책을 써야겠다는 생각이 들었고, 그 결과 《그들이 말하지 않는 23가지》가 2010년에 나왔다. 그런 후 이제는 내가 '그 음식

책'이라고 부르기 시작한 책을 쓰기 시작할 태세를 갖추고 있
는데 도저히 거절할 수 없는 제안을 받게 되었다. 펭귄 출판
사에서 '펠리컨 페이퍼백 시리즈'를 부활시키면서 내는 첫 책
을 써 달라는 요청이었다.

2014년《장하준의 경제학 강의》라는 제목으로 그 책이
출간된 후 '그 음식책'을 쓰고 싶은 생각이 절실해졌을 즈
음, 2015년에《파이낸셜타임스》의 '위크엔드 매거진Weekend
Magazine' 팀에서 '음식 생각Thought for Food' 난에 내 에세이를
몇 편 싣고 싶다는 연락을 받았다. 에세이 한 편당 700단어 분
량밖에 주어지지 않았지만 '도토리' '멸치'를 요약해서 다듬
고, '당근' '닭고기' '새우' '코카콜라' '초콜릿' '향신료' 등을
쓰는 기회가 되었다. 이 에세이들은 결국 이 책에 실린 내용
중 일부의 씨가 되었다. 내 에세이들을 지지해 주고 피드백을
해 준 '위크엔드 매거진'의 편집자 캐롤라인 대니얼과 그의
동료 이사벨 베릭, 수 마티아스, 나탈리 위틀 등에게 고마운
마음을 전한다.

이렇게 때맞춰 찾아온 좋은 기회에도 불구하고 '그 음식
책' 작업에 제대로 착수할 수가 없었다. 그 후 바로 대학에서
맡게 된 행정 업무 등으로 너무 바빠졌기 때문이다. 책을 써
야겠다고 생각하기 시작한 지 10여 년이 지난 후인 2010년대
가 저물어 갈 무렵에는 '그 음식책'은 작가들이 항상 쓰고 싶

다고 말만 하고 끝내 실천에 옮기지 못하는 그런 책의 대열에 합류할 것처럼 보였다.

도저히 그렇게 둘 수는 없었다. 그래서 2020년 나는 주먹을 불끈 쥐고 내 에이전트이자 친구인 아이반 멀케히와 함께 이 책을 '실천에 옮기기' 위한 작업에 착수했다. 2007년 내가 처음 '그 음식책'에 대한 생각을 처음 했을 때부터 간간이 이 책에 관한 이야기를 나누어 온 아이반이었지만, 내 태도가 좀 더 진지해지자 책의 명확한 개념적 틀을 잡아 보라고 권했다. 돌이켜보니 그 작업이 없었으면 이 책이 무작위로 아무것이나 섞어 놓은 '개밥' 같은 책이 되었을 수도 있었을 것이라는 생각이 든다. 그 과정에서 '마늘'이 탄생했고(식재료가 아니라 이 책의 챕터), 그것을 시작으로 책의 모양이 잡혀 가기 시작했다. 책의 개념을 더 명확히 잡아야 한다는 조언을 해 주고, 내 글의 초점을 더 뚜렷하게 만들고 논의의 질을 높이기 위한 조언을 아끼지 않은 아이반에게 감사한다.

이 책처럼 나오기까지 뜸을 많이 들인 책은 가까운 친구들을 질리게 만든다. 같은 날이 반복되는 이야기를 담은 영화 〈사랑의 블랙홀Groundhog Day〉에서처럼 같은 녀석이 같은 책 이야기를 10년 넘게 되풀이해 대는 것을 들어 주어야 하기 때문이다. 조너선 앨드리드, 아디티야 차크라보티, 크리스 크레이머, 조너선 디 존, 펠릭스 마틴, 데팍 나야르 등은 불운한 내 친구들 중에서도 특히 고통을 겪은 이들이다. 모두 '그 음식책'에 대해 내가 장황하게 늘어놓는 이야기를 참을성 있게 들어 주었을 뿐 아니라 다양한 단계의 글들을 몇 챕터씩이나 읽고 매우 중요한 피드백들을 해 주었다. 덩컨 그린은 특별히 언급하고 넘어갈 필요가 있다. 그는 이 책이 2페이지의 개요와 매우 거친 초고에 불과했을 때부터 나와 계속 토론해 주었고, 세월이 흐르면서 많은 챕터를 여러 단계에서 읽어 주었을 뿐 아니라 한 챕터의 주인공으로 등장하는 데도 동의해 주었다.

일단 본격적으로 집필 작업이 시작된 후에는 편집자들의 도움을 엄청나게 많이 받았다. 내 전작 《장하준의 경제학 강의》 편집자이기도 한 펭귄 랜덤 하우스 출판사의 로라 스티크니와 퍼블릭 어페어스의 클라이브 프리들은 내용과 형식 면에서 중요한 조언을 아끼지 않았을 뿐 아니라 내가 처음 상상했던 것보다 이 책을 더 재미있고 혁신적인 것으로 만들 수 있도록 큰 도움을 주었다.

이 책을 쓰는 동안 여러 친구에게서 많은 도움을 받았다. 내 박사 학위 지도 교수로 내가 지금의 경제학자로 성장하는 데 큰 영향을 끼친 밥 로손은 모든 챕터를 읽고 유용한 조언과 큰 격려를 해 주었다. 페데리코 베닝호프와 엘레나 페레스 니뇨는 모든 챕터를 읽고 풍부한 지식과 경제학적 논리로 내 논거를 풍부하게 만들 수 있도록 도움을 주었다. 페드루 멘데스 루레이루는 거의 모든 챕터를 읽고 내 주장을 명확하게 다듬도록 해 주었다. 요슈타인 하우게와 조아옹 실바 또한 모든 챕터에 대해 매우 큰 도움이 된 코멘트를 보내왔다. 마테우스 라브루니와 앤디 로빈슨은 여러 챕터를 읽고 경제학과 음식 양쪽 모두에서 도움이 되는 논평을 해 주었다.

바티스트 알베어톤과 파디 아머, 안토니오 안드레오니, 지미 챈, 장하석, 레다 셰리프, 실바나 다 파울라, 개리 딤스키, 테리 프라이, 푸아드 하사노프, 에이미 클랏츠킨, 존 란체스터, 아미르 렙디위, 이정은, 코너 무이센, 데이비드 필링, 니콜라 퐁-비뇽, 제임스 퍼츨, 세바스티안 토레스 등도 여러 챕터를 읽고 귀한 코멘트로 도움을 주었다.

여러 해에 걸쳐 다수의 젊은이가 이 책을 위한 조사를 해 주었다. 그들의 조사 결과가 없었으면 이 책은 경제학적인 면뿐 아니라 음식 이야기 면에서도 훨씬 더 납작한 책이 되었을 것이다. 훌륭한 작업을 해 준 마리트 안드레아슨, 안나 리머는 특히 언급할 필요가 있다. 바티스트 알베어톤, 장진규, 마테우스 라브루니, 닉 테스타 등도 효율적이고 지적으로 뛰어난 연구 조교 역할을 해 주었다.

음식에 관한 우리의 경험에서 가족이 차지하는 자리는 정말 중요하다. 어떤 음식이 좋은 음식인지, 그리고 음식이 우리의 복지와 사회적 유대 관계에 얼마나 중요한 역할을 하는지 가르쳐 주신 부모님께 감사드린다. 어머니는 셀 수 없이 많은 맛있는 밥상을 차려 주셨고, 아버지는 나와 내 형제자매, 그리고 나중에는 내 아내와 아이들을 데리고 맛난 음식점들에서 다양한 음식을 맛볼 기회를 많이 주셨다. 다양하고 맛깔스러운 음식으로 유명한 전라도가 고향이신 장모님은 더 소박하고 푸짐한 음식이 많은 지금의 북한 출신인 우리 어머니와는 다른 음식 세계로 사위인 나를 감사하게도 두 팔 벌려 환영해 주셨다. 이 책의 집필 과정 초기에 장인어른이 세상을 떠나신 것은 내 평생 가장 슬픈 일이었다. 뛰어난 미식가셨던 장인어른은 나와 아내, 우리 아이들을 경이로운 미식 여행에 수없이 많이 초대해 주셨다.

내 아내 희정과 딸 유나, 아들 진규는 지난 15년 동안 이 책과 함께 살아왔다. 우리 식구는 나와 함께 이 책에 실린 수많은 식재료와 요리를 사고, 조리하고, 먹고, 이야기를 나누어 왔다. 그 과정에서 어떨 때는 알게, 어떨 때는 모르게 이 책의 음식 이야기들을 생각해 내고 발전시키는 데 도움을 주었다. 이 세 사람은 늘 내가 처음으로 상의하고 아이디어를 시험해 보는 이들이었고 경제학뿐 아니라 역사, 환경, 과학 등 온갖 분야에 대해 많은 것을 배우고 생각하게 만들어 주었다. 세 사람 모두 모든 챕터를 읽고 매우 유용한 피드백을 해 주었다. 특히 아내 희정은 글을 쓰는 내내 여러 단계의 모든 챕터를 읽고 나와 토론을 해 준 동시에 글을 쓰는 과정에 찾아오는 어려운 시간을 극복하는 데 도움을 주었다. 무엇보다 내가 매우 중요하게 생각하지만 자격을 충분히 갖추지 못했다고 생각해서 항상 망설여 왔던 돌봄 노동('13장 고추' 참조)에 관한 글을 쓰도록 격려해 준 것에 대해 감사한 마음을 전한다. 이 주제에 관해 공부하고, 글을 쓰는 과정에서 많은 것을 배웠다. 이 책을 아내와 유나, 진규에게 바친다.

2022년 3월
장하준

미주

머리말

1. 한국 농림축산식품부 데이터.

2. http://library.mafra.go.kr/skyblueimage/27470.pdf, p.347.

3. ISMEA(Institute of Services for the Agricultural Food Market), Il Mercarto dell'aglio, p. 9, http://www.ismeamercati.it/flex/cm/pages/ServeBLOB.php/L/IT/IDPagina/3977.

4. FranceAgriMer, the National Institute of Agricultural Products and Sea Products, https://rnm.franceagrimer.fr/bilan_campagne?ail.

1장

1. 다른 스페인 돼지들은 그다지 운이 좋지 않다. 요즘 스페인의 돼지 대부분은 밀집된 공장식 농장에서 가공된 대두를 먹여 사육한다. 다음을 참조하라. https://www.lavanguardia.com/internacional/20201224/6143002/navidad-soja-pavo-embutido-procedencia-amazonia.html. 이 사실을 알려 준 앤디 로빈슨Andy Robinson에게 감사한다.

2. D. Gade, 'Hogs (Pigs)', in K. Kiple and K. Ornelas (eds.), The Cambridge World History of Food (Cambridge: Cambridge University Press, 2000), pp.539-40.

3. C. Roden, *The Book of Jewish Food —An Odyssey from Samarkand and Vilna to the Present Day* (London: Penguin Books, 1996), pp. 190 – 91.

4. *Japan Times*, 18 August, 1915.

5. B. Webb, *The Diary of Beatrice Webb: The Power to Alter Things*, vol. 3, edited by N. MacKenzie and J. MacKenzie (London: Virago/LSE, 1984), p. 160.

6. S. Webb and B. Webb, *The Letters of Sidney and Beatrice Webb*, edited by N. MacKenzie and J. MacKenzie (Cambridge: Cambridge University Press, 1978), p. 375.

7. 한국의 문해율 데이터 출처는 다음이다. N. McGinn et al., *Education and Development in Korea* (Cambridge, Mass.: Harvard University Press, 1980), table 17. 태국, 필리핀, 말레이시아의 데이터는 다음을 참고했다. UNESCO, *Statistical Yearbooks*.

8. https://data.oecd.org/hha/household-savings.htm.

2장

1. 오크라의 원산지 논쟁에 관해서는 다음을 참조하라. C. Smith, *The Whole Okra—A Seed to Stem Celebration* (White River Junction, Vermont: Chelsea Green Publishing, 2019), ch. 1.

2. J. Carney and R. Rosomoff, *In the Shadow of Slavery—Africa's Botanical Legacy in the Atlantic World* (Berkeley: University of California Press, 2009).

3. R. Lipsey, 'U.S. Foreign Trade and the Balance of Payments, 1800 – 1913', Working Paper no. 4710, NBER (National Bureau of Economic Research), Cambridge, Mass., 1994, p. 22, table 10.

4. M. Desmond, 'In Order to Understand the Brutality of American Capitalism, You Have to Start on the Plantation', *New York Times*, 14 August 2019, https://www.nytimes.com/interactive/2019/08/14/magazine/slavery-capitalism.html. 내 친구인 브라질의 경제학자 페드

루 멘데스 루레이루Pedro Mendes Loureiro는 그 당시 다른 주요 노예 경제였던 브라질에서도 똑같은 일이 벌어졌다고 내게 말했다.

5.　K. G. Muhammad, 'The Sugar That Saturates the American Diet Has a Barbaric History as the "White Gold" That Fueled Slavery', *New York Times*, 14 August, 2019, https://www.nytimes.com/interactive/2019/08/14/magazine/sugar-slave-trade-slavery.html.

3장

1.　다음 책에 따르면 야자나무의 순은 "아주 잘사는 부자들만이 야자나무를 통째로 베어 잎줄기를 잘라 먹는 부분인 커다란 새순을 채취해 맛볼 수 있다는 전제 아래 '백만장자의 샐러드'라고 불려 왔다." H. Harries, 'Coconut', in Kiple and Ornelas (eds.), *The Cambridge World History of Food*, p.389.

2.　피시 앤드 칩스 식당의 코코넛 오일 사용에 관해서는 다음을 참조하라. Ibid. p.390. 피시 앤드 칩스의 유대인 기원설에 관해서는 다음을 보라. D. Jurafsky, *The Language of Food* (New York: W. W. Norton & Company, 2014), ch. 3, 'From Sikbāj to Fish and Chips'.

3.　이 모델은 때때로 코코넛과 생선이 포함된 2가지 상품 경제 체제로 확장되기도 한다. 적어도 로빈슨 크루소가 생선을 먹었다는 사실만은 올바르게 알고 있는 셈이다. 위키피디아의 '로빈슨 크루소 경제' 항목을 참조하라. https://en.wikipedia.org/wiki/Robinson_Crusoe_economy.

4.　각국 데이터는 다음 세계은행 자료 사이트에서 볼 수 있다. https://data.worldbank.org/indicator/SL.TLF.ACTI.ZS.

5.　부르키나파소는 42퍼센트, 베냉은 41퍼센트, 차드와 카메룬과 시에라리온은 39퍼센트였다. 다음을 참조하라. https://data.unicef.org/topic/child-protection/child-labour/.

6.　2017년 연간 근로 시간은 캄보디아 2455시간, 방글라데시 2232시간, 남아프리카공화국 2209시간, 인도네시아 2024시간이었다. 같은 해 독일 1354시간, 덴마크 1400시간, 프랑스 1514시간, 일본 1738시간, 미국 1757시간이었다. https://ourworldindata.org/working-hours.

7. H.-J.Chang,*23 Things They Don*'*t Tell You about Capitalism* (London: Penguin Press, 2010), Thing 3, 'Most people in rich countries are paid more than they should be'.(한국어판:《그들이 말하지 않는 23가지》, 'Thing 3: 잘사는 나라에서는 하는 일에 비해 임금을 많이 받는다', 부키, 2010)

4장

1. S. Collier and W. Sater, *A History of Chile, 1808–2002*, 2nd edition (Cambridge: Cambridge University Press, 2004).

5장

1. A.Doyle, 'Mangroves Under Threat from Shrimp Farms: U.N.', Reuters. com, 14 November 2012, https://www.reuters.com/article/us-mangroves/mangroves-under-threat-from-shrimp-farms-u-n-idUSBRE8AD1EG20121114.

2. S. Hussain and R. Badola, 'Valuing Mangrove Benefits', *Wetlands Ecology and Management*, 2010, vol.18, pp.321–31.

3. Z. Wood, 'Insects Tipped to Rival Sushi as Fashionable Food of the Future', *Guardian*, 25 June 2019, https://www.theguardian.com/business/2019/jun/25/insects-tipped-rival-sushi-fashionable-food-of-future. 돼지고기의 경우 1킬로그램당 온실가스 배출량은 1.1킬로그램, 필요한 사료량은 5킬로그램이다. 닭고기의 온실가스 배출량은 알 수 없지만 필요한 사료량은 1킬로그램당 2.5킬로그램이다.

4. 곤충은 단백질 1그램을 생산하는 데 23리터의 물과 18제곱미터의 땅이 필요한 반면 소고기는 112리터의 물과 254제곱미터의 땅이 필요하다. 돼지고기는 57리터와 63제곱미터, 닭고기는 34리터와 51제곱미터가 필요하다. Ibid.

5. Ibid.

6. 그러나 제퍼슨은 비록 해밀턴이 죽고 나서 한참 뒤였지만 결국 해밀턴의 견해를 받아들였다(해밀턴은 1804년 당시 제퍼슨 밑에서 부통령으로 재직 중이던 에런 버Aaron Burr와의 권총 결투에서 사망했다). 제퍼슨은 1816년 벤저민 오스틴Benjamin Austin에게 보낸 편지에서 이렇게 말했다. "제조업을 영국에 계속 의

존하려는 사람들이 내 말을 인용한다고 당신은 이야기했습니다. 더 대놓고 내 말을 인용할 수 있었던 때가 있었지만 그로부터 30년이 지난 지금 상황은 얼마나 변했는지 모릅니다! … 이제 나는 제조업이 우리의 안녕만큼이나 우리의 독립에 필요하다는 사실을 경험으로 배웠습니다. 그리고 나와 의견이 다른 사람들이 가격 차이에 상관없이 동등한 국산 직물을 구할 수 있을 경우 외국 제품은 절대 구입하지 않는 데 나와 보조를 맞추고자 한다면, 우리가 즉각 국내에서 우리의 수요에 상응하는 공급을 하지 못한다 한들, 그리고 우리를 괴롭히는 자들의 손에서 저 고통의 무기를 빼앗는다 한들, 그것은 우리의 흠이나 잘못이 아닐 것입니다." 다음을 참조하라. https://founders.archives.gov/documents/Jefferson/03-09-02-0213#X50DC34AA-636D-4AC2-9AA0-91032A2AA417.

6장

1. https://instantnoodles.org/en/noodles/report.html.
2. 〈[숫자로 보는 마켓] 1일 짜장면 150만 그릇… 치킨 52만 마리 소비〉,《한국경제신문》, 2013년 4월 19일. https://www.hankyung.com/news/article/2013041875301. 한국 인구가 5100만 명임을 감안하면 1인당 1년에 짜장면 11인분이다. 여기에 인스턴트 국수 소비량을 더하면 연간 1인당 약 90인분의 알칼리성 국수를 먹는다는 계산이 나온다.
3. 1991년 주지아로의 인터뷰. https://jalopnik.com/his-pasta-was-designed-by-the-man-who-designed-the-del-5594815.
4. https://bravearchitecture.com/praxis/giorgetto-giugiaros-inventive-marille-pasta/.
5. https://jalopnik.com/this-pasta-was-designed-by-the-man-who-designed-the-del-5594815.
6. http://www.autotribune.co.kr/news/articleView.html?idxno=2505 (in Korean); https://oldcar-korea.tistory.com/61 (in Korean).
7. GM은 1976년에 5개 주요 브랜드에 걸쳐 478만 대의 자동차를 생산했다. 생산량으로 보면 쉐보레Chevrolet(연간 약 210만 대 생산), 폰티액Pontiac, 뷰

익Buick, 올즈모빌Oldsmobile, 캐딜락Cadillac 순이었다. 포드는 같은 해에 186만 대의 자동차를 생산했다. https://en.wikipedia.org/wiki/U.S._Automobile_Production_Figures.

8. https://en.wikipedia.org/wiki/List_of_manufacturers_by_motor_vehicle_production. 원자료의 출처는 세계 자동차 공업 협회International Organization of Motor Vehicle Manufacturers, OICA다.

9. 세계은행 자료에 따르면 1976년 한국의 1인당 국민소득은 현재 미국 달러로 834달러였다. 같은 해 에콰도르는 1264달러, 멕시코는 1453달러였다. https://data.worldbank.org/indicator/NY.GDP.PCAP.CD.

10. 2차 세계대전 이전 미국의 보호주의에 대한 더 자세한 내용은 다음을 참조하라. H.-J. Chang, *Kicking Away the Ladder* (London: Anthem Press, 2002), ch. 2(한국어판:《사다리 걷어차기》, 2장, 부키, 2004); H.-J. Chang, *Bad Samaritans* (London:Random House, 2007), ch. 2(한국어판:《나쁜 사마리아인들》, 2장, 부키, 2007).

11. 정보화 시대의 기초 테크놀로지 개발에서 미국 정부가 한 역할에 대한 더 자세한 내용은 다음을 참조하라. F. Block, 'Swimming Against the Current: The Rise of a Hidden Developmental State in the United States', *Politics and Society*, vol. 36, no. 2 (2008); M. Mazzucato, *The Entrepreneurial State —Debunking Public vs. Private Sector Myths* (London: Anthem Press, 2013); L. Weiss, *America Inc.?: Innovation and Enterprise in the National Security State* (Ithaca, New York: Cornell University Press, 2014).

7장

1. 주황색 당근의 기원에 관한 이야기는 다음을 참조하라. http://www.carrotmuseum.co.uk/history.html; https://www.economist.com/the-economist-explains/2018/09/26/how-did-carrots-become-orange; https://www.washingtonpost.com/blogs/ ezra-klein/post/carrots-are-orange-for-an-entirely-political-reason/2011/09/09/gIQAfayiFK_blog.html.

2. A. Dubock, 'Golden Rice: To Combat Vitamin A Deficiency for Public Health', https://www.intechopen.com/books/vitamin-a/golden-rice-to-combat-vitamin-a-deficiency-for-public-health.

3. Chang, *Bad Samaritans*, ch. 6; J. Stiglitz, *Making Globalization Work* (New York: W. W. Norton & Co., 2007), ch.4.

4. 결국 해리슨은 1만 8750파운드(지금 돈으로 약 300만 파운드)만 받았다. 다음을 참조하라. D. Bradbury, 'Valuing John Harrison's Work —How Much Is That £20,000 Longitude Reward Worth Today?' Office for National Statistics, https://blog.ons.gov.uk/2020/01/17/valuing-john-harrisons-work-how-much-is-that-20000-longitude-eward-worth-today)/. 마린 크로노미터 발명에서 상금 시스템의 역할을 상기시켜 준 페데리코 베닝호프Federico Benninghoff에게 감사한다.

8장

1. 2021년 우루과이는 1인당 소 사육 두수가 3.45마리로 세계에서 가장 많았다. 2위인 뉴질랜드(2.10마리)보다 훨씬 많고 아르헨티나와 브라질(둘 다 1.20마리)보다는 월등히 앞선다. 데이터 출처는 미국 농무부다. https://beef2live.com/story-world-cattle-inventory-vs-human-population-country-0-111575.

2. S. Meghji, 'How a Uruguayan Town Revolutionised the Way We Eat', *BBC Travel*, 7 January, 2019, https://www.bbc.com/travel/article/20190106-how-a-uruguayan-town-revolutionised-the-way-we-eat).

3. L. Lewowicz, 'Justus von Liebig in Uruguay? His Last Ten Years of Research', paper presented at the 2015 Annual Meeting of the International Society for the Philosophy of Chemistry, https://www.researchgate.net/publication/279263915_Justus_von_Liebig_in_Uruguay_His_last_ten_years_of_research.

4. P. Russell, 'History Cook: Lemco', *Financial Times*, 13 August,

2012, https://www.ft.com/content/6a6660e6-e88a-11e1-8ffc-00144feab49a.

5.　　Meghji, 'How a Uruguayan Town Revolutionised the Way We Eat'.

6.　　1942년 11월 독일 해군의 공격이 최고조에 달했을 때 영국으로 가는 모든 식량 운송 선박의 9퍼센트가 침몰했다. L. Collingham, *The Taste of War — World War Two and the Battle for Food* (London: Penguin Books, 2011), pp. 111-13. 우루과이 뉴스 웹사이트 '메르코프레스MercoPress'의 기사 〈우루과이 도시가 스탈린그라드전투 동안 소련군에 역사적 지원을 제공하다Uruguayan Town Puts Historic Support to Soviet Troops During Battle of Stalingrad on Display〉에 따르면 연합군이 소련에 공급한 통조림 고기 중 15퍼센트가 우루과이산 콘비프였다. https://en.mercopress.com/2021/08/09/uruguayan-town-puts-historic-support-to-soviet-troops-during-battle-of-stalingrad-on-display.

7.　　P. Pickering and A. Tyrell, *The People's Bread: A History of the Anti-Corn Law League* (London and New York: Leicester University Press, 2000), p. 6.

8.　　곡물법 폐지로 이어지는 과정은 주요 변화로 이어지는 모든 과정과 마찬가지로 경제적 이익, 아이디어와 제도의 상호 작용 등을 포함하는 복잡한 이야기로 이 짧은 글에서 전부 설명하기는 불가능하다. 1846년 곡물법 폐지에 대한 자세한 분석은 다음을 참조하라. Pickering and Tyrell, *The People's Bread*; S. Schonhardt-Bailey, *From the Corn Laws to Free Trade — Interests, Ideas, and Institutions in Historical Perspective* (Cambridge, Mass.: The MIT Press, 2006). 곡물법 폐지로 인해 전통적인 농업의 이해 당사자, 특히 농업 지주인 토리당Tory Party(보수당)이 분열되었다. 폐지 후 로버트 필Robert Peel 총리를 포함해 찬성표를 던진 의원들은 당을 떠나 필라이트Peelites(필파, 필주의자)라는 별도의 정치 집단을 형성했다. 이 분열로 인해 보수당은 향후 20년 동안 대부분 야당으로 머물렀다.

9.　　M. Friedman and R. Friedman, *Free to Choose* (New York: Harcourt Brace and Jovanovich, 1980), p. 35.

10. 이런 시각의 대표적인 예는 다음에서 볼 수 있다. J. Bhagwati, *Protectionism* (Cambridge, Mass.: The MIT Press, 1985); J. Sachs and A. Warner, 'Economic Reform and the Process of Global Integration', *Brookings Papers on Economic Activity*, no. 1 (1995).

11. K. Fielden, 'The Rise and Fall of Free Trade', in C. Bartlett (ed.), *Britain Pre-eminent: Studies in British World Influence in the Nineteenth Century* (London: Macmillan, 1969).

12. P. Bairoch, *Economics and World History — Myths and Paradoxes* (Brighton: Wheatsheaf, 1993), pp. 41-2.

13. 더 자세한 내용은 다음을 참조하라. Chang, *Bad Samaritans*, ch. 2. 훨씬 더 자세한 내용은 다음을 보라. Chang, *Kicking Away the Ladder*; Bairoch, *Economics and World History*.

14. https://www.infoplease.com/world/countries/territories-colonies-and-dependencies.

15. 소고기 산업이 어떻게 아마존 열대우림을 파괴해 지구에 해를 끼치고 있는 지에 관한 소름 끼치는 보고는 다음을 보라. A. Robinson, *Gold, Oil and Avocados: A Recent History of Latin America in Sixteen Commodities* (New York: Melville House Books, 2021), ch. 14, 'Beef (Para) — The Capital of Ox'.

9장

1. UNCTAD (United Nations Conference on Trade and Development), 'Banana: An INFOCOMM Commodity Profile', 2016,. p. 5. https://unctad.org/system/files/official-document/INFOCOMM_cp01_Banana_en.pdf.

2. 2014년 디저트 바나나는 1700만 톤이 수출된 반면 플랜틴은 90만 톤에 불과했다. 다음을 참조하라. UNCTAD, 'Banana', p. 5.

3. FAO (Food and Agricultural Organization), 'Banana Facts and Figures', https://www.fao.org/economic/est/est-commodities/oilcrops/

bananas/bananafacts#.Ye4JAFjP10s.

4.   Ibid.

5.   J. Carney and R. Rosomoff, *In the Shadow of Slavery —Africa's Botanical Legacy in the Atlantic World* (Berkeley: University of California Press, 2009), p.34.

6.   Ibid., p.34.

7.   Ibid., p.34.

8.   Ibid., p.40.

9.   Ibid., p.40.

10. Ibid., p.35.

11. Robinson, *Gold, Oil and Avocados*, p.119.

12. G. Livingstone, *America's Backyard: The United States and Latin America from the Monroe Doctrine to the War on Terror* (London: Zed Press, 2009), p.17.

13. D. Koppel, *The Fate of the Fruit That Changed the World* (New York: Hudson Street Press, 2007), p.70.

14. 1898년에서 1934년 사이에 미군은 카리브해와 중남미에 있는 10개국을 28회 이상 침공했는데 그중 대부분은 바나나 회사를 대신해 이루어졌다. Koppel, *Banana: The Fate of the Fruit That Changed the World*, p.63. 이들 국가에 대한 미군의 침략과 점령에 대한 자세한 내용은 다음 웹사이트를 참조하라. United Fruit Historical Society, https://www.unitedfruit.org/chron.htm.

15. Koppel, *Banana: The Fate of the Fruit That Changed the World*, p.87.

16. E. Posada-Carbo, 'Fiction as History: The Bananeras and Gabriel Garcia Marquez's One Hundred Years of Solitude', *Journal of Latin American Studies*, vol.30, no.2 (1998).

17. O. 헨리의 온두라스 망명과 바나나 공화국이라는 신조어의 배경에 대해서는 다음을 참조하라. M. McLean, 'O. Henry in Honduras', *American Literary Realism, 1870-1910*, vol. 1, no. 3 (Summer 1968). 다음도 참조하라.

Koppel, *Banana: The Fate of the Fruit That Changed the World*, p.92.

18. R. Monge-Gonzalez, 'Moving Up the Global Value Chain: The Case of Intel Costa Rica', ILO Americas Technical Report, 2017/8, International Labour Organization, 2017, https://www.ilo.org/wcmsp5/groups/public/---americas/---ro-lima/documents/publication/wcms_584208.pdf.

19. K. S. Na, 'The Motor Force of Our Economy —50 Year History of Semi-conductor' (in Korean), http://www.economytalk.kr/news/articleView.html?idxno=130502 (in Korean).

20. https://data.worldbank.org/indicator/TX.VAL.TECH.MF.ZS.

21. 더 자세한 내용은 다음을 참조하라. H.-J. Chang, 'Regulation of Foreign Investment in Historical Perspective', *European Journal of Development Research*, vol.16, no.3 (2004).

22. 아일랜드에 관한 더 자세한 내용은 다음을 참조하라. Ibid. 싱가포르에 관해서는 다음을 보라. M. Kuan, 'Manufacturing Productive Capabilities: Industrial Policy and Structural Transformation in Singapore', PhD dissertation, University of Cambridge, 2015.

10장

1. T. Standage, *A History of the World in Six Glasses* (New York: Bloomsbury USA, 2006), p.272.

2. M. Pendergrast, *For God, Country, and Coca-Cola: The Definitive History of the Great American Soft Drink and the Company That Makes It*, 3rd edition (New York: Basic Books, 2013), p.425.

3. Ibid. 이후 3개 단락을 포함한 코카콜라의 기원 이야기는 주로 이 책을 참고했다.

4. Standage, *A History of the World in Six Glasses*, p.250.

5. 'History of Coca-Cola', InterExchange, https://www.interexchange.org/articles/career-training-usa/2016/03/08/history-coca-cola/.

6. Pendergrast, *For God, Country, and Coca-Cola*, p.30.

7. E. Abaka, 'Kola Nut', in Kiple and Ornelas (eds.), *The Cambridge World History of Food*, p.684

8. Ibid., pp.688-90. 인용문은 p.690.

9. D. Starin, 'Kola Nut: So Much More Than Just a Nut', *Journal of the Royal Society of Medicine*, vol.106, no.12 (2013).

10. Carney and Rosomoff, *In the Shadow of Slavery—Africa's Botanical Legacy in the Atlantic World*, pp.70-71. 다음도 보라. Abaka, 'Kola Nut', p.688.

11. V. Greenwood, 'The Little-known Nut That Gave Coca-Cola Its Name', BBC (https://www.bbc.com/future/article/20160922-the-nut-that-helped-to-build-a-global-empire).

12. Standage, *A History of the World in Six Glasses*, p.250.

13. B. Delaney, 'It's Not Cocaine: What You Need to Know About the Pope's Coca Drink', *Guardian*, 9 July 2015.

14. H.-J. Chang, J. Hauge and M. Irfan, *Transformative Industrial Policy for Africa* (Addis Ababa: United Nations Economic Commission for Africa, 2016).

11장

1. 유엔식량농업기구Food and Agriculture Organization, FAO에 따르면 2019년 독일의 호밀 생산량은 323만 톤으로 세계 최고였고 폴란드(242만 톤), 러시아(143만 톤), 덴마크(88만 톤), 벨라루스(75만 톤)가 그 뒤를 이었다. https://www.fao.org/faostat/en/#data/QC.

2. 부유한 나라에서는 세금의 약 3분의 1이 간접세로 징수되는 반면 개발도상국에서는 이 비율이 정부 세입의 절반 이상이다. 다음을 참조하라. https://www.oecd.org/tax/tax-policy/global-revenue-statistics-database.htm.

3. https://www.ons.gov.uk/peoplepopulationandcommunity/

personalandhouseholdfinances/incomeandwealth/bulletins/theeffectsoft
axesandbenefitsonhouseholdincome/financialyearending2018.

4. 2019년 미국은 의료에 GDP의 17퍼센트를 지출했는데 이는 OECD 평균인 8.8퍼센트와 대비된다. 각 국가의 수치를 보면 스위스 12퍼센트, 독일 11.7퍼센트, 영국 10.3퍼센트, 핀란드 9.1퍼센트, 이탈리아 8.7퍼센트, 아일랜드 6.8퍼센트다. 다음을 참조하라. https://data.oecd.org/healthres/health-spending.htm.

5. 자본주의 경제의 역동성을 높이는 복지 국가의 역할에 관한 더 자세한 논의는 다음을 보라. Chang, *23 Things*, *Thing 21*, 'Big Government Makes People More Open to Change'.

13장

1. S. Walton, *The Devil's Dinner —A Gastronomic and Cultural History of Chilli Peppers* (New York: St Martin's Press, 2018), p. 21.

2. 고성능 액체 크로마토그래피high-performance liquid chromatography, HPLC처럼 고추의 매운 정도를 측정하는 더 객관적이고 과학적인 방법이 있지만 고추만을 위해 발명된 기술은 아니다. 예를 들어 이 기술은 스포츠에서 도핑 테스트에 사용된다. Ibid., pp. 18-20.

3. 쓰촨 요리책이나 쓰촨 음식책, 특히 다음 영국 요리사의 즐거운 음식 회고록을 훑어 보라. Fuchsia Dunlop, *Sharks Fins and Sichuan Pepper —A Sweet-sour Memoir of Eating in China* (London: Ebury Press, 2011).

4. 인간 복지 척도로서 GDP의 한계에 대한 간략한 소개는 다음을 참조하라. H.-J. Chang, *Economics: The User's Guide* (London: Penguin, 2014). 더 광범위한 논의는 다음을 보라. D. Pilling, *The Growth Delusion* (London: Bloombsbury, 2018).

5. 여기에는 필요 예측, 필요 충족을 위한 선택지 식별, 의사 결정 및 진행 상황 모니터링이 포함된다. 다음 논문은 그러한 인지 노동, 특히 예측과 모니터링이 불균형적으로 여성에 의해 수행된다는 것을 보여 준다. A. Daminger, 'The Cognitive Dimension of Household Labor', *American Sociological*

Review, vol.84, no.4 (2019).

6. 무보수 돌봄 노동의 가치를 시장 가격으로 산정하는 다양한 방법에 관해서는 다음을 참조하라. Pilling, *The Growth Delusion*, ch.3.

7. N. Folbre, *The Rise and Decline of Patriarchal Systems —An Intersectional Political Economy* (London: Verso, 2020). 연금 제도의 성별 편향을 해결하기 위한 조치의 예는 다음을 참조하라. Women's Budget Group, 'Pensions and Gender Inequality: A Pre-budget Briefing from the Women's Budget Group', March 2020, https://wbg.org.uk/wp-content/uploads/2020/02/final-pensions-2020.pdf.

8. 성차별이 인종 차별 같은 다른 차별 관행과 상호 작용해 어떻게 특정 직업을 '여성화'하는지에 대한 상세한 설명은 다음을 참조하라. Folbre, *Rise and Decline*.

9. 이런 변화에 관한 더 자세한 논의는 다음을 참조하라. The Care Collective, *The Care Manifesto —The Politics of Interdependence* (London: Verso, 2020).

14장

1. https://www.guinnessworldrecords.com/world-records/largest-empire-by-population.

2. https://www.guinnessworldrecords.com/world-records/largest-empire-(absolute).

3. 영국 통계청Office of National Statistics of the United Kingdom에 따르면 1938년 영국 인구는 4600만 명으로 추정된다. https://www.ons.gov.uk/peoplepopulationandcommunity/populationandmigration/populationestimates/adhocs/004357greatbritainpopulationestimates1937to2014. 이것은 영국 밖의 제국 인구가 4억 8500만 명으로 영국 인구의 10.5배라는 것을 의미한다.

4. P.K.O'Brien, 'State Formation and the Construction of Institutions for the First Industrial Nation' in H.-J. Chang (ed.), *Institutional Change*

and Economic Development (Tokyo: United Nations University Press, and London: Anthem Press, 2007).

5.   Ibid.

6.   Ibid.

7.   P. Laszlo, *Citrus —A History* (Chicago: The University of Chicago Press, 2007), pp. 88–90.

8.   C. Price (2017), 'The Age of Scurvy', Distillations, Science History Institute, https://www.sciencehistory.org/distillations/the-age-of-scurvy.

9.   Ibid.

10. 영국 작가 필립 K. 앨런Phillip K. Allan에 따르면 "다른 나라 해군은 유사한 조치를 채택하는 데 더뎠다. 프랑스 같은 일부 국가는 막대한 양의 이 과일을 공급하는 데 드는 비용과 물류 문제에 겁을 집어먹었다. 스페인과 같이 레몬 공급원이 준비된 다른 국가에서는 선원에게 술을 주는 것을 금지한 탓에 이것[레몬 주스를 물로 희석한 럼주에 섞는 것]을 용납할 수 없게 만들었다. 또 다른 나라 사람들은 영국 해군의 관행을 기괴하다고 여겼다." P. K. Allan, 'Finding the Cure for Scurvy', *Naval History Magazine*, vol. 35, no. 1 (February 2021), https://www.usni.org/magazines/naval-history-magazine/2021/february/finding-cure-scurvy.

11. 포츠머스의 왕립 해군 병원Royal Naval Hospital은 1780년에 1457건의 괴혈병 사례를 치료했다. 1806년에는 괴혈병 사례가 2건에 불과했다. 다음을 보라. Laszlo, *Citrus*, p. 86.

12. J. Eaglin, 'More Brazilian than Cachaca: Brazilian Sugar-based Ethanol Development in the Twentieth Century', *Latin American Research Review*, vol. 54, no. 4 (2019).

13. Ibid.

14. 엄밀히 말하면 이러한 대체 에너지도 에너지 생산 설비의 건설 및 운영에 화석 연료를 사용하기 때문에 일부 온실가스가 발생한다. 예를 들어 풍력 터빈은 강철, 수지, 시멘트로 만들어지며 작동 과정에는 윤활유가 필요하다. 이 모

든 재료가 제조 과정에서 화석 연료를 사용한다. 풍력 터빈에 관해서는 다음을 참조하라. V. Smil, 'Why You Need Fossil Fuels to Get Electricity from Wind', in *Numbers Don't Lie: 71 Things You Need to Know About the World* (London: Viking, 2020).

15. 이러한 물질의 생산에 화석 연료가 사용되는 방법에 대한 자세한 내용은 다음을 참조하라. V. Smil, *How the World Really Works —A Scientist's Guide to Our Past, Present, and Future* (London: Penguin RandomHouse, 2022).

16. X. Xu et al., 'Global Greenhouse Gas Emissions from Animal-Based Foods Are Twice Those of Plant-based Foods', *Nature Food*, September 2021.

17. Ibid.

18. 더 자세한 내용은 다음을 참조하라. A. Anzolin and A. Lebdioui, 'Three Dimensions of Green Industrial Policy in the Context of Climate Change and Sustainable Development', *European Journal of Development Research*, vol. 33, no. 2 (2021).

19. 이것은 행동주의 경제학파의 근본적인 통찰과 일치하는데, 의사 결정에 대한 가장 중요한 제약은 정보 부족이 아니라 우리의 제한된 정신 능력(이 학파에서 '제한된 합리성bounded rationality'이라고 부르는 것)이라고 말한다. 이 학파와 다른 경제학 학파들에 대해서는 다음을 참조하라. Chang, *Economics: The User's Guide*, chapter 4.

15장

1. 인도양과 태평양을 항해할 때 유럽인은 그들보다 그 바다를 훨씬 더 잘 아는 아랍과 남아시아 선원들을 고용해야 했다. J. Hobson, *The Eastern Origins of Western Civilization* (Cambridge: Cambridge University Press, 2004), pp. 140~44. 래스커lascar라고 불린 이 선원들 중에는 오늘날 영국의 '인도' 식당들을 주로 운영하는 (방글라데시) 실렛주 사람들의 조상도 포함되어 있었다.

2. 몇 가지 정책 제안은 다음을 참조하라. Chang, *23 Things*, Thing 22,

'Financial markets need to become less, not more, efficient'; Chang, *Economics: The User's Guide*, ch. 8, 'Trouble at the Fidelity Fiduciary Bank'.

16장

1. 젤리 포함 여부를 둘러싼 논쟁은 다음을 참조하라. 'No Such Thing as a Mere Trifle' in WordofMouth Blog, https://www.theguardian.com/lifeandstyle/wordofmouth/poll/2009/dec/21/perfect-trifle-jelly.

2. 멕시코인 농장 노동자는 캘리포니아주에서만 중요한 것이 아니다. 다음 논문에 따르면 미국 농장 노동자의 약 80퍼센트가 이민자고 그중 대다수가 멕시코 출신이다. B. Neuburger, 'California's Migrant Farmworkers: A Caste System Enforced by State Power', *Monthly Review*, vol. 71, no. 1 (2019).

3. E. Schlosser, 'In the Strawberry Fields', *The Atlantic*, November 1995, https://www.theatlantic.com/magazine/archive/1995/11/in-the-strawberry-fields/305754/.

4. Ibid.

5. 대부분의 농장 노동자는 1년 내내 고용되기보다는 농번기에 맞춰 계절에 따라 고용되기 때문에 연간 소득이 시급으로 제시한 것보다 훨씬 낮을 수 있다. 워싱턴 D.C.에 본부를 둔 진보적 싱크 탱크인 경제 정책 연구소Economic Policy Institute에 따르면, 2015년 농장 노동자는 평균 1만 7500달러의 연간 소득을 올렸는데, 이는 시간당 임금(12~14달러. 2017년 10~10.50달러였던 캘리포니아주 최저 임금보다 높은 금액이다)으로 계산한 상근full-time 노동 소득의 60퍼센트 미만이다. 다음을 참조하라. P. Martin and D. Costa, 'Farmworker Wages in California: Large Gaps between Full-time Equivalent and Actual Earnings', 2017, https://www.epi.org/blog/farmworker-wages-in-california-large-gap-between-full-time-equivalent-and-actual-earnings/.

6. K. Hodge, 'Coronavirus Accelerates the Rise of the Robot Harvester',

Financial Times, 1 July 2020, https://www.ft.com/content/eaaf12e8−907a−11ea−bc44−dbf6756c871a.

7. J. Bessen, *Learning by Doing —The Real Connection between Innovation, Wages, and Wealth* (New Haven: Yale University Press, 2015), pp.96−7. 이 기간 동안 미국 인구가 6배(1280만 명에서 7620만 명으로) 증가했음을 고려하면 방직 노동자 수는 4배 증가한 것이 아니다. 1인당 기준으로 66.7퍼센트 증가했다.

8. 적극적 노동 시장 정책이 스웨덴과 핀란드에서 어떻게 작동하는지에 대한 자세한 내용은 다음에서 볼 수 있다. D. Stuckler and S. Basu, *The Body Economic — Why Austerity Kills* (New York: Basic Books, 2013), ch. 7, 'Returning to Work'.

17장

1. E. Purser, 'The Great Transatlantic Chocolate Divide', *BBC News Magazine*, 15 December 2009 (http://news.bbc.co.uk/1/hi/magazine/8414488.stm#:~:text=A%20Cadbury%20Dairy%20Milk%20bar,Hershey%20bar%20contains%20just%2011%25).

2. 유엔산업개발기구United Nations Industrial Development Organization, UNIDO의 최신 데이터에 따르면 2015년 스위스는 1인당 제조 부가가치manufacturing value-added, MVA 1만 4404달러(2010년 가격 기준)를 생산해 세계에서 가장 높은 수준을 기록했다. 두 번째로 높은 나라는 싱가포르로 9537달러였다. 독일(3위)은 9430달러, 미국은 5174달러, 중국은 2048달러였다. 다음을 참조하라. https://www.unido.org/sites/default/files/files/2017−11/IDR2018_FULL%20REPORT.pdf.

3. Chang, *Economics: The User's Guide*, pp.264−5.

찾아보기